LABYRINTH

An International Journal for Philosophy, Value Theory and Sociocultural Hermeneutics

Printed ISSN 2410-4817
Online ISSN 1561-8927

Vol. 23, No. 2, Winter 2021

Philosophical Theories of War:
Contemporary Challenges and Discussions

Guest Editor: Burkhard Liebsch

Axia Academic Publishers

Bibliographische Information der Deutschen Nationalbibliothek:
Die Deutsche Nationalbibliothek verzeichnet diese Publikation in der Deutschen
Nationalbibliographie, detaillierte bibliographische Daten sind im Internet unter http://dnb.dnb.de
aufrufbar.

Die wissenschaftliche und redaktionelle Arbeit wurde von der Kulturabteilung
der Stadt Wien – Wissenschafts- und Forschungsförderung unterstützt.

*Labyrinth: An International Journal for Philosophy, Value Theory and
Sociocultural Hermeneutics* is a serial publication of the Institut für Axiologische
Forschungen / Institute for Axiological Research, Vienna – www.iaf.ac.at
For more information, please visit the Journal's homepage:
www.labyrinth.axiapublishers.com

ISSN 2410-4817 / ISBN 978-3-903068-31-5

www.axiapublishers.com

LABYRINTH, Vol. 23, No. 2, Summer 2021

Philosophical Theories of War:
Contemporary Challenges and Discussions

Table of Contents

BURKHARD LIEBSCH (Bochum)

Gegenwärtige Aufgaben einer philosophischen Theorie kriegerischer Gewalt. Exposé zum Diskussionsschwerpunkt

Ist 'der' Krieg nicht längst "als politisches Mittel unmöglich geworden", wie Thomas Mann bezeichnenderweise im Jahre 1938 schrieb?[1] Fehlt es denjenigen, die ungeachtet dieses Befundes weiterhin die Erforschung immer raffinierterer und effektiverer Mittel sogenannter Kriegsführung und deren Proliferation betreiben, nur an der richtigen Einsicht, die ihnen ein pazifistischer Schriftsteller wie Thomas Mann, ein Friedensforscher oder auch ein Philosoph auf der Höhe unserer Zeit ohne Weiteres eröffnen könnte? Oder beweist die vermeintlich richtige Einsicht nur, wie weltfremd sie im Grunde war bzw. ist – seinerzeit, kurz bevor sie durch den Beginn des bislang verheerendsten Weltkrieges konterkariert wurde, ebenso wie heute, wo man im Pazifik atomar nachrüstet (was den französischen Präsidenten und Ricœur-Schüler Emmanuel Macron soeben zu empfindlichem Protest gegen die australische und gegen die us-amerikanische Regierung veranlasste, weil er sich bei deren nuklearem, gegen China gerichteten Uboot-Geschäft übergangen fühlte)? Offenbar bereitet man sich längst und ungeachtet aller Erklärungen, der Krieg sei im Grunde eine veraltete Angelegenheit, auf den nächsten Krieg vor, mit allen verfügbaren Mitteln und unter Inkaufnahme aller absehbaren Konsequenzen, wofür man notorisch alle 'guten Gründe' auf der jeweils eigenen Seite zu haben glaubt. Ist insofern "die Katastrophe" bereits "da" und "Element unserer Wirklichkeit", wie der katholische Schriftsteller Reinhold Schneider in den 1950er Jahren urteilte?[2]

Von dieser verfahrenen, keineswegs ganz neuen Lage zeigt sich die Philosophie erstaunlich wenig beunruhigt. Sofern sie nicht überhaupt zu Kriegen der Vergangenheit, der Gegenwart und der Zukunft schweigt oder sich ganz darauf beschränkt, 'normative' Fragen der Rechtfertigung und Begründung von Kriegen akademisch zu ventilieren, erweist sie sich weitgehend überfordert angesichts des schon von Carl v. Clausewitz herausgestellten 'chamä-

---

[1] T. Mann, "Vom kommenden Sieg der Demokratie" [1938], in: *Essays. Bd. 2. Politik*, Frankfurt/M.: Fischer 1977, 197–221, hier: 214.
[2] R. Schneider, *Verhüllter Tag*, Köln, Olten: J. Hegner 1956, 199, 213.

leonhaften' Charakters dieses 'Phänomens': Krieg.[3] Inzwischen zeigt es sich in derart verschiedenen Erscheinungsformen, dass man vor der Anforderung seiner Beschreibbarkeit und analytischen Fassbarkeit zu verzweifeln neigt, zumal ihr offenbar überhaupt keine einzelne Disziplin mehr gewachsen ist: weder eine Paläoanthropologie, noch eine Politik- oder Militärwissenschaft, Soziologie, Gewaltgeschichte, Rechts- oder Sozialphilosophie. Nur in wirklich interdisziplinärer Aufgeschlossenheit wird man noch erwägen können, was Krieg 'ist', wie sich kriegerische Gewalt 'zeigt', wohin sie führt usw. Es kann nicht ausbleiben, dass dabei Begriffe wie 'Phänomen', 'Sich-zeigen' (kriegerischer Gewalt) und 'Erfahrung', die man *in* oder *aus* dieser Gewalt glaubt gewinnen zu können, rückhaltlos neu zur Disposition zu stellen sind. Geschieht das bereits? Oder sind wir weit davon entfernt, dem wirklich gerecht werden zu können, weil uns das begriffliche Erbe, an das wir unvermeidlich anknüpfen müssen, um kriegerische Gewalt, ihre Ursprünge, ihre vielfache Gegenwart und Zukunft zu 'verstehen', in keiner Weise auf diese überkomplexe Aufgabe vorbereitet hat? Das jedenfalls schien Hannah Arendt sagen zu wollen, als sie erklärte, sie sei "eindeutig denen beigetreten, die [...] versuchen, die Metaphysik und die Philosophie mit allen ihren Kategorien, wie wir sie seit ihren Anfängen in Griechenland bis auf den heutigen Tag kennen, zu demontieren".[4] Sie dachte in diesem Zusammenhang nicht nur oder vorrangig an den Krieg. Aber gewiss zählte sie nicht zu jenen, die noch nach '1945' glauben machen wollten, menschliche Erfahrung und rationales Denken seien dem zuletzt gewaltsam Widerfahrenen und zu Denkenden bis hin zum "Verwaltungsmassenmord" und zur genozidalen "Vernichtungspolitik" wie seit jeher mächtig, einer 'Demontage', 'Destruktion' oder 'Dekonstruktion' auch dieser Begriffe und selbst unseres Verständnisses davon, was Begriffe leisten können, bedürfe es gar nicht.

Vor diesem Hintergrund benennt das folgende kurze Exposé selektiv acht zentrale Herausforderungen, mit denen sich jede Theorie kriegerischer Gewalt heute konfrontiert sieht. Vorgeschlagen wird, sich erst einmal über diese Herausforderungen selbst und über die aus ihnen hervorgehenden Leitfragen als solche zu verständigen, um sie öffentlich kritischer Diskussion auszusetzen. Erst in einem zweiten Schritt wäre an weiterführende Antworten zu denken und zu beurteilen, was eine zeitgemäße Theorie kriegerischer Gewalt überhaupt leisten kann bzw. was man von einer solchen Theorie sollte erwarten können. Wie umstritten

---

[3] C. v. Clausewitz, *Vom Kriege*, Frankfurt/M., Berlin: Ullstein 1994, 36.
[4] H. Arendt, *Vom Leben des Geistes. Bd. 1. Das Denken*, München, Zürich: Piper [2]1989, 207.

diese Frage ist, zeigen die einzelnen politikwissenschaftlichen, juristischen und sozialphiloso-
phischen Beiträge, die anschließend kurz vorgestellt werden.

(1) Die dreifache Herausforderung einer Philosophie kriegerischer Gewalt
(2) Aufgaben philosophischer *theoría: conditio humana* und Polemologie
(3) Phänomenologie des Krieges, Hermeneutik des Krieges und Praktische Philosophie
(4) ‚Apokalyptische' Phänomenalität vs. lernendes Begreifen
(5) Aufgaben der Illusionskritik und der Desillusionierung dieser Kritik
(6) Kriegerische Gewalt vs. das Politische
(7) Sieges-Phantasmen und Surrogate
(8) Jenseits aller 'Vernichtungspolitik': Zur Zukunft des Politischen

Zu den klassischen Themen der Philosophie zählen seit jeher das Sein und das Gute,
erstaunlicherweise aber nicht der Krieg, der alles zu zerstören droht, ob als Ausrottungskrieg,
als Vernichtungskrieg oder als Erdkrieg. Noch vor Problemen des Klimawandels, globaler
Gerechtigkeit und der Kontrolle oder Überwindung eines entfesselten Kapitalismus muss
kriegerische Gewalt heute jedoch als Bedrohung, die weiterhin so oder so desaströse Formen
annehmen kann, als wichtigste und dringlichste Herausforderung Praktischer Philosophie
gelten. Die allenfalls im Entstehen begriffene, mit jenen Problemen konfrontierte Welt-
Bürger-Gesellschaft wird nämlich keine Chance haben, je politisch verlässlich Wirklichkeit
zu werden, wenn die Drohung kriegerischer Gewalt nicht abgewendet bzw. in Schach gehalten werden kann. Nur unter dieser Voraussetzung werden auch die übrigen Probleme an-
zugehen sein.

(1) Wer sich theoretisch mit Phänomenen und Begriffen des Krieges befasst, hat es in
dieser Situation genau genommen sogleich mit einer dreifachen Herausforderung zu tun: (a)
Es ist zu klären, was es bedeutet, kriegerischer Gewalt ausgesetzt zu sein, (b) wie es dazu
kommen konnte bzw. kann und (c) wie eine Wiederholung des Gleichen zu verhindern wäre –
immer vorausgesetzt, die fragliche Gewalt verlange unbedingt nach einer Erklärung und ver-
biete geradezu, sie zukünftig indifferent hinzunehmen. Als evident kann diese Voraussetzung
allerdings nicht gelten. Wird sie bestritten, so kann es sich herausstellen, dass man sich nicht
einmal darin einig ist, wovon die Erforschung kriegerischer Gewalt auszugehen hat.

(2) Kommen philosophischer *theoría* im Kontext dieser Fragen aber überhaupt eigen-
ständige Aufgaben zu? Finden detaillierte Auseinandersetzungen mit ihnen nicht längst in
anderen Disziplinen statt? Die erwähnten Aufgaben gelten zwar nicht selten als nicht weiter

erläuterungsbedürftige Prämissen kulturwissenschaftlicher Auseinandersetzungen mit Phänomenen und Begriffen des Krieges, doch erweisen sie sich bei genauerem Hinsehen mitsamt
der genannten Voraussetzung als radikal fraglich. Letztere passt denkbar schlecht zu der
Beobachtung, dass Menschen sich gegenseitig rücksichtslos kriegerischer Gewalt ausset-
zen, ohne es recht zu verstehen und ohne im Geringsten eine Wiederholung ausschließen zu
können.

Das legt den Schluss nahe, kriegerische Gewalt sei auf geradezu unheilbare Weise mit
der *conditio humana* verbunden, so dass sie *alle* betrifft – als Opfer oder Täter, als willige
Vollstrecker oder bloß systemisch Verstrickte, als zum Kriegsdienst Verpflichtete oder im
bürgerlichen Leben, in dem es, äußerlich betrachtet, zivilisiert zugeht, sich aber bereits der
nächste Krieg anbahnt. Das kann gar nicht anders sein, wenn es zutrifft, dass sich Frieden und
Kriege immerfort abwechseln und immer wieder auseinander hervorgehen.

Dass Philosophie zu dieser fatalen Aussicht etwas zu sagen hat, mag man allerdings be-
zweifeln. Bernhard Taureck spricht nicht umsonst von einem "Philosophie-Bankrott vor dem
Übel des Krieges". Kann man von ihr dennoch heute erwarten, einen "Logos" des Krieges
"als Einheit einer Sammlung, verbunden mit einer Sprache, die diese Einheit aussagt", zu
explizieren?[5] Welchen Aufgaben hätte sich eine *philosophische Polemologie* dann zu stellen?
Jedenfalls dürfte sie sich nicht mit Anleihen bei Heraklit begnügen, wie man sie u.a. bei Martin Heidegger, Eugen Fink und Jan Patočka antrifft.[6] Und sie dürfte sich nicht damit abfinden,
dass aus der Geschichte ohnehin nur zu lernen ist, dass nichts aus ihr zu lernen ist, wie man
bei Georg W. F. Hegel liest.

(3) Kriegerische Gewalt zeigt sich in einer Vielzahl von Formen, die man nicht einfach
auf den *pólemos* Heraklits zurückführen kann, der als ontologischer Begriff, wie er heute
meist interpretiert wird, ohnehin nicht auf militärische Auseinandersetzungen gemünzt war.
Davon abgesehen steht das, was sich 'gezeigt' hat, hinsichtlich seiner Sagbarkeit und Überlieferbarkeit zugleich in Frage, ohne dass man das Problem, was daraus zu lernen ist, so einfach

---

[5] Vgl. B. H. F. Taureck, *Drei Wurzeln des Krieges. Und warum nur eine nicht ins Verderben führt.
Philosophische Linien in der Gewaltgeschichte des Abendlandes*, Zug: Die Graue Edition 2019, 265,
sowie den an dieses Buch anschließenden Diskussionsband: B. Liebsch (Hg.), *Radikalität und Zukunft des Krieges. Bernhard H. F. Taurecks Theorie des Krieges in interdisziplinärer Diskussion*,
Baden-Baden: Nomos 2021, an den hier wiederum angeknüpft wird.
[6] Vgl. B. Liebsch, *Unaufhebbare Gewalt. Umrisse einer Anti-Geschichte des Politischen. Leipziger
Vorlesungen zur Politischen Theorie und Sozialphilosophie*, Weilerswist: Velbrück Wissenschaft
2015, Kap. VIII.

beiseiteschieben dürfte.[7] Ob und wie sich kriegerische Gewalt 'zeigt', ist die Leitfrage jeder *Phänomenologie des Krieges*. Wie sich das, was sich gezeigt hat, sprachlich artikulieren (sagen, erzählen, narrativ überliefern, möglichen Erklärungen zuführen...) lässt, betrifft die *Hermeneutik des Krieges*, die wiederum die *Praktische Philosophie* herausfordert, wenn es darum geht, ob und wie der fraglichen Gewalt gegenwärtig und zukünftig zu begegnen und entgegenzuwirken wäre. Diese drei Fragenkomplexe lassen sich nur zu heuristischen Zwecken voneinander deutlich unterscheiden; tatsächlich müssen sie aber engstens miteinander verbunden sein, wenn es stimmt, dass kriegerische Gewalt unumgänglich nach einer Erklärung verlangt und geradezu verbietet, sie für die Zukunft indifferent hinzunehmen (s.o.). Dass unter dieser Voraussetzung *ohne weiteres* aus ihr zu lernen wäre, können wir gleichwohl nicht mehr annehmen.

(4) Der Begriff des Lernens ist offenbar mehrdeutig. Aus nachträglichen Einsichten in das 'Ausbrechen' von Kriegen folgt keineswegs wie von selbst, dass man sie für die Zukunft beherzigen könnte. Darauf machte auch Hegel aufmerksam. Gerade als ein Phänomen, das zu keinem (seinerzeit erkennbaren) gattungsgeschichtlichen Lernprozess führt, wird der Krieg in seiner Geschichtsphilosophie allerdings zu einem wesentlichen Movens der Geschichte – vorausgesetzt, man "sieht sie vernünftig an".[8]

Wo Hegel vom "Auge des Begriffs" spricht, dem er zutraut, auch kriegerischer Gewalt hinsichtlich ihrer geschichtlichen Bedeutung in diesem Sinne gerecht zu werden, meint er damit ein *begriffliches 'Sehen'*, das allemal voraussetzt, dass sich diese Gewalt als solche zeigt, wie, wem und inwiefern auch immer. Wenn sie sich denjenigen, die ihr schließlich zum Opfer fallen, nur 'apokalyptisch' zeigt, wie wir annehmen müssen, stellt sich die Frage, was das für die *Phänomenalität des Krieges* bedeutet. Wie ist letztere zu denken, wenn diejenigen, denen sich in der Gewalt apokalyptisch 'offenbart', was sie als kriegerische ausmacht, gar nicht oder allenfalls schwerstens traumatisiert überleben können?

Wenn kriegerische Gewalt auf eine "entgrenzte Gesetzlosigkeit" (Taureck) in Richtung auf ein Jenseits allen Verstehens und Begreifens hinausläuft, scheint hier alle Theorie versagen zu müssen. Wie sollte man an Leid, Qual und Verwüstung Maß nehmen, um zunächst einmal feststellen zu können, worum es sich im Fall kriegerischer Gewalt überhaupt handelt,

---

[7] Vgl. H. Münkler, *Der grosse Krieg. Die Welt 1914–1918*, Reinbek: Rowohlt 2015, 776, 785 ff.
[8] G. W. F. Hegel, *Vorlesungen über die Philosophie der Weltgeschichte Bd. I. Die Vernunft in der Geschichte*, Hamburg: Meiner 1994, 19.

wenn all das schließlich extreme Formen annimmt? *Darf* man von Krieg überhaupt (philoso-phisch) sprechen, ohne diesen Extremen Rechnung zu tragen? *Kann* man es aber, ohne auf höchst fragwürdige Art und Weise die Erfahrbarkeit, Ausdrückbarkeit, Darstellbarkeit und schließlich Verstehbarkeit und Begreifbarkeit des Extremen zu unterstellen? *Muss* sich die Philosophie damit begnügen, indirekt von dem zu zeugen, was für das Denken letztlich uner-reichbar bleibt, wie Jean-F. Lyotard behauptete[9], statt weiterhin unverdrossen auf die alte Devise "aus Leiden lernen" – *πάθει μάθος* – zu bauen?

(5) Philosophisches Denken kann sich, wie es scheint, kriegerischer Gewalt nicht nähern, ohne sich zugleich *Aufgaben der Illusionskritik und der Desillusionierung dieser Kritik selbst* zu stellen. Handelt es sich bei der Unterstellung der Erfahrbarkeit, der Ausdrückbarkeit, der Darstellbarkeit, Erzählbarkeit und Überlieferbarkeit womöglich um Illusionen? Wenn ja, inwiefern? Muss es weiterhin als Illusion gelten, aus der Erfahrung und narrativen Darstellung kriegerischer Gewalt könne eindeutig zu Lernendes folgen?[10] Erweist sich dieser Begriff der Gewalt nicht als allzu heterogen – bis hin zu Neuen Kriegen, die mit kriegerischer Gewalt nicht selten *unerkannt* sowie privatisiert, asymmetrisch, demilitarisiert und *geheim* einherge-hen?[11] Ändert 'der' Krieg in solchen Fällen nur sein Erscheinungsbild ("wie ein Chamäleon"; Clausewitz) oder auch sich selbst?[12] Wenn ja, ist es dann nicht illusorisch, Lehren aus ihm ziehen zu wollen?

Die gleiche Frage drängt sich auf, wenn man bedenkt, in welchem Ausmaß virtueller und realer Krieg, ob aus der Distanz oder aus der Nähe, *auch fasziniert*, ohne dass Strategien der Desillusionierung dagegen bislang hätten viel ausrichten können. Faszinieren lassen sich Nachkommende stets aufs Neue, die jedes Mal wieder zu altbekannten Illusionen neigen, ohne durch bekanntes Kriegsleid belehrt zu werden. Ist es in Anbetracht dessen illusorisch,

---

[9] J.-F. Lyotard, *Das Inhumane*, Wien: Passagen ³2006, 223. Wie auch sollte man mit Gewalt "auf eine Weise Bekanntschaft schließen, die jede Vorstellung weit übersteigt", wie bei Ernst Jünger mit Blick auf den Schmerz zu lesen ist: *Strahlungen III. Kirchhorster Blätter. Jahre der Okkupation*, München: dtv 1966, 104.

[10] B. H. F. Taureck, B. Liebsch, *Drohung Krieg. Sechs philosophische Dialoge zur Gewalt der Ge-genwart,* Wien, Berlin: Turia + Kant 2021.

[11] H. Münkler, *Kriegssplitter. Die Evolution der Gewalt im 20. und 21. Jahrhundert*, Berlin: Rowohlt 2015, 210 f., 243.

[12] H. Münkler, *Über den Krieg. Stationen der Kriegsgeschichte im Spiegel ihrer theoretischen Refle-xion*, Weilerswist: Velbrück Wissenschaft ³2004, 10, 103.

überhaupt auf Desillusionierung setzen zu wollen? Stellt *gerade sie* am Ende die hartnäckigste Illusion dar?

Das mag besonders für virtuelle Phantasiewelten gelten, politisch aber wird man Strategien der Desillusionierung so leicht nicht aufgeben können, denn bestimmte Illusionen haben sich als *für das Politische* selbst ruinös erwiesen. Genannt seien hier nur einige Punkte, in denen zuletzt Taureck und der Verfasser dieses Exposés zu ähnlichen Ergebnissen gekommen sind:

(6) Krieg ist nicht als bloße "Fortsetzung" von Politik "mit anderen Mitteln" oder "mit Einmischung anderer Mittel" zu verstehen, wie es Clausewitz beschrieben hat; vielmehr manifestiert kriegerische Gewalt gescheiterte Politik. Ironischerweise wird gescheiterte Politik ihrerseits politisch herbeigeführt; und zwar so, dass das zugleich kaschiert wird. Nur so kann man darauf abzielen, Feinde 'vernichtend' zu besiegen, ohne zugleich einzugestehen, dass man auf diese Weise auch jedes politische Verhältnis zu ihnen gleich mit ruiniert. Im Politischen wäre demnach die Zerstörung des Politischen als Gefahr jederzeit bereits gegenwärtig, wo man eine "Fortsetzung" von Politik mit anderen Mitteln in Erwägung zieht. In Wahrheit lassen sich solche Mittel letztlich nicht kontrollieren und tendieren, als kriegerische, zum Äußersten, so dass sie das Politische im gleichen Zug zu zerstören drohen. Daraus ergibt sich, dass 'vernichtende' Siege überhaupt kein sinnvolles politisches Ziel darstellen können.

(7) Ungeachtet dessen werden solche Siege regelmäßig in Aussicht gestellt und als durch Krieg erreichbar ausgemalt. Doch der Gedanke eines 'finalen' Sieges ist ein bloßes *Phantasma,* etwas tatsächlich Unmögliches, das den inneren Zusammenhang von Feindschaft, Krieg und Sieg auflösen müsste, würde es nur als solches eingesehen. Es ist eine Illusion, Feindschaft mittels kriegerischer Gewalt, die Andere in großer Zahl vernichtet und womöglich ausrottet, politisch austragen zu können, um auf diese Weise einen finalen Sieg über sie zu erreichen. Man kann Feinde, nicht aber die Feindschaft bekriegen und schließlich mittels kriegerischer Gewalt besiegen; aber dabei zerstört man das Politische mit und begibt sich der Kontrollierbarkeit der dabei eingesetzten Mittel.

Von Sieg kann heute auch insofern keine Rede mehr sein, als massiver Einsatz hoch entwickelter, etwa nuklearer Waffen kein Land mehr übrig ließe, das zu besiedeln wäre. Dessen Verwüstung würde auch die vermeintlichen Sieger treffen. "Nobody can win", wie Dwight D. Eisenhower befand, gilt gewiss für den thermonuklearen Krieg, von dem niemand zu sagen weiß, wo genau die Schwelle liegt, von der an er drohen und womöglich eskalieren würde. Deshalb werfen auch konventionelle Kriege unterhalb dieser Schwelle grundsätzlich die Frage auf, inwiefern sie überhaupt noch zu Siegen führen können, die nicht durch überlegene

Gewalt sogleich wieder in Frage gestellt würden. Sollte man sich nicht über das Nicht-Gewinnen-Können weit mehr Gedanken machen als über denkbare Siege?

Zweifellos sind die Armeen der Nazis in einem mit konventionellen Waffen betriebenen Krieg besiegt worden. Auch im Fall dieses auf den ersten Blick eindeutigsten Beispiels für einen gelungenen Sieg muss man sich allerdings fragen, wer, wie und was eigentlich besiegt worden ist. Die Wehrmacht des nazistischen Regimes und damit das sogenannte Dritte Reich, gewiss. Aber sicherlich nicht der Nazismus als solcher, der sich in diversen Ländern längst wieder erholt hat. Das Gleiche gilt für den Antisemitismus und Rassismus, aus dem er hervorgegangen ist.

Das im Nazismus so sehr strapazierte Wort "Endsieg" mag begreiflicherweise niemand mehr in den Mund nehmen, auch nicht im Namen des Friedens, wie es noch Thomas Mann getan hat.[13] Radikalen Feinden wie etwa Terroristen droht man nur mehr *infinite justice* an, die sich in nicht endender Verfolgung manifestiert. Doch dabei gibt man sich offenbar wiederum Sieges-Illusionen hin und liebäugelt mit *Sieg-Surrogaten* wie der "escalation dominance", die garantieren soll, dass es jederzeit möglich wäre, "to win a war at any level of violence", wie es in der aktuellen amerikanischen Nuklearstrategie ausdrücklich heißt.[14] Welche militärische Strategie käme auch ohne eine Vorstellung davon aus, wie Krieg, in welcher alten oder neuen Form auch immer, zu gewinnen ist? Krieg gewinnen zu wollen, heißt aber, auf Sieg zu setzen – ohne dass klar wäre, wer oder was denn (für wie lange etc.) jeweils als *besiegt* gelten dürfte. Ist der sogenannte *Islamische Staat* besiegt, wenn er aus seinen letzten Refugien im Norden Syriens vertrieben worden ist und wenn er keinen nennenswerten militärischen Widerstand mehr leistet? Dafür wird, zumal nach dem Abzug der amerikanischen u.a. Truppen aus Afghanistan, niemand im Ernst die Hand ins Feuer legen wollen. Hat das aber nicht auch damit zu tun, dass wir hier an *Grenzen der Besiegbarkeit selbst* stoßen? Nährt der Einsatz kriegerischer Gewalt nicht hartnäckige Illusionen über die Besiegbarkeit von Feinden – Illusionen, die ihrerseits zu vermehrten Einsatz solcher Gewalt führen können?

(8) Wie sollte es demgegenüber möglich sein, auf illusionäre Sieges-Phantasmen zu verzichten? – Man müsste sich mindestens mit der Existenz von Feinden abfinden und dürfte sie nicht auslöschen wollen in der irrigen Illusion, sich ein für allemal von ihnen befreien zu können. Das wirft die Frage auf, welche Formen des Umgangs mit Feinden denkbar wären,

---

[13] Vgl. Mann, "Vom kommenden Sieg der Demokratie", 201.
[14] Vgl. www.foreignaffairs.com/articles/united-states/2006-03-01/rise-us-nuclear-primacy

die am Leben bleiben sollen. Nur "schonende Unterwerfung", "Unschädlichmachung" oder entrechtete Internierung wie in Guantánamo?

Anlässe zu künftigen, neuen Verfeindungen wird es auch künftig reichlich geben – von ungerechten Güterverteilungen über kollektive Diskriminierungen, ökologische Missverhältnisse (wie bei der Nutzung von Wasser) bis hin zu demagogischen Weisen der Aufwiegelung und der Suche nach neuen Sündenböcken in innen- oder außenpolitischen Verhältnissen. Aber aus kollektiven Verfeindungen geht nicht ohne weiteres Zutun kriegerische Gewalt hervor, zu der es vermutlich nicht ohne entscheidende Illusionen kommt, allen voran die Illusion, gewisse Feinde besiegen zu können; und zwar idealiter so, dass kein weiterer Krieg gegen sie mehr notwendig werden wird. In diesem Sinne zielt jeder mit dem Ziel des Sieges geführte Krieg auf eine 'Endlösung' ab.

In kriegsstrategischer Perspektive drängt sich heute die Einsicht auf, dass es keinen finalen, notfalls mit allen Mitteln zu erzwingenden Sieg über Feinde geben kann. Doch die fragwürdige Aussicht auf Siege, die gleichsam sich selbst ruinieren und sich insofern als unmöglich erweisen, reicht erfahrungsgemäß nicht dazu aus, jegliches Liebäugeln mit 'finalen Lösungen' zu unterbinden, sei es auch nur deshalb, weil Feinde scheinbar gar keine Alternative dazu lassen, als ihnen eine sie vernichtende Niederlage zu bereiten. Ungeachtet der Unmöglichkeit eines finalen Sieges erscheint es den Feinden der Feinde vielfach als alternativlos und insofern sinnvoll, ihn anzustreben. Könnte man daran etwas zu ändern versuchen? Könnten sich auch hier Strategien der Desillusionierung bewähren? Oder muss es von vornherein als illusorisch erscheinen, Siegesphantasmen bereits dort zu unterminieren, wo sie als Antwort auf eine feindliche Gefährdung auftauchen?

Als der Historiker Reinhart Koselleck schrieb, die Zukunft möge uns Siege ersparen[15], hatte er offenbar die fatale polemogene Dynamik von Phantasmen mit im Sinn, die sich als außerordentlich kriegsträchtig gerade dadurch erweisen, dass sie glauben machen, man könne die jeweiligen Feinde 'für immer' 'unschädlich machen' oder 'beseitigen'. Ein Sieg über den *pólemos* (Alexander Demandt[16]) bzw. über kriegerische Gewalt, den manche für möglich halten, wird jedenfalls niemals zu erreichen sein, wenn nicht auf die Vorstellung verzichtet wird, sich des Feindes ein für alle Mal entledigen zu können.

---

[15] R. Koselleck, "Erfahrungswandel und Methodenwechsel", in: C. Meier, J. Rüsen (Hg.), *Theorie der Geschichte. Beiträge zur Historik, Bd. 5. Historische Methode*, München: dtv 1988, 13–61, hier: 60 f.
[16] Vgl. Taureck, *Drei Wurzeln*, 213.

Das läuft auf die Herausforderung der Frage an die Adresse des Politischen hinaus, ob wir uns heute einen Begriff vom Politischen machen können, der ohne den Gedanken eines durch vernichtendes Handeln zu erreichenden finalen Sieges selbst dann auskommt, wenn man es mit radikalen Feinden zu tun zu haben glaubt.

Bevor der abschließende Beitrag zum vorliegenden Diskussionsschwerpunkt auf diese Frage zurückkommt, insistiert Christopher Pollmann mit Blick auf den Melier-Dialog und in kritischer Wendung gegen eine moralisierende Heraklit-Deutung einerseits auf der genuin zwischenstaatlichen Ebene kriegerischer Gewalt, weist andererseits aber darauf hin, dass es bei praktisch wirksamer Kriegsvermeidung darum gehen müsse, "zwischenstaatliche Rivalitäten durch Entwicklung der sozioökonomischen Auseinandersetzungen *innerhalb* der beteiligten Gesellschaften zu entschärfen". "Der Hauptfeind jedes Volkes" stehe allemal im "eigenen Land", wie Karl Liebknecht sagte. Auch Pollmann beurteilt die Absicht, sich selbst zu entwaffnen, um kriegerischer Gewalt zu entgehen, höchst kritisch, ja als Illusion, zumal für ihn feststeht, dass nach wie vor selbst erlittenes Leid Vorrang hat gegenüber dem Leid, für das man selbst verantwortlich ist. Moralische Verurteilung der daraus entspringenden Gewalt und eines machtgestützten Rechts, das sich ihr nicht zureichend widersetzt, birgt aus Pollmanns Sicht die Gefahr in sich, paradoxerweise eben die gewaltsame Realität zu stärken, die sie zu kritisieren vorgibt. Bernhard Taureck hat sich gegen diese Sicht mit dem Vorwurf des "Rechtsnihilismus" verwahrt[17] und besteht auf einer keinesfalls durch politikwissenschaftlichen und juristischen 'Realismus' abzugeltenden Kritik kriegerischer Gewalt, die alle Voraussetzungen infragestellen muss, auf die sich dieser 'Realismus' vielfach auf eine Weise stützt, die geradezu als dogmatisch erscheinen kann. Zu diesen Voraussetzungen gehört die Souveränität staatlicher Gewalt, die allerdings um *das Politische* verkürzt werde, das (im Gegensatz zu üblicher 'Politik') über bloße Kriegsvermeidung hinaus "nachhaltig in Richtung Kriegsverhinderung" zu finalisieren sei. Ohne eine solche "intrinsische" Ausrichtung müsse Politik auf Dauer das bleiben, was sie angesichts der bislang jedem vorübergehenden Frieden selbst innewohnenden Gefahr neuer Kriege ist: blind nämlich; blind aber auch für ein echtes "Jenseits" der Alternative von Krieg und solchem (Pseudo-)Frieden. Aber wird diese Alternative nicht längst durch die "Evolution der Gewalt" seit dem 20. Jahrhundert unterlaufen? Auf diese Frage macht anschließend Reinhard Mehring mit Carl Schmitt und Herfried Münkler auf-

---

[17] Vgl. seine Replik: "Was lehren Kriege, die gewalttätig sind, teilweise gewaltgewogene Interpreten?", in: Liebsch (Hg.), *Radikalität und Zukunft des Krieges*, 243–263, hier: 249.

merksam. "Münklers Sicht auf das Ende des 'westfälischen Systems' und den Übergang zu 'hybriden Kriegen' jenseits der klaren Unterscheidung von Krieg und Frieden" sei "mit Schmitt völlig konkordant". Dabei treibe Münkler kaum eine Moral des Widerstands gegen Krieg als vielmehr die "politische Sorge um das zivile Niveau der modernen (westlichen) postheroischen Gesellschaften" um, die als solche keinen klassischen Staatenkrieg mehr führen könnten. Schmitts und Münklers "Phänomenologie oder Morphologie neuer Akteure und Formen der Gewalt" (vom Partisanen bis hin zum 'fundamentalistischen' Terroristen und Drohnen fernsteuernden Soldaten) führt nach Mehrings Dafürhalten zwar an "ethische Fragen" heran, bleibt aber vor ihnen stehen. "Wir können zwar versuchen, einen liberaldemokratischen Humanitätsstandard [...] normativ zu fixieren, können ihn aber in Gegenwart und Zukunft" – zumal angesichts des eigentümlich "hybriden" Zuschnitts jener Gewalt zwischen Krieg und Frieden – "kaum noch leben", lesen wir in Mehrings Beitrag. Ist 'Phänomenologie' hier nur noch ein vages Synonym für empirische Beschreibung, von der sich eine "philosophische Polemologie [...] anregen lassen" sollte? Ist eine 'bloße' Beschreibung kriegerischer Gewalt aber überhaupt möglich? Unter welchen Voraussetzungen? Etwa nur so, dass man sich selbst gar nicht in solche Gewalt verstrickt erfährt und begreift, also als bloßes Objekt einer wissenschaftlichen Methodologie?[18] Ist diese Gewalt aus solcher Distanz aber überhaupt als solche fassbar – oder bereits auf ethisch fragwürdige Weise neutralisiert? Wie verhalten sich 'phänomenologische' Beschreibung und Ethik zueinander? Ist die Beschreibung kriegerischer Gewalt überhaupt in ethisch indifferenter Art und Weise möglich? Ist umgekehrt 'Ethik', die sich längst mit neuen bzw. neuartigen Formen von Gewalt konfrontiert sieht, überhaupt noch möglich, ohne sich auf Beschreibungen zu stützen, die sie selbst, als 'akademische', nicht allein aus eigener Kraft leisten kann? Müssen wir insofern neue inter-disziplinäre Arbeitsteilungen in Erwägung ziehen?

Der anschließende Beitrag von James Dodd zeigt, dass wir bislang über keine Philosophie der Gewalt verfügen, die dieser komplexen Befundlage wirklich gerecht geworden wäre.

---

[18] So würde man allerdings mit einer nach 1945 unter dem Eindruck Friedrich Nietzsches und Søren Kierkegaards, dann auch der Schriften Gabriel Marcels, Karl Jaspers, Jean-Paul Sartres und Maurice Merleau-Pontys zunehmend 'existenziell' (nicht notwendigerweise auch 'existenzialistisch') gewendeten Phänomenologie in Konflikt geraten, die kein 'Subjekt' mehr voraussetzt, das nicht in der Welt 'situiert' und ihrer Gewalt nicht von vornherein ausgesetzt ist. Vgl. bspw. P. Ricœur, "Phénoménologie existentielle", in: *Encyclopédie française. XIX. Philosophie et religion*, Paris 1957, 19.10-18– 19.10-12.

Insbesondere müsse eine solche Philosophie ihre übliche Distanz zur erfahrenen Gewalt selbst wenn nicht ganz aufgeben, so doch stark verringern. Aber wie weit kann sie darin gehen, die Bedeutung (*meaning*) dessen, was man in kriegerischer Gewalt wirklich tut bzw. Anderen antut, zu erfassen? Bleibt sie angesichts des "Äußersten", das sie laut Clausewitz im Prinzip jederzeit heraufbeschwört, nicht letztlich 'unfasslich' bzw. *elusive*, wie Dodd schreibt, der ähnlich wie Taureck für einen Primat des dem Frieden verpflichteten Politischen plädiert, dem kriegerische Gewalt auch und gerade dann unterworfen werden müsse, wenn sie sich jeglichem instrumentellen Verständnis entzieht, wie es vor allem der Fall ist, wo kriegerische und genozidale Gewalt ununterscheidbar zu werden beginnen, wie Debra Bergoffen in ihrem Beitrag feststellt? Diese Gewalt 'spielt' auf allen Registern der Verletzbarkeit, Verwundbarkeit und Vernichtbarkeit Anderer. Wie dabei höchst unterschiedliche Vorstellungen davon zum Zuge kommen können, was es bedeutet, den jeweiligen Feind zu besiegen, zeigt anschließend in einer west-östlichen Vergleichsperspektive Petar Bojanić. Diese Vorstellungen reichen von der bloßen Unterbrechung kriegerischer Gewalt über die Vernichtungsschlacht bis dahin dazu, den Feind letztlich in einen 'Freund' verwandeln zu können. Das könnte sich insofern als illusionär herausstellen, als es stets vom 'Feind' abzuhängen scheint, ob es zu gewaltsam ausgetragener Feindschaft kommt und ob sie etwas, z.B. ein Rest von Friedenssehnsucht (Franz Rosenzweig), davor bewahren kann, auf völlige Vernichtung hinauszulaufen. Ob dergleichen überhaupt möglich ist, wurde, wie Bojanić zeigt, ebenso bestritten wie die Möglichkeit, sich in der Wirklichkeit kriegerischer Auseinandersetzungen an gewisse Regeln und Normen zu halten, um sich der fatalen Sogwirkung vernichtender Gewalt zu entziehen. Obgleich von der "impossibility of complete destruction" und von "complete victory" auszugehen ist, bleibt aber das Phantasma virulent, Feinde 'absolut' eliminieren und aus der Welt schaffen zu können, um es auf diese Weise zu einer *final solution* zu bringen, in der die vermeintlichen Sieger selbst glauben, über jegliche Verwundbarkeit erhaben sein zu können. Nichts dergleichen wird für möglich gehalten, wenn man demgegenüber jeglichen Gedanken an einen "Endsieg" oder an eine "Endlösung" aufgibt, auf die man angesichts radikaler und verabsolutierter Feinde immer wieder spekuliert, wie im abschließenden Beitrag von Burkhard Liebsch gezeigt wird.

Prof. Dr. Burkhard Liebsch, Ruhr-Universität Bochum,
Fakultät für Philosophie und Erziehungswissenschaft,
Burkhard.Liebsch[at]rub.de

BURKHARD LIEBSCH (Bochum)
MICHAEL STAUDIGL (Wien)

Contemporary Challenges for a Philosophical Theory of War
An Exposé

The aim of this exposé is to present eight cardinal challenges that a contemporary theory of war – or 'warlike violence', as we prefer to say – needs to confront. We propose first to elucidate these challenges, unfold their guiding questions, and to expose them to critical debate. Only in a second step might we then begin to consider possible *answers* to these questions – a desideratum that hopefully will help further justify this project, and reach far beyond its initial parameters. The proposed sections of the work are as follows:

(1) The triple challenge of a philosophy of 'warlike violence' (*kriegerische Gewalt*)
(2) Tasks of philosophical *theoría: Conditio humana* and polemology
(3) Phenomenology of war, hermeneutics of war, and practical philosophy
(4) 'Apocalyptic' phenomanality vs. learning comprehension
(5) Tasks concerning the critique of illusions & disillusioning this critique
(6) Warlike violence vs. the political
(7) Phantasms of victory and their surrogates
(8) Beyond the 'Politics of annihilation': On the future of the political

Traditionally viewed, topics such as 'Being' and the 'Good' have been counted among the core, classical themes of philosophy. 'War,' surprisingly, has not, even though it bears a deep and dark philosophical quality in its threatening capacity to affect and possibly *destroy* the entirety of human affairs – be it in terms of extinction, annihilation, or whatsoever kind of disastrous 'destructiveness' we might imagine. Given these various, disastrous forms, we argue that 'warlike violence' must be understood as the most important and pressing challenge for practical philosophy today – and this alongside problems like climate change, global justice, or a neoliberal maelstrom of globalization spinning out of control. Indeed, a global, cosmopolitan society, the development of which seems to be part and parcel of our beloved late-modern social imaginaries, will have no chance of development as a reliable political reality if the threat of 'warlike violence' is not sufficiently countered, or at least held in abeyance.[1]

(1) Yet in dealing theoretically with phenomena and conceptions of war in such a situation we are confronted with a threefold challenge. We must clarify (a) what it means to be 'exposed to warlike violence'; (b) how such a situation has become possible and still can become possible; (c) how the recurrence of warlike violence be avoided in future (yet without falling prey to the dialectical interplay of countering violence with violence, even if it be with a 'good conscience'). That all these challenges might be addressed, however, is based upon an important assumption figuring in the background: that the violence in question indeed always calls for explanation and intervention into the constant threat that one inadvertently and indifferently acquiesce to such violence and to the 'murderous consent' (A. Camus) that results from it.[2] It is exactly this most basic assumption, however, that is far from evident. If one starts to realize how fragile and questionable this assumption in fact is, it rather turns out that we do not even agree from where the exploration of 'war-like violence' should proceed. In other words, we don't even share an understanding of where the 'reign of war' begins and how it has always already impregnated our habits of understanding both war and peace.

---

[1] The disconcerting absence of war from the mainstream accounts in social and political philosophy is something that we can just note here. It calls for a 'negativistic account' that overcomes a certain Platonic remainder in these contexts that insists on the existence of ideas like 'the just' and 'the Good' as a kind of integrating horizon for thought. This deep-rooted prejudice implies the tendency to conceive of violence, of all sorts, as a mere 'childhood sickness' (Rawls), 'irrational opacity' (Habermas) or institutional hangover that will, in the last analysis, be done away with, be it in teleological, procedural, or discursive ways – a tendency that is truly incapable of confronting the inherently ambiguous, yet constitutive role of such negativity. First indications on how a 'negativistic social philosophy' might look have been proposed by the contributions collected in *Profile negativistischer Sozialphilosophie*, ed. B. Liebsch, H.R. Sepp, & A. Hetzel, Berlin: De Gruyter 2011; a concise discussion concerning the inherently ambiguous role of violence in the way contemporary philosophy understands itself in its time is offered by Ann V. Murphy, *Violence and the philosophical imaginary*, New York: SUNY Press.

[2] The topic of indifference, which indeed is of paramount importance for the overall context of our arguments offered here, has been treated in depth in Marc Crépon's important book *Le consentement meurtrier,* Paris: Cerf 2012 (Engl. Tr., *Murderous Consent. On the Accommodation of Violent Death*, New York: SUNY Press 2019). On the 'dialectics' of human *sensibility* that may give rise to such indifference, see B. Liebsch, *Menschliche Sensibilität. Inspiration und Überforderung*, Weilerwist: Velbrück Wissenschaft.

(2) Given these questions, does philosophical *theoria* still have discrete tasks? Are the detailed disputes on the issue not already taking place in many other disciplines? In fact, the tasks mentioned frequently hold premises beyond explanation in debates about war in the cultural sciences and the humanities; yet when investigated more closely, they appear – together with the afore-mentioned assumption – to be radically questionable. And indeed, the very assumption as such does not fit together at all with the plain observation that human beings ruthlessly expose each other to 'warlike violence', both without properly understanding it and without being able to foreclose its repetition.

All this points to how we can at least preliminarily conclude that 'warlike violence' is, in an almost incurable fashion, tied to the *human condition*, and that it affects everyone – whether as victim or perpetrator; as docile executor or merely systemically involved 'nobody'; as obligated military servant or peace worker. Are we obliged to live a life which, externally regarded, seems to unfold in civilized ways but ultimately are the incubators for the next war already looming?[3] This could indeed not be otherwise, given that peace and wars by their very definition alternate in history (and the progress projected into it) and hence seem to emerge from each other.

One would not be wrong to doubt that philosophy has anything new to say about these fatal prospects. In this regard, Bernhard Taureck explicitly spoke about "the bankruptcy of philosophy in the face of the ills of war." Can philosophy be used to explicate some 'logos' of war that could assure 'the unity of some gathering, conjoined with a language that would be capable of expressing this gathering" ("als Einheit einer Sammlung, verbunden mit einer Sprache, die diese Einheit aussagt"[4])? And if so, which tasks would such a *philosophical polemology* consequently have to address? In any case, if this approach at seems possible, it must not content itself with an all too easy overreliance upon Heraclitus' dark ponderings, as we find effectively at work in thinkers like Heidegger, Fink, or Patočka. Furthermore, it also must not resign itself to the fatalist insight that history only teaches us that in fact we cannot learn anything from war; an insight we easily find in, or perhaps more appropriately read into, Hegel.

---

[3] See for an exemplary analysis of this tendency, J. Patočka, *Heretical essays in the philosophy of history*, Chicago: Open Court 1999, most notably the 6th essay, 'The wars of the twentieth century and the twentieth century as war', pp. 119-38.

[4] B. H. F. Taureck, *Drei Wurzeln des Krieges. Und warum nur eine nicht ins Verderben führt. Philosophische Linien in der Gewaltgeschichte des Abendlandes*, Zug: Die Graue Edition 2019, 265.

(3) 'Warlike violence' shows itself in a variety of forms, which cannot be reduced to Heraclitus' *pólemos*. In this case that which has shown itself is under question, most notably in its very speakability and inheritability. While this definitely raises an essential question concerning the very givenness of this spectral phenomenon at hand, it must not mislead us to abandoning the question as to what we still might *learn* from it.[5] If and how 'warlike violence' 'shows itself' is the leading question of a *phenomenology of war*. How that which shows itself can be 'expressed' (by way of saying, narrating, explicating, etc.) concerns a *hermeneutics of war*. Such hermeneutics then, for its part, challenges *practical philosophy* since it concerns the very question of if and how we may distinguish, face, and confront such violence, namely in the future. These three complexes of questions may of course be separated for heuristic reasons only. In fact, they need to be deployed in their intrinsic interrelation if we are right in assuming that 'warlike violence' necessarily calls for explanation and indeed prohibits *per se* that we might ever indifferently accept or condone it. That, however, something can, without further ado, be *learned* from such violence – this is an assumption we can no longer accept.

(4) In this context, it seems worth mentioning that the very concept of 'learning' apparently is ambiguous. In fact, retrospective insights into the 'eruption' of wars do not necessarily entail that such information will help us to really avoid wars in future. This is something that also Hegel emphasized clearly: understood exactly in terms of a phenomenon, which does not lead to a (at times recognizable) phylogenetic process of learning, war became a driving force in Hegel's account of history[6] – of course by presuming that one 'looks at the world rationally' (*sieht sie vernünftig an*).

When Hegel talks about the 'eye of the concept, of reason' (*Auge des Begriffs, der Vernunft*[7]), which he entrusted to do justice to the historic significance of 'warlike violence',

---

[5] Vgl. H. Münkler, *Der große Krieg. Die Welt 1914–1918*, Reinbek: Rowohlt 2015, 776, 785 ff.

[6] See the instructive explications concerning Hegel's understanding of war in M. Mori, "Krieg und Frieden in der klassischen deutschen Philosophie." In *Machtpolitischer Realismus und pazifistische Utopie*, ed. H. Joas & H. Steiner, Frankfurt on the Main: Suhrkamp 1989, 49-91.

[7] G. W. F. Hegel, *Vorlesungen über die Philosophie der Weltgeschichte Bd. I. Die Vernunft in der Geschichte*, Hamburg: Meiner 1955, 31 and 32, resp. the English translation by L. Rauch, *Introduction to the Philosophy of history*, Indianapolis & Cambridge: Hackett 1988, 14; the second quote is, by the way, not to be found in this English translation. Regarding the 'eye of reason', it might be noteworthy to remember Huxley's comment, which seems all the more pertinent as it refers to the fact that not only the 'sleep of reason' might produce monsters (Goya), but also a syndromatically hyper-active posture it is prone to adapt; the trope of *holiday*, therefore, is more than poignant: 'To the eye of reason, I repeat it, it certainly seems strange. But then the majority of human actions are not meant to be looked at with the eyes of

he refers to a kind of conceptual 'seeing' that still presupposes that this violence at least shows itself. If such violence, however, shows itself only in an 'apocalyptic fashion' to those who fall prey to it, we need to ask what that in fact means for the *phenomenality of war*. How should we conceive of it if its 'apocalyptic' mode of manifestation annihilates its targets or at least relegates them to the status of traumatized survivors?

If 'warlike violence' tends towards a 'delimited lawlessness' (Taureck) and hence points beyond all understanding and comprehension, all theory here necessarily seems to go awry. If in order to assess what 'warlike violence' is about, how indeed may we measure its impact in the face of suffering and destruction, concepts that, by definition, *tend toward the extreme*? *May* we hence even talk about war (philosophically) without accommodating these extremes? *Can* we even do so, without insinuating in a most questionable way the experienciability, expressability, representability, intelligibility and comprehensibility of the extreme *as such*? And, finally, *must* philosophy content itself with the option of being able to only indirectly testify to that which thinking will never be able to reach, as Lyotard famously claimed?[8]

(5) Philosophical thinking, it seems, cannot approach 'warlike violence' without confronting the tasks of both a *critique of illusions* as well as of *a disillusioning of this kind of critique*, too. Do, perhaps, our insinuations of a basic expressability, representability, and narrative convertibility only embody some dear illusions? And if yes, in what way? Is the assumption that we can learn something distinct from the experience and narrative representation of 'warlike violence' necessarily an illusion?[9] Doesn't the very concept of violence display an all too broad heterogeneity – extending, e.g., unto the 'new wars' (Mary Kaldor, Herfried Münkler), which indeed privatize, asymmetrize, de-militarize, and secretize 'warlike violence' to such a degree that it most disconcertingly transforms into a 'social condition' (Kaldor)? Isn't it thereby, in the last analysis, rendered unrecognizable? [10] Is 'war' in such cases then only changing its faces (like the chameleon Clausewitz spoke about) or is it rather changing in

---

reason.' (A. Huxley, *Jesting Pilate. An Intellectual Holiday*. New York: George H. Doran Company 1948, 47)

[8] J.-F. Lyotard, *Das Inhumane*, Vienna: Passagen [3]2006, 223 (Engl. Tr., *The Inhuman. Reflections on Time*, tr. by G. Bennington & R. Bowlby, London: Blackwell 1993).

[9] B. H. F. Taureck, B. Liebsch, *Drohung Krieg. Sechs philosophische Dialoge zur Gewalt der Gegenwart*, Wien, Berlin: Turia + Kant 2020.

[10] Cf. M. Kaldor, *New and Old Wars: Organized Violence in a Global Era*. Cambridge: Polity Press 1999; H. Münkler, *Kriegssplitter. Die Evolution der Gewalt im 20. und 21. Jahrhundert*, Berlin: Rowohlt 2015, 210 f., 243.

nature?[11] And if we are to answer positively that its nature is change (and there are good reasons to do so), wouldn't it thus be really illusory if we wanted to learn something of lasting value from it?

A similar question arises if we consider to what extent virtual war and real war, waged both in close existential proximity and in wired distance, also are something that *fascinate*, too – and that our strategies of disillusioning thus far have not helped us to do anything about this fact. Descending generations may always be open to that fascination, something that induces again and again the well-known illusions, apparently without having learned anything from the plights of war. But given this, isn't it really illusory to even count on strategies of disillusioning? Isn't the belief in disillusion perhaps the most tenacious illusion? That may definitely be true specifically for virtual or phantasy-worlds. Politically regarded, however, we must not so easily give up such strategies of disillusioning since specific illusions indeed have proven to be ruinous for the political as such. With an eye to this larger context, let it suffice to mention only some further points of application.[12]

(6) War is not the 'mere continuation of politics by other means', or accomplished by the 'addition of other means', as Clausewitz described it; 'warlike violence' rather stands for *failed* politics. Quite ironically, however, failed politics as such is brought about in political ways, albeit in such a way that it at once coats this very failure. Only under this presumption can one intend to defeat enemies in a 'destructive' (or even 'annihilating') way, while refusing to avow that this in fact ruins every possible political relationship. Consequently, the destruction of the political would always already be present within the political if one agrees with Clausewitz' continuation 'by other means' thesis. In truth, however, such means cannot be controlled at all – as Arendt already warned early on--but rather, in their warlike character, tend toward the extreme, with the consequence that they threaten the political. From this it follows that 'destructive' victories are not a meaningful political aim at all – a lesson that one may already derive, for example, from Thucydides or Plato's reflections on war.

(7) Notwithstanding these insights, such victories are regularly promised as something that can be achieved by way of waging war. Yet the idea of some 'final' victory is but a phantasm, something actually impossible, which would indeed resolve the intrinsic relationship be-

---

[11] C. v. Clausewitz, *Vom Kriege*, Frankfurt/M., Berlin: Ullstein [4]1994, 36; H. Münkler, *Über den Krieg. Stationen der Kriegsgeschichte im Spiegel ihrer theoretischen Reflexion,* Weilerswist: Velbrück Wissenschaft [3]2004, 10, 103.
[12] Cf. also Taureck & Liebsch, *Drohung Krieg*, op. cit.

tween enmity, war, and victory. It is an illusion that one may be able to outplay enmity in a political fashion by way of 'warlike violence', which would destroy others in large numbers and perhaps annihilate them (or finally even otherness as such) in order to claim a final victory over one's enemies. One may wage war and defeat enemies – but never *enmity* as such; doing so rather destroys the political and abandons our chances to control the means "in use" as well.

Furthermore, there can also be no question about victory today since the massive use of highly developed – especially nuclear – weapons would leave no country intact and habitable. Their devastation would also affect the supposed victor. That 'Nobody can win', as D. D. Eisenhower held, is definitely true for nuclear war, a war for which nobody can specify the threshold beyond which such a war lurks and possibly escalates. Conventional wars, however, that are fought beyond this threshold raise the question to what extent they may still result in victories that will not immediately be put into question again by some superior violence. Wouldn't it be necessary therefore to reflect much more about the *impossibility to win at all* than about thinkable victories?

Without a doubt, the Nazi armies had been defeated in a war waged with conventional weapons. But even in this instance of an – at a first glance--unambiguous example of a successful victory, we need to further inquire as to who or what had been defeated, and how that had taken place. The Nazi 'Wehrmacht' and the 'Third Reich' were, without a doubt, defeated; but not Nazism as such, which has already recovered in several countries.

Understandably, the term 'Endsieg', which was worn out by the Nazis, is no longer used by anyone today. Radical enemies like terrorists, however, are once again threatened today with an *infinite justice*, which, however, manifests itself in never ending forms of persecution and the concomitant creation of a general 'culture of fear', in which one all too easily disavows one's own violence. Don't 'we', thus viewed, once again abandon ourselves to illusions of victory, and fancy its surrogates? The case of the so-called 'escalation dominance', a concept taken to guarantee the permanent possibility 'to win a war at any level of violence', as we find it expressed in the US nuclear strategy, exemplarily pinpoints this tendency. Yet it also is necessary to ask bluntly: is there any military strategy that would do without some conception of how war – whether in its 'old' or 'new' forms – can be won?[13] To want to win

---

[13] The debate whether or not the so-called 'new wars' are really *new*, is notorious. As expressed here, we wonder, however, if it is not rather to be understood as a substitute debate that results in eclipsing the really important questions with which the 'phenomenon of war' confronts us.

war, consequently, implies the hope to perch on victory – without things being clear, however, in regard to who or what (and for how long, etc.) the losers of a war are deemed to be defeated. Will, e.g., the 'Islamic State' be defeated if it is cast out of its last hideaways in Northern Syria, once it will no longer offer any noteworthy resistance? Given the globalization of the war of/on terror, no scholar who understands the history of war would seriously vouch for that. And does not such an insight also prove that there are definite borders to our habits of imagining *vincibility* (*Besiegbarkeit*)? Doesn't the use of 'warlike violence' nurture tenacious illusions concerning the vincibility of one's enemies – illusions that, for their part, may lead to the use of further violence?[14]

(9) Yet how should it be possible to waive our illusory phantasies of possible victory? Wouldn't that call upon us to at least accept the very existence of enemies, and to not give in to the wish to extinguish them in order to once and for all be free from the conflicts such plights create? This, however, raises the question as to what forms of commerce with enemies are imaginable, provided that they are to stay alive: is it only about a kind of 'sparing subjection' or rather about 'rendering them innocuous' by way of internment? Or is it something else, something yet to be fathomed in our late modern social technologies?

However this may be, reasons for future enmity will always be present – whether due to reasons such as the unjust (global) distribution of goods, disavowed forms of collective discrimination, ecological disparities (especially in the case of water supplies), or the demagogic agitation that entails an unquenchable quest for new scapegoats (both within and without). Yet the mere existence of collective fault lines of enmity does not automatically, at least without a little further help, create 'warlike violence'. Undoubtedly, this also requires the silent functioning of effective illusions, most notably the aforementioned illusion that certain enemies can certainly be defeated – and, ideally, in a way that will render any future war unnecessary. In this sense, indeed every war waged for the sake of being victorious envisages a kind of 'final solution', albeit often without conscious awareness.

---

[14] For the historian of ideas it might be interesting to mention that this whole dilemma was articulated most clearly by Arendt who, in *The human condition*, critically exposed the original sin of political theory, that is, the "conflation of freedom and sovereignty." How this conflation resulted in a variety of illusions of autonomy and related imaginations of an autonomous, masterful and invulnerable body that always is complicit in creating violence, is something that is discussed today on many fronts at the intersections of contemporary critical thought, most notably between feminist theory, political phenomenology, and psychoanalysis. Topically the works of Debra Bergoffen, Judith Butler, Achille Mbembe, and Jacob Rogozinski, to mention just a few, are exemplary of this tendency.

Regarded from the viewpoint of contemporary military strategies, we are confronted with the insight that no final victory can be achieved, even if such strategies deploy every available means within their power. Yet even this truly problematic outlook on victories that are ruinous and therefore prove practically impossible, does not, as experience tells, seem potent enough to forbid all flirting with 'final solutions'. Enemies apparently do not offer us any other alternative than to destructively defeat and annihilate them.

Notwithstanding the impossibility of a *final* victory, the enemies of enemies yet seem to be without alternative and thus quite reasonably strive for such a defeat. Is it possible, and if so, how could one attempt to change anything about this dilemma? Could it be that even here strategies of disillusionment might prove helpful? Or is it illusory by definition to even attempt to undermine the phantasms of victory at the very point where they appear as a reasonable response to inimical threats?[15]

When the historian Koselleck wrote that the future to come may spare us victories, he apparently had this kind of fatalistic, polemological dynamics in mind that we have been talking about: a dynamic that is war prone by way of making one believe that one is capable to 'finally' 'disarm' or, if necessary, to 'eliminate' one's respective enemies. However, a victory over the *pólemos* as such, something deemed possible by some, will never be achieved, unless one dispense of the idea that we can dispose of one's enemies once and for all.

Finally, all this results in a challenge to the question of the *political as such*: are we able to imagine a concept of the political without the idea of some final victory and the destructive action this necessarily seems to entail, even when one is confronted by radical enemies?

Prof. Dr. Burkhard Liebsch, Ruhr-Universität Bochum,
Fakultät für Philosophie und Erziehungswissenschaft,
Burkhard.Liebsch[at]rub.de

Assoc. Prof. Dr. Michael Staudigl, Institut für Philosophie,
Universität Wien, Michael.Staudigl[at]univie.ac.at

---

[15] About the becoming systemic of such threats see A. Mbembe, *Politiques de l'inimitié*, Paris: La decouverte 2016.

CHRISTOPHER POLLMANN (Metz)

Rivalität, Affekt, Interesse.
Ansatzpunkte einer materialistischen Kriegstheorie[*]

Rivalry, affect, interest. Starting points of a materialistic theory of war

Abstract

In debate with Bernhard H. F. Taureck, Burkhard Liebsch and other authors, we try to develop a materialistic theory of war. Central to this are the rivalries between sovereign states, which have extended and become more complex in the course of globalization. Both political-economic and symbolic-emotional interests are bundled in them. The competition between states, only partially curbed by supranational authorities, also reflects in so-called international law. In contrast to the domestic legal system, this has indeed only limited legal character, as Thucydides' famous Melian dialogue shows.

Keywords: Materialistic theory of war, sovereignty, international law, Thukydides' Melian dialogue

Seit dem II. Weltkrieg scheint die Kriegsgefahr aus dem westeuropäischen Alltag verschwunden, verdrängt in die Dritte Welt und an die Peripherie der kapitalistischen Kernländer. Doch die Verknappung von Rohstoffen, der Klimawandel, die zunehmende Zerstörung der natürlichen Lebensgrundlagen sowie die wirtschaftlichen Überakkumulationskrisen dürften Kriege in der Zukunft auch im Westen wieder möglich erscheinen lassen. Zugleich steht zu befürchten, dass die fortschreitende Rationalisierung aller Lebensbereiche und Alltagspraktiken, namentlich im

---

[*] Erweiterte Fortentwicklung meines Beitrags "Für eine materialistische, die Gefühlswelt einbeziehende Befassung mit Krieg", in: B. Liebsch (Hg.), *Radikalität und Zukunft des Krieges. Im interdisziplinären Gespräch mit Bernhard H. F. Taureck*, Baden-Baden 2021 (=RZK), 201–222.

Rahmen der erdumspannenden Ausbreitung von Computer- und Telekommunikationstechnologien[1], das menschliche und gesellschaftliche Aggressionspotential gewaltig steigern wird.

Vor diesem – hier nicht näher beleuchteten – Hintergrund kommt der wissenschaftlichen Befassung mit Krieg größte Bedeutung zu. Auslöser unseres Interesses, daran trotz fehlender Erfahrung auf diesem Forschungsfeld mitzuwirken, waren mehrere einschlägige Veröffentlichungen insbesondere von Bernhard H. F. Taureck und Burkhard Liebsch sowie ältere Schriften namentlich von Ekkehart Krippendorff und René Girard. All' diese Studien sollen hier nicht im Lichte dieser oder jener wissenschaftlichen Disziplin oder einer bestimmten Denkschule betrachtet werden, sondern im Hinblick auf die Frage, inwieweit sie zur Kriegserklärung und -vermeidung beitragen. In einem ersten Kapitel geht es darum, inwieweit das Studium des Krieges einer materialistischen oder einer idealistischen Vorgehensweise folgt. Das zweite Kapitel soll dann die zentrale, aber häufig vernachlässigte psychisch-affektive Dimension des Krieges herausschälen.

I. Materialistische oder idealistische Herangehensweise?

Bei der Erforschung der natürlichen und gesellschaftlichen Wirklichkeit lassen sich, schematisch gesprochen, zwei Ansätze verfolgen. Der idealistische Ansatz geht – bewusst oder unbewusst – davon aus, dass die zu untersuchende Realität von geistigen, d. h. ideellen Vorstellungen bestimmt ist. Der materialistische Ansatz hält dagegen die physikalische und soziale Wirklichkeit für 'zuerst' vorhanden und folglich unabhängig von ihrer geistigen Erfassung und Bearbeitung durch den (einzelnen) Menschen. (Die beiden, hier schematisch vorgestellten Standpunkte lassen sich insofern miteinander vereinbaren, als eine vom Menschen unabhängige Realität zwar existiert, aber von diesem wohl nur in diversen ideellen Formen vor- und darstellbar ist.[2] Doch diese Problematik soll hier nicht vertieft werden.) Die politische Dimension der beiden Ansätze liegt darin, dass die idealistische Methode regelmäßig Wunschvorstellungen, wenn nicht Illusionen anhängt und so die Erkenntnis der Wirklichkeit behindert. Das materialistische Herangehen ist zwar realitätsgerechter, läuft aber leicht Gefahr, mit die-

---

[1] Vgl. meine Studie "Le totalitarisme informatique. Une rétrospective d'un technophile sur 35 années passées devant les écrans", Hal Open Science 2021, https://halshs.archives-ouvertes.fr/halshs-03301760/document.
[2] M. Godelier, *Natur, Arbeit, Geschichte: zu einer universalgeschichtlichen Theorie der Wirtschaftsformen*, Hamburg 1990.

sem 'Realismus' die Wirklichkeit als nicht veränderbar darzustellen. Es geht im Folgenden darum, die Bedeutung der beiden Vorgehensweisen bei der Analyse von Recht (Abschnitt A) und bei der Berücksichtigung von Interessenwidersprüchen und Kräfteverhältnissen (B) herauszuarbeiten. Abschließend wird die Rolle der Moral zur Sprache kommen (C).

A. Die Problematik des juristischen Idealismus

Recht als weitgehend ideelles Phänomen unterliegt laufend der Tendenz, in idealistischer Manier betrachtet und verklärt zu werden. Das erklärt sich wohl zum einen aus der Rolle des Rechts als ein die Realität zugleich organisierender, verschleiernder und beschönigender Macht- und "Herrschaftsdiskurs"[3]. Zum anderen neigen die – in der kapitalistischen Gesellschaft mehr oder minder dominanten – Juristen dazu, ihr Tätigkeitsfeld zu glorifizieren. Aus beidem folgt, dass zwecks Ermittlung der Bedeutung einer Rechtsnorm die jeweiligen Macht- und Kräfteverhältnisse – ggf. auch gegen den Wortsinn – zu berücksichtigen sind.[4] Ein materialistisches Verständnis von Recht darf im übrigen nicht mit Rechtsnihilismus gleichgesetzt werden.[5] Dieser, also die Vorstellung, Recht sei belanglos bzw. ohne materielle oder ideelle Wirkungen auf das gesellschaftliche Leben, lässt sich zumindest für die kapitalistischen Länder der Moderne nicht halten. Denn der Kapitalismus ist im wesentlichen rechtsförmig organisiert.[6]

Bei Taureck äußert sich der juristische Idealismus zunächst in seiner frappierend-reizvollen Definition von Krieg als "Erlaubnis zu maximaler Entfesselung des gewöhnlicherweise Unerlaubten"[7]. Der Reiz besteht in der paradoxen Konstruktion eines Gegensatzes

---

[3] Vgl. D. Lochak, "Le droit, discours de pouvoir", *Mélanges Léo Hamon*, Paris 1982, 429–444. Soweit nicht anders angegeben, stammen Übersetzungen vom Verfasser, Hervorhebungen hingegen von den jeweils zitierten Autoren. Internet-Seiten wurden am 23.7.2021 abgerufen.

[4] Vgl. E. B. Pašukanis, *Allgemeine Rechtslehre und Marxismus. Versuch einer Kritik der juristischen Grundbegriffe* (1924), mit Einl. durch K. Korsch von 1930, Frankfurt/M. 3. Aufl. 1970 (Neuaufl. Freiburg i. Br. 2003).

[5] So aber Taureck, "Was lehren Kriege, die gewalttätig sind, teilweise gewaltgewogenen Interpreten", in: RZK, 243–263 (249 f.).

[6] Vgl. m. w. N. Pollmann, "Le droit comme système de frontières. De l'étude des délimitations vers une théorie de la 'construction juridique de la réalité'", *Revue de la recherche juridique – Droit prospectif* Nr. 1/2007, 99–110.

[7] Taureck, "Drei Wurzeln des Krieges, und warum nur eine nicht ins Verderben führt", in: RZK, 25–53 (25); ähnlich ders., *Drei Wurzeln des Krieges. Und warum nur eine nicht ins Verderben führt:*

zwischen einer Erlaubnis und dem Unerlaubten. Doch bei näherer Betrachtung löst sich der Gegensatz auf und verschwindet das Paradox. Was erlaubt ist, sagt in der Moderne vor allem das Recht. Recht ist im wesentlichen innerstaatlich, gebunden an das "Monopol [des Staates an] legitimer physischer Gewaltsamkeit"[8]. Der Jurist Hans Kelsen ging deshalb so weit, Recht und Staat in eins zu setzen.[9] Zwischen oder über den Staaten, d. h. auf internationaler Ebene gibt es kein solches Gewaltmonopol; es gibt keine Weltpolizei oder auch nur eine europäische oder amerikanische Polizei und kann angesichts der Staatenkonkurrenz – entgegen der Vorstellung von Liebsch[10] – auch keine geben.

Daraus folgt: Was gewöhnlicherweise unerlaubt ist, betrifft Verhalten innerhalb eines Staates und nicht jenseits davon, wo lediglich juristisch mehr oder weniger unverbindliche Moralvorstellungen gelten. Hegel hat das klar zum Ausdruck gebracht: "Da nun keine Gewalt vorhanden ist, welche gegen den Staat entscheidet, was an sich Recht ist, und die diese Entscheidung verwirklicht, so muß es in dieser Beziehung immer beim *Sollen* bleiben. Das Verhältnis von Staaten ist das von Selbständigkeiten, die zwischen sich stipulieren [d. h. bestimmen], aber zugleich über diesen Stipulationen stehen."[11]

Zwischen Taureck und Hegel stehend, erklärt Sigmund Freud, "daß der Staat dem Einzelnen den Gebrauch des Unrechts untersagt hat, nicht weil er es abschaffen, sondern weil er es monopolisieren will wie Salz und Tabak. Der kriegführende Staat gibt sich jedes Unrecht, jede Gewalttätigkeit frei, die den Einzelnen entehren würde."[12] Wie Taureck mit dem Begriff des *Unerlaubten* scheint Freud durch den Ausdruck *Unrecht* anzudeuten, es gebe eine von der staatlichen Ordnung unabhängige Schuldhaftigkeit. Aber zugleich lassen seine Worte

---

Philosophische Linien in der Gewaltgeschichte des Abendlandes, Zug 2019 (=DW), 14, 53, 62.

[8] M. Weber, "Politik als Beruf" (1919), in: *Gesammelte politische Schriften*, hg. von J. Winckelmann, Tübingen ⁵1988, 505–560 (506). Streng genommen ist monopolisiert damit nicht die physische Gewalt, sondern das *Recht* auf Gewalt, was die Möglichkeit einschließt, dass der Staat die Gewaltausübung an Private verleiht.

[9] H. Kelsen, *Der soziologische und der juristische Staatsbegriff: kritische Untersuchung des Verhältnisses von Staat und Recht* (2. Aufl. 1928), Aalen 1982.

[10] In B. H. F. Taureck, B. Liebsch, *Drohung Krieg. Sechs philosophische Dialoge zur Gewalt der Gegenwart*, Wien 2020, 104 f., 164 f. (=DK).

[11] G. W. F. Hegel, *Grundlinien der Philosophie des Rechts oder Naturrecht und Staatswissenschaft im Grundrisse. Mit Hegels eigenhändigen Notizen und den mündlichen Zusätzen*, Werke Bd. 7, Frankfurt/M. 1986, § 330, 498 (Hervorhebung CP).

[12] S. Freud, "Zeitgemäßes über Krieg und Tod" (1915), in: *Gesammelte Werke*, Frankfurt/M. 1999, Bd. X, 324–355 (329 f.).

auch den Schluss zu, das vom Staat sich freigegebene und monopolisierte Unrecht sei dank seiner Weigerung, es abzuschaffen, gar kein Unrecht mehr.

Mangels eines kontinentalen oder gar weltweiten Gewaltmonopols gibt es auf internationaler Ebene also kein dem innerstaatlichen vergleichbares Recht. Das sog. Völkerrecht hat somit einen nur eingeschränkt juristischen Charakter und bleibt im wesentlichen, wie von Hegel gezeigt, beim Sollen. (Das Europarecht bildet insofern eine Ausnahme. Zwar gibt es – noch – keine europäische Polizei. Doch die starke wirtschaftliche, monetäre und politische Verknüpfung der Mitgliedsstaaten der Europäischen Union und die damit einhergehende institutionelle Autonomie von Kommission, Parlament und Gerichtshof begründen einen der physischen Gewalt fast vergleichbaren Zwangsmechanismus.[13])

Entscheidend ist nun, dass dieses nur begrenzt juristische Wesen des Völkerrechts keinen Mangel, keine Unvollkommenheit darstellt, sondern den Absichten seiner Urheber, nämlich der Staaten und ihrer Regierungen entspricht. Denn alle Staaten sind ja bekanntlich auf die Bewahrung ihrer Souveränität erpicht. Sie gehen internationale Verpflichtungen nur unter dem – offen ausgesprochenen oder unterschwellig gepflegten – Vorbehalt ein, diese bei Gefährdung ihrer nationalen Interessen auch wieder brechen zu können. Es ist richtig, dass die meisten sog. Völkerrechtler diesen fundamentalen Umstand nicht wahrhaben wollen, weil die Vorstellung eines effektiv gültigen internationalen Rechts die Welt als geordnet, erklär- und kontrollierbar erscheinen lässt.

Diese beschränkte Verbindlichkeit und Geltungskraft des Völkerrechts wird von Taureck und Liebsch verkannt, wenn sie "die zur Selbstverständlichkeit gewordene Nichtbeachtung des UNO-Gewaltverbots" anprangern oder schreiben, es sei "frustrierend, im Lichte internationalen Rechts immer nur Versagen angesichts dessen feststellen zu müssen, was es eigentlich bewirken sollte" und sich beklagen ob "des Widerspruchs zwischen der (mehr projektierten als real existenten) globalen UNO-Friedensordnung einerseits und der blutigen Kriegsbilanz seit 1945 andererseits, die uns auf das sattsam bekannte Missverhältnis zwischen 'Realität' und juridischer Normativität zurückwirft"[14]. Das UNO-Gewaltverbot war und ist von den Mitgliedsstaaten nie als absolut verbindlich betrachtet worden; die "UNO-Friedensordnung" wurde von den Mitgliedsstaaten nicht "projektiert", sondern lediglich de-

---

[13] Vgl. J. H. H. Weiler, *Supranational law and the supranational system: legal structure and political process in the European Community*, jur. Doktorarbeit am Europäischen Hochschulinstitut, Firenze 1982, https://cadmus.eui.eu.
[14] In der Reihenfolge der drei Zitate: Taureck, DK, 55 (sowie DW, 121), Liebsch, DK, 22 u. 24.

klamiert in der Erwartung, sich dadurch keinesfalls die Hände binden zu lassen; das internationale Recht ist also keineswegs am "Versagen" und soll "eigentlich" nicht mehr und nichts anderes bewirken als was in der zwischenstaatlichen Welt zu beobachten ist; schließlich gibt es den "Widerspruch" und das "Missverhältnis" nur in idealistischer Einbildung. Denn wie der Klammerzusatz im letzten längeren Zitat schon andeutet, ist die "juridische Normativität" zwischen den Staaten schwach und unterscheidet sich deshalb gar nicht von der Realität. Diese Kongruenz zwischen Völkerrecht und internationalen Beziehungen beruht nicht auf seiner Schwäche, sondern auf dem Umstand, dass Recht die gesellschaftlichen Verhältnisse im wesentlichen nur ordnen und sanktionieren, nicht aber kontrafaktisch ummodellieren kann.[15]

Die hiermit umrissene idealistische Orientierung ist deshalb misslich, weil sie die Natur des Problems verkennt, die in der Mehrzahl souveräner Staaten liegt. Diese Tatsache ist nicht aus der Welt zu schaffen[16], denn "solange, wie die internationale Gemeinschaft aus souveränen Staaten besteht, bleibt der Krieg zwischen ihnen eine Möglichkeit, mit der alle Regierungen vernünftigerweise rechnen müssen."[17] Gegen die Gefahr kriegerischer Auseinandersetzungen zwischen Staaten gibt es unter diesen Bedingungen keinerlei Lösung. Das ist für kritische Geister eine unerträgliche Lage. Die idealistische Haltung speist sich daher aus dem verständlichen Bemühen, mit Hilfe von Willensakten aus diesem "frustrierenden" Rahmen auszubrechen. Im Unterschied zu Kritik und Engagement gegen *konkrete* Kriege bleibt eine solche abstrakte Gesinnung gegen 'Krieg an sich' nicht nur hilflos und ohne Folgen. Darüber hinaus erfordert und bindet sie menschliche Energie, die dann für den Widerstand gegen tatsächliche Kriege fehlt. Außerdem hilft das abstrakte Hochhalten edler Werte wider die unerfreuliche Realität, diese leichter auszuhalten. Das sind womöglich die Gründe, warum die idealistische Position, ähnlich wie die mit ihr verwandten moralischen oder moralisierenden Vorstellungen (s. dazu unten C), paradoxerweise gerade die Verhältnisse stärken, die sie zu kritisieren vorgeben. M. a. W.: "Das sittliche Pathos ist mit der Unsittlichkeit der gesellschaftlichen Praxis unlösbar verbunden und nährt sich von ihr."[18]

---

[15] Vgl. M. Mauss, "Appréciation sociologique du bolchevisme" (1924), in: M. Fournier (Hg.), *Marcel Mauss, Écrits politiques*, Paris 1997, S. 537–566 (550–556).

[16] Vgl. Hegel, *Grundlinien der Philosophie des Rechts,* § 331.

[17] M. Howard, *The causes of war*, London 1983, 25, übers. u. zit. von E. Krippendorff, *Staat und Krieg. Die historische Logik politischer Unvernunft*, Frankfurt/M. 1985, 81 (=SK).

[18] Pašukanis, 139.

Über das Völkerrecht hinaus wird Recht auch generell gerne in idealistischer Manier verkannt. Das zeigt sich besonders klar bei Taureck, wenn er ohne weitere Erörterung feststellt: "Recht ist eine von allen Asymmetrien der Stärke und Schwäche freie Vorstellung gleicher Ansprüche verschiedener Menschen und Menschengruppen."[19] Diese Definition entspricht dem überkommenen Postulat der Gleichheit aller Bürger vor dem Gesetz, ungeachtet ihrer spezifischen Lage. Wie im Anschluss an Karl Marx[20] vielfach gezeigt wurde, bedeutet diese Gleichbehandlung unterschiedlich ausgestatteter Menschen eine Begünstigung der stärksten und fähigsten unter ihnen. Von Taureck nicht in Erwägung gezogen, hat Rechtsgleichheit mithin wenn nicht die Aufgabe, so jedenfalls die Wirkung, soziale Ungleichheiten zu verlängern und zu erneuern. Das ist kein äußerlicher, mehr oder minder zufälliger oder den jeweiligen Umständen der Rechtsanwendung zuzurechnender Mechanismus, sondern bereits dem Wesen des Rechts eingeschrieben.[21]

Auf der gleichen idealistischen und realitätsfernen Linie liegt Taurecks Interpretation des bekannten, hier wenige Zeilen weiter unten zitierten Ausspruchs zum Recht im sog. Melier-Dialog bei Thukydides (dessen ausführliche Behandlung durch Taureck wir im nächsten Abschnitt besprechen werden). Für Taureck zeigt dieses Diktum aus dem Wortgefecht zwischen Abgesandten Athens und der Insel Melos während des Peloponnesischen Krieges, dass "Macht vor Recht geht."[22] Doch tatsächlich sagt der antike Berichterstatter etwas deutlich anderes, nämlich "dass Recht im menschlichen Verkehr nur bei gleichem Kräfteverhältnis zur Geltung kommt."[23] Recht erscheint darin nicht, wie Taureck meint, im Gegensatz zur Macht, sondern als spezifische Ausprägung von Macht, nämlich im Falle von Machtgleichgewicht.[24]

---

[19] Taureck, DW, 85.

[20] Vgl. Marx, *Randglossen zum Programm der Deutschen Arbeiterpartei* (Gothaer Programm, 1875), in: I. Fetscher (Hg.), *Marx-Engels Studienausgabe in 4 Bänden*, Frankfurt/M. 1966, Bd. 3, 174–190 (179).

[21] Vgl. M. Pöschl, *Gleichheit vor dem Gesetz*, Wien, New York 2008 (956 S.), 149, 664–666 m. w. N.; A. Krölls, *Grundgesetz und kapitalistische Marktwirtschaft. Die Wirtschaftsverfassung der Bundesrepublik* [Deutschland], Frankfurt/M. 1994, 253–285; M. A. Niggli, *Menschliche Ordnung. Zu den metaphysischen Grundlagen der modernen Gesellschafts-, Norm- und Straftheorie,* Genf 2000, 89; G. Simmel, *Philosophie des Geldes* (2. Aufl. 1920), Parkland: Köln 2001, 494–496.

[22] Taureck, DW, 107.

[23] Thukydides, *Der Peloponnesische Krieg*, übers. und hg. von H. Vretska u. H. Rinner, Stuttgart 2000 (Neuaufl. 2016), V. Buch, § 89, zit. bei Taureck, DW, 78.

[24] In diese Richtung aber auch Taureck selbst, ebd.

Taurecks Verständnis des Thukydides-Zitats wird womöglich durch zwei Faktoren erschwert. *Zum einen* benutzt er eine vielleicht unvollständige, jedenfalls aber missverständliche deutsche Übersetzung. In dieser folgt direkt auf den soeben zitierten Passus der Halbsatz: "die Stärkeren aber alles in ihrer Macht Stehende durchsetzen und die Schwachen sich fügen."[25] In der französischen Übersetzung werden die beiden zitierten Nebensätze durch folgende Worte getrennt und gegeneinander gestellt: "und dass, soweit dies nicht der Fall ist."[26] Die Durchsetzungsmacht der Stärkeren stellt sich hier somit als ausdrücklich in Gegensatz stehend zur von Recht strukturierten Lage dar. In der deutschen Übersetzung ist dieser Gegensatz, wie das Wort "aber" verdeutlicht, zwar noch spürbar, zumal es bei gleichem Kräfteverhältnis im Prinzip weder Stärkere noch Schwache gibt, doch stark verwischt.

Zum anderen lässt sich Taureck in seiner Auslegung von Thukydides' Äußerung zum Recht dadurch behindern, dass er hierin – im übrigen zutreffend – "eine Art Magna Charta des politischen Realismus"[27] sieht. Wie bereits oben vermerkt, wird die materialistische Beschreibung der Wirklichkeit, ideologisch unverdächtiger als *Realismus* bezeichnet, häufig benutzt, um über diese deskriptive Wahrnehmung – meist unausgesprochen – ein präskriptives Programm zu befördern, das regelmäßig darauf hinaus läuft, Vergangenheit und Gegenwart ohne substanzielle Veränderung in die Zukunft zu verlängern. Muss aber die Möglichkeit oder gar Häufigkeit eines solchen manipulativen, 'konservativen' Missbrauchs der realitätsgetreuen Sicht dazu führen, sich stattdessen idealistischen Wunschvorstellungen hinzugeben? Die Frage stellen heißt auch schon, sie zu verneinen…

Dass Recht nicht von Macht und Gewalt zu trennen ist, zeigt auch Freud für die Lage nicht *zwischen* Menschengruppen, sondern *innerhalb* einer Gruppe: "Recht ist die Macht einer Gemeinschaft"; "Recht [… ist] nicht mehr die Gewalt eines Einzelnen [...], sondern die der Gemeinschaft", wobei die Kräfteverhältnisse auch hier durchschlagen: "Das Recht der Gemeinschaft wird dann zum Ausdruck der ungleichen Machtverhältnisse in ihrer Mitte, die Gesetze werden von und für die Herrschenden gemacht werden [...]."[28] Diese realistische

---

[25] Wie Fn. 23. Mit ähnlichem Wortlaut allerdings auch die Übersetzung von A. Horneffer (1957), neu hg. Wiesbaden 2010, 425.
[26] Thucydide, *La guerre du Péloponnèse*, Übers. D. Roussel, Vorwort P. Vidal-Naquet, Paris 2000, V. Buch, § 89, 439. Die folgenden Zitate entstammen dem V. Buch in dieser Ausgabe.
[27] Taureck, DW, 78.
[28] S. Freud, "Warum Krieg?" (Brief an Albert Einstein, 1933), in: *Gesammelte Werke*, Frankfurt/M. 1999, Bd. XVI, 10–27 (15 f.).

Einschätzung ist wohl auch Taureck nicht ganz fremd, denn er zitiert Mephistopheles aus Goethes *Faust*, wo es explizit heißt: "Man hat Gewalt, so hat man Recht."[29]

Menschenrechte sind das bevorzugte Projektionsziel idealistischen Wunschdenkens. Bei Liebsch findet sich eine solche Orientierung in Ansätzen, wenn er ausdrücklich vor der "Gefahr missbräuchlicher Berufung auf die Menschenrechte" warnt und die "Kernfrage [... stellt], ob sich eine Politik im Zeichen der Menschenrechte vorstellen lässt, die sie nicht zur Rechtfertigung ärgster Gewalt gegen irgendwelche Feinde missbraucht."[30] Zwar ehrt dieser kritische Standpunkt gegenüber staatlicher Gewaltlegitimation den Autoren, doch müssten zwei hier miteinander vermischte Problematiken getrennt werden. Zum einen die (inner)staatliche Geltung und Bedeutung von Menschenrechten. Zum anderen die unsichere Existenz völkerrechtlicher Begrenzungen staatlicher Souveränität (z. B. bei von einem Staat an der eigenen Bevölkerung verübten Massakern wie auch bei einer kriegerischen Intervention ausländischer Mächte gegen einen solchen Staat).

Der zweite Punkt, also die Geltungskraft des Völkerrechts, wurde bereits oben erörtert. Zum ersten Punkt, nämlich dem Wesen der Menschenrechte, soll hier nur zusammenfassend festgestellt werden, dass sich hinter dem Pathos wohlklingender Formulierungen ganz normale sog. subjektive Rechte verbergen, deren Durchsetzung ganz allgemein von den gesellschaftlichen Kräfteverhältnissen und im besonderen von der Verfügbarkeit einer Justiz- und Polizeimacht abhängt. Es ist zweifelhaft, ob sich die Lage der Menschen durch die Entwicklung der Menschenrechte im Laufe der letzten Jahrhunderte verbessert hat... Statt durch die Anklage von Menschen*rechts*verletzungen die Stärkung ihrer ideologischen Voraussetzungen zu betreiben, sollte man sich begnügen, ohne juristische Verschleierung *Menschenverletzungen* anzuprangern. Anders gesagt, ist das Problem nicht (nur) der mögliche Missbrauch, sondern bereits die bloße Existenz der Menschenrechte, die schon von ihrer Anlage als Fetisch die gesellschaftliche Wirklichkeit verhüllen und beschönigen.[31]

---

[29] Taureck, DW, 58 f., zit. nach Goethe, *Faust II*, 11.184.

[30] Liebsch, DK, 192.

[31] Vgl. insgesamt m. w. N. Pollmann, "Die Berufung auf Menschenrechte zum Zweck ihrer Überwindung. Menschenrechte, kapitalistischer Staat und soziale Bewegungen", in: *Juridikum* Nr. 5 (1993), 24–28, https://www.juridikum.at; "Neocolonial and idealist human rights pitfalls", Besprechungsaufsatz über Makau Mutua, *Human rights. A political and cultural critique*, Philadelphia 2002, in: *Journal of Human Rights* (2005), 145–158; "Individualisme, double mesure et pathos moral. Une critique des droits de l'homme illustrée par des propos d'écrivains et de philosophes", in: *Revue de la coopération transfrontalière* Nr. 29 (2001), 22–29, https://halshs.archives-ouvertes.fr.

B. Die Bedeutung von Interessenwidersprüchen und Kräfteverhältnissen

Die Unterschiede zwischen materialistischer und idealistischer Sicht werden noch deutlicher und zugleich gravierender, wenn es darum geht, die in einer Situation oder bei einem Problem beteiligten Kräfte und Interessen zu beurteilen oder zu vernachlässigen. Das zeigt sich zunächst in mehreren, miteinander verwandten Ausdrucksweisen. So benutzt Taureck die Begriffe des Scheiterns und der Illusion, z. B. in seiner Behauptung, dass "Kriege [...] Ausdruck von gescheiterter Politik darstellen" und "auf einer Illusion letztlich infolge Kriegs zu erreichender Vorteile" beruhen[32]. Diese eingängigen Formulierungen rufen zunächst einmal keinen Widerspruch hervor. Doch bei näherer Überlegung wird ihr abstrakter und verschleiernder Charakter deutlich. Das gilt auch für Taurecks unkritische Analyse von Heraklits Diskurs über Krieg, wo der altgriechische Autor in hypostasierender und personalisierender Weise von *dem* Krieg spricht, ohne dass Taureck hier widerspricht.[33]

Denn weder *Politik* noch *Krieg* sind Subjekte, Personen. Hinter diesen Worten verbergen sich die unterschiedlichsten Situationen und Menschen(gruppen). All' diese Akteure haben zwangsläufig mehr oder minder verschiedenartige Interessen. Es ist z. B. einleuchtend, dass Waffenproduzenten die Vorbereitung und den Ausbruch eines Krieges nicht als Scheitern verstehen können und ihre Profithoffnung nicht unbedingt einer Illusion entspringt (was allerdings nicht ausschließt, dass sie später dann von der prinzipiell unvorhersehbaren Dynamik der kriegerischen Gewaltentladung fortgerissen und vernichtet werden).

Von Krieg als gescheiterter Politik und Hort für Illusionen zu sprechen bedeutet also, die im Einzelfall einschlägigen, unterschiedlichen (wirtschaftlichen, militärischen, emotionalen u. a.) Interessen sowie ihr jeweiliges Gewicht zu verhüllen. Mit einer marxistisch inspirierten – der Vielzahl von Antagonismen jedoch vielleicht nicht gerecht werdenden – Terminologie ließe sich sagen, dass die innerhalb einer Gesellschaft und eines Staates wirkenden Klassenwidersprüche und ihre konkrete Austragung in Form von Klassenkämpfen dabei vernachlässigt werden. Mangels Kenntlichmachung der Gegenspieler erschwert das auch politische Arbeit und gesellschaftliches Engagement gegen einen konkreten Krieg.

---

[32] Taureck, "Drei Wurzeln des Krieges", in: RZK, 26; ähnlich in seinem Buch (DW, 63), wo zugleich die Hypothese formuliert wird, "dass Politik dort beginnt, wo Krieg scheitert".
[33] Vgl. Taureck, "Drei Wurzeln des Krieges", in: RZK, 36 u. 44. Kritisch demgegenüber Liebsch, DK, 39, 166.

Eine andere womöglich idealistische, jedenfalls aber abstrakte und unzureichend in der Realität verankerte Ausdruckweise liegt darin, Krieg als unvernünftig oder irrational abzutun. Das geschieht in Taurecks Schriften wohl nur unterschwellig, während Liebsch expliziter ist: Angesichts der "allgegenwärtigen Vernetzung von allem und jedem" kommt er zum Schluss, dass der Gedanke an Krieg "gänzlich abwegig erscheint"[34]. Als weiteren Grund nennt er die Einschätzung, "[d]urch Krieg verlieren alle".[35] Dieser Vorstellung, Krieg sei irrational, begegnen zwei Bedenken. Der erste Einwand verweist auf die soeben herausgearbeitete Interessenwidersprüchlichkeit unter Menschen: Für die Hersteller von Waffen etwa ist Krieg sehr wohl rational. Das soll allerdings nicht heißen, es handele sich hier um eine ganz und gar vollständige, insbesondere allseitige und langfristige Vernünftigkeit, die es wohl nicht gibt und auch nicht geben kann. Die hier einschlägigen Begriffe wie Rationalität und Vernunft müssen somit wohl als persönlich und situativ bedingt gedacht werden: Das dem außenstehenden Betrachter irrsinnig erscheinende Verhalten eines Selbstmörders, eines Schizophrenen oder auch eines Adolf Hitlers mag aus der jeweiligen Binnenperspektive die beste, womöglich die einzige Handlungsoption sein.[36] Auch soll nicht vergessen werden, dass Rationalität im Zuge der Moderne immer stärker auf bloße Zweckrationalität bzw. instrumentelle Vernunft reduziert worden ist.[37]

Dieser Gesichtspunkt bringt uns auch schon zum zweiten, internationalen Einwand gegen die Vermutung, Krieg sei irrational. Sie beruht darauf, dass die Existenz und die Rolle der Staatenkonkurrenz bei Taureck sowie in den hier verwendeten Schriften von Liebsch[38] weitgehend vernachlässigt werden. Der Wettstreit von Staaten (bzw. Ländern, Völkern, Reichen o. ä.) lässt sich, einer Andeutung von Hegel[39] folgend, als internationale Aggregation der Rivalitäten unter individuellen Menschen verstehen. Das bedeutet, dass individuelle und kol-

---

[34] Liebsch, ebd. 57.

[35] Liebsch, "Eine furchtbare Vermutung – und beschränkte Aussichten der Desillusionierung", in: RZK, 223–240 (230).

[36] Zum Beispiel Hitlers (womit andere Ursachen, Interessen und Beweggründe des Nazi-Regimes natürlich nicht verdrängt werden sollen) s. A. Miller, *Am Anfang war Erziehung*, insbes. das Kapitel "Die Kindheit Adolf Hitlers – vom verborgenen zum manifesten Grauen", 169–231, Frankfurt/M. 1983/²⁷2013, www.alice-miller.com/de/die-kindheit-adolf-hitlers.

[37] Vgl. M. Horkheimer, *Zur Kritik der instrumentellen Vernunft* (1947), Frankfurt/M. 1997.

[38] Vgl. aber von Liebsch: *Unaufhebbare Gewalt: Umrisse einer Anti-Geschichte des Politischen*, Weilerswist 2015; *Gastlichkeit und Freiheit. Polemische Konturen europäischer Kultur*, Weilerswist 2005.

[39] Vgl. Hegel, *Grundlinien der Philosophie des Rechts,* § 331.

lektive Interessenwidersprüche innerhalb einer Gesellschaft gebündelt, formiert und nach außen, potentiell um den ganzen Erdball herum verlängert werden. Mit der Globalisierung und der mit ihr verbundenen Ausweitung der Konkurrenz wird die auf begrenzter Staatenrivalität beruhende Eskalationslogik des Krieges in der Tat auf das sonstige Leben und den gesamten Planeten ausgedehnt.

All' diese Formen der Gegnerschaft werden – natürlich – nicht ständig gewalttätig ausgetragen. Soweit aber ihr Verlauf unter Waffeneinsatz möglich erscheint, ist es, wie bereits oben das Zitat von Michael Howard gezeigt hat, rational für jeden der beteiligten Akteure und aus seiner, auf die unmittelbare Konfrontation begrenzten Sicht, sich zu bewaffnen. Dass die aus dieser antagonistischen Struktur erwachsende Notwendigkeit zur Bewaffnung zu kostspieligem, womöglich atomarem Wettrüsten und dank einer statistischen Wahrscheinlichkeit von 82%[40] mit ziemlicher Sicherheit zum Ausbruch von mehr oder minder zerstörerischen Kriegen führt und dass laut einer empirischen Studie "zumindest führende Staaten vergeblich Frieden und Sicherheit durch ihre bewaffneten Streitkräfte zu sichern versuchen"[41], verringert nicht die (begrenzte) Rationalität der Rüstungsanstrengungen.

Zweifelsohne handelt es sich um eine perverse und absurde, aber zugleich dennoch *unhintergehbare* Rationalität. Wie Liebsch im Hinblick auf einen konkret drohenden Krieg zutreffend schreibt, "würde die konsequente Weigerung, durch Verteidigung den Krieg zu entfesseln, auf die totale Auslieferung an den Feind hinauslaufen"; eine solche "pazifistische Illusion" würde "aber keineswegs jener Logik entkommen, die das Äußerste heraufbeschwört und zur reziproken Gegenwehr herausfordert, wo immer die Gewalt des Krieges ihren eigentlichen Zweck erkennen lässt: den Sieg nämlich."[42] Und Taureck erklärt im historischen Rückblick gleichermaßen, "Ungleichgewichte führten stets zu annexionistischer Politik der Aneignung von fremdem Gebiet."[43]

Die komplexe Problematik des Wettrüstens lässt sich mit anderen Strukturen grenzenloser Konkurrenz vergleichen, z. B. dem Hochleistungssport, den elektronisch abgewickelten

---

[40] Vgl. Krippendorff, SK, 9.
[41] R. Naroll u. a., *Military deterrence in history – a pilot cross-historical survey*, New York 1974, 342 f., übers. u. zit. von Krippendorff, SK, 280.
[42] Liebsch, DK, 240.
[43] Taureck, ebd. 100. Dazu das konkrete Beispiel der militärischen Spannung zwischen China und Indien, s. – mit antichinesischer Tendenz – V. Naravane, "Konfrontation im Himalaja", *Le Monde diplomatique*, dt. Ausgabe, Okt. 2020, https://monde-diplomatique.de/artikel/!5710104.

Finanzspekulationen und allgemeiner dem wirtschaftlichen Streben nach der höchstmöglichen Rendite. Der sportliche Wettkampf nötigt die Protagonisten zu übermäßigen, für Körper und Geist schädlichen Anstrengungen oder Aufputschmitteln. Die ständige Erhöhung der Transaktionsgeschwindigkeiten auf Börsen und Finanzmärkten vergrößert die Gefahr wirtschaftlicher Krisen durch Kettenreaktionen und panikartige Massenbewegungen. Und betriebswirtschaftliche Bemühungen um die Steigerung der Profitrate eines Unternehmens münden in die volkswirtschaftliche Tendenz fallender Renditen.[44] In allen diesen Bereichen ist das beschriebene Handeln der jeweiligen Akteure rational und *zugleich* schädlich, wenn nicht ruinös.

Für die begrenzte Rationalität des Krieges und der Rüstung gibt es zahlreiche Beispiele. So vermutet Taureck mit einigem Recht, die NATO hätte 1999 keinen Bombenkrieg gegen die Bundesrepublik Jugoslawien geführt, wenn dessen Armee Atomwaffen besessen hätte.[45] Dementsprechend darf man annehmen, dass im Unterschied zum militärisch schwachen Irak bislang der Iran und Nordkorea deshalb nicht von den USA angegriffen worden sind, weil beide Länder über erhebliches, womöglich atomar gestütztes Vergeltungspotential verfügen. Schließlich sei daran erinnert, dass die vom US-Generalstab in der zweiten Hälfte der 1940er Jahre geplanten Atomkriege gegen die Sowjetunion[46] wahrscheinlich nur durch deren rechtzeitige Nuklearbewaffnung verhindert wurden.

Krippendorffs ausführliche Studie zum Krieg liefert mehrere Beispiele aus der Geschichte, wo Aufrüstung und systematische Kriegführung sich für die entsprechenden Staaten auszahlten, so beim Aufstieg bis zur Weltmacht sowohl Großbritanniens, Preußens bzw. des Deutschen Reiches und schließlich der USA.[47] Globaler gesprochen verortet Krippendorff das "'Geheimnis' der europäischen Wirtschafts- und Kolonialexpansion" u. a. in "technologischer Überlegenheit und dem militärischen Drill, gelernt und geübt in jahrzehntelangen Kriegen untereinander".[48] Die Geschichte Japans bietet demgegenüber widersprüchliche Lehren: Ei-

---

[44] Vgl. Marx, *Das Kapital. Kritik der politischen Ökonomie, Buch III: Der Gesamtprozeß der kapitalistischen Produktion*, hg. von F. Engels (1894), *Marx-Engels-Werke Bd. 25*, Berlin-Ost 1979, 221–277.
[45] Vgl. Taureck, DK, 99.
[46] Vgl. J. Bruhn, *Der Kalte Krieg oder: Die Toträstung der Sowjetunion. Der US-militär-industrielle Komplex und seine Bedrohung durch Frieden*, Gießen 1995; B. Greiner, K. Steinhaus, *Auf dem Weg zum Dritten Weltkrieg? Amerikanische Kriegspläne gegen die UdSSR. Eine Dokumentation*, Köln 1980.
[47] Vgl. Krippendorff, SK, 343–345, 288, 97–116.
[48] Ebd. 295.

nerseits gelang es ihm dank seiner geographischen Abgeschiedenheit und Abschottung, sich von Anfang des 17. bis Mitte des 19. Jahrhunderts – historisch wohl einmalig – "der europäischen Feuerwaffen wieder zu entledigen und sich militärisch zu 'entmodernisieren', was zu einer wirtschaftlichen, wissenschaftlichen und kulturellen Blütezeit in der Tokugawa-Periode [oder Edo-Zeit] führte." Andererseits wurde das militärisch schwache Land ab 1853 von der US-amerikanischen Flotte gewaltsam 'geöffnet'.[49] Die beiden anscheinend gegensätzlichen Momente lassen sich insofern zusammenführen und miteinander vereinbaren, als die Existenz einer militärischen Bedrohung von außen ausschlaggebend zu sein schien: Mangels einer solchen Gefahr konnten die Rüstungsanstrengungen zunächst reduziert werden; doch gegen die Nötigung der Waffen Mitte des 19. Jahrhunderts fehlten dann die Mittel zu einer effektiven Verteidigung.

Die Problematik einer idealistischen Befassung mit Krieg und der Verkennung seiner begrenzten Rationalität wird besonders deutlich in Taurecks eingehender Studie des schon erwähnten Melier-Dialogs[50]. Um diese Verhandlung und ihren blutigen Ausgang zusammenzufassen, betont Krippendorff "diese Logik, die Thukydides als [global] irrational entlarvt, indem er für keine der beiden Seiten Partei ergreift und nur ihr gegenseitiges Sichzugrunderichten beschreibt."[51] Dass Taureck demgegenüber durchwegs für die Melier Partei ergreift, ist zwar verständlich, denn es sind die Athener, die mit starker Übermacht angreifen. Allerdings müsste diese Tatsache insofern relativiert werden, als keine Anzeichen dafür erkennbar sind, dass die Melier *prinzipiell* 'besser' als die Athener seien. Im Gegenteil, sie warnen letztere, dass, "wenn ihr den Krieg verliert, wir euch [...] eine umso schrecklichere Strafe beibringen werden" (§ 90 im Melier-Dialog). Und die Behauptung der Athener, die Melier würden genauso handeln wie sie selbst hätten sie die militärische Stärke (§ 105), bleibt von letzteren unwidersprochen. Seine Parteilichkeit hindert Taureck, diese zerstörerische Logik zu erfassen, die in der begrenzten Rationalität des Handelns und Argumentierens aller Beteiligten, auch der Athener liegt.

---

[49] Vgl. ebd. 353.
[50] Taureck, "Drei Wurzeln des Krieges", in: RZK, 27–29; DW, 69–109.
[51] Krippendorff, SK, 382. Die Beschreibung Krippendorffs verfälscht den Bericht von Thukydides, wonach das Sichzugrunderichten nicht "gegenseitig" erfolgt: Nach ihren erfolglosen Verhandlungen massakrieren die Athener alle erwachsenen Männer von Melos, während sie selbst erst später bei der Abwehr ihres Flottenangriffs auf Sizilien vernichtet werden. Das ist auch der Grund, weshalb die Irrationalität nicht im individuellen und zeitlich fixierten Handeln, sondern auf einer globaleren Ebene liegt.

Taurecks Einseitigkeit beeinträchtigt insbesondere seine Analyse der Standpunkte und Beweisführung sowohl der Athener als auch der Melier. Hinsichtlich der Ansprüche der Athener verkennt er die Rationalität ihrer Argumentation, als sie auf die Frage der Melier, warum es in ihrem Interesse liegen könne, deren "Sklaven" zu werden (§ 92, wobei dieser affektgeladene Begriff über die von den Athenern angestrebte Tributpflichtigkeit [§ 111] hinausgeht), antworten, "weil ihr, indem ihr euch uns unterwerft, das Schlimmste verhütet, und wir, indem wir euch schonen, Einkünfte aus eurer Siedlung ziehen können" (§ 93). Taurecks Verständnis dieses Arguments ist wohl dadurch behindert, dass er es als zynisch wahrnimmt. Ein weiteres Eigeninteresse der Athener, die Melier nicht mit Krieg zu überziehen, räumen erstere ohne Zögern selbst ein, indem sie erklären, "wir wollen unsere Herrschaft über euch ohne Mühsal errichten und euch in unserem wie in eurem Interesse unversehrt lassen." (§ 91)

Aus materialistischer Sicht verfehlt Taureck auch auf Seiten der Melier den zentralen Punkt. Wahrscheinlich ist es nämlich der nationale Stolz, der es ihnen verbietet, sich den Athenern ohne Kampf zu ergeben: "so wäre es doch von uns noch Freien gar zu feige und verachtenswert, nicht jeden Weg zu versuchen, um der Knechtschaft zu entgehen." (§ 100) Sie praktizieren genau jene selbstgerechte und -zerstörerische Vorstellung von Ehre, vor der die Athener sie warnen (§ 111). Ihr Beharren auf Krieg ist fast genauso verantwortungslos, insbesondere gegenüber ihren eigenen, an den Verhandlungen gar nicht beteiligten Frauen und Kindern, wie der Herrschaftsanspruch und die Kriegsdrohung der Athener. Liebsch stellt treffend fest: "Erst mit der Verteidigung beginnt ja der Krieg, wenn wir [Carl von] Clausewitz folgen." "Die Gewalt des Krieges hat aber keine Macht über uns, wenn es den Angegriffenen frei steht, sich *nicht* zu wehren."[52] Und genau das steht den Meliern frei, wenn sie sich denn von ihrer Ehr- und Ruhmbegierde lösen.

Krieg ist im wesentlichen ein zwischenstaatliches Phänomen. Doch die Lage im Innern eines jeden der beteiligten Staaten spielt eine mitunter ausschlaggebende Rolle. Genauer gesagt, die innerstaatliche Interessenwidersprüchlichkeit wirkt auf die zwischenstaatlichen Rivalitäten ein und kann bis zum Krieg führen. Konflikte zwischen Staaten können ihrerseits die Auseinandersetzungen innerhalb einer Gesellschaft beeinflussen. Die Richtung dieses Einflusses ist allerdings offen: Ein Krieg kann in jedem der beteiligten Staaten zum Umbruch der Herrschaftsverhältnisse führen, wie Friedrich Engels es in seiner 1887 verfassten und

---

[52] Liebsch, DK, 239.

erstaunlich weitsichtigen und präzisen Vorhersage des I. Weltkriegs annahm und erhoffte[53], und wie der Verlauf dieses Krieges mit den seit 1916 zunehmenden Streik-, Protest- und Umsturzbewegungen in allen europäischen Ländern zeigte.[54]

Zugleich können Krieg und schon die bloße Gefahr von Krieg staatliche Herrschaft aber auch stabilisieren, also die Befreiung der Bevölkerungen von ihren jeweiligen Unterdrückungs- und Ausbeutungsstrukturen verhindern.[55] So hat der Kriegseintritt der USA am 6. April 1917 dafür gesorgt, dass es militärische Sieger und Besiegte geben sollte und dass die Volkserhebungen in Westeuropa nur begrenzte Umwälzungen zur Folge hatten; er hat dadurch überdies die Entwicklung faschistischer Bestrebungen begünstigt.[56] Aus diesen Überlegungen lässt sich der Schluss ziehen, dass Krieg in der Regel einer globalen Logik folgt, die in seiner systemstabilisierenden Wirkung liegt: Für die Fortführung und Ausdehnung kapitalistischer Verhältnisse scheint Krieg mehr funktional als dysfunktional zu sein. Der wesentliche Grund hierfür besteht darin, dass mit Krieg räumliche, insbesondere nationale statt sozialer Interessenwidersprüche in den Vordergrund gerückt werden mit der Folge, dass für Bevölkerungsmehrheiten 'das Ausland' mehr Gefahr bedeutet als das einheimische Kapital[57] oder andere unterdrückerische Mächte vor Ort.

Bei der Befassung mit der abstrakten Möglichkeit von Krieg wie auch bei der Erforschung eines konkreten Krieges kommt es also entscheidend darauf an, das komplexe Ineinandergreifen von innerstaatlichen Interessenwidersprüchen und zwischenstaatlichen Rivalitäten im Auge zu haben. Das erfordert eine materialistische Orientierung. Die Problematik wird besonders bedeutsam, wenn es darum geht, den Zusammenhang zwischen kriegerischer Außenpolitik eines Staates und seiner innenpolitischen Lage zu untersuchen. Taureck macht hier dankenswerter Weise deutlich, wie stark wir in der westlichen Welt Opfer sind einer idealistischen und moralisierenden "Täuschung [...], wonach republikanisch bzw. demokratisch verfasste Staaten eine gewisse innere Garantie des äußeren, zwischenstaatlichen Frie-

---

[53] Vgl. Engels, Einleitung zu: S. Borkheim, *Zur Erinnerung für die deutschen Mordspatrioten. 1806–1807* (1888), *Marx-Engels-Werke* Bd. 21, Berlin-Ost 81984, 350 f.
[54] Vgl. Krippendorff, SK, 91.
[55] Vgl. ebd. 91 f.; W. Streeck, "Engels' second theory. Technology, warfare and the growth of the State", in: *New Left Review* Nr. 123 (2020), 75–88 (85), https://newleftreview.org.
[56] Vgl. Krippendorff, SK, 91.
[57] Vgl. Streeck, "Engels' second theory", 85; ähnlich Liebsch, "Eine furchtbare Vermutung", in: RZK, 238.

denszustands bieten."[58] In der gleichen Richtung erinnert er an "die absolute Einflusslosigkeit der [die Gesellschaft demokratisierenden] Französischen Revolution auf das System des klassischen Völkerrechts [... und der staatlichen] Souveränität [... mit ihrer] spannungs- und kriegsverursachende[n] Wirkung."[59]

Diese nüchternen, idealistische Illusionen beseitigenden Worte werden aber wieder in den Wind geschlagen, wenn Taureck zum Melier-Dialog behauptet: "Das nach innen demokratische Athen verhält sich nach außen beutekriegslüstern. Das nach innen oligarchische Melos tritt außenpolitisch nach demokratischen Grundsätzen der Völkerverständigung und des Selbstbestimmungsrechts von Gemeinschaften auf."[60] Oder wenn er allgemeiner eine "Spaltung des Staatshandelns in gesetzeskonformes Verhalten nach innen und ein Verhalten der Aneignungsgewalt nach außen"[61] postuliert. Zunächst einmal fallen die idealistisch-moralischen Werturteile auf. Bestimmte inhaltliche Vorstellungen werden in ihrer sprachlichen Form durch positiv oder negativ konnotierte Worte verstärkt: Eine demokratische Verfassung, gesetzeskonformes Verhalten, Völkerverständigung und Selbstbestimmungsrecht sind positiv, während eine oligarchische Organisation, Aneignungsgewalt und Lüsternheit auf Kriegsbeute negativ, wenn nicht fürchterlich sind.

Die Wirkungen dieser affektgeladenen Ausdrucksweise sind mehrschichtig. Auf einer ersten Ebene ist zu beobachten, dass Taureck den aus dem militärischen Ungleichgewicht erwachsenden rhetorischen Unterschied zwischen Athenern und Meliern nicht berücksichtigt. Während die Athener es sich aufgrund ihrer Stärke erlauben können, ihre Tributforderungen ohne Beschönigung vorzutragen, sehen sich die Melier gezwungen, ihren Kampf ums Überleben in Unabhängigkeit in auch für den Gegner attraktive Worte zu kleiden. Indem Taureck diese Erklärungen für bare Münze nimmt, so als ob das Reden der Melier notwendig auch ihr Verhalten und Handeln widerspiegele (wofür es, wie bereits oben festgestellt, keine konkreten Anhaltspunkte gibt), rechtfertigt sein oberflächlicher Vergleich der beiden Redepositionen ganz zwanglos die Parteinahme für Melos.

Sodann müssten die in obigen Zitaten durchscheinenden Werturteile geprüft werden: Sind "demokratische" Verfahren 'besser' als "oligarchische" und nach welchen Kriterien, ist die Einhaltung von Gesetzen und das Selbstbestimmungsrecht der Völker zu begrüßen, usw.?

---

[58] Taureck, DW, 111.
[59] O. Kimminich, *Einführung in das Völkerrecht*, Tübingen [10]2014, 66 f., zit. bei Taureck, DW, 110.
[60] Ebd. 109.
[61] Ebd. 100.

Eine solche hier nicht zu leistende Prüfung ist natürlich umso schwieriger, als Antworten auf diese tendenziösen Fragen sich uns als selbstverständlich aufdrängen… Schließlich wäre noch zu kontrollieren, ob Athen tatsächlich demokratisch verfasst war (bekanntlich wurden Frauen und Sklaven von der Entscheidungsfindung ausgeschlossen) und ob in den sog. Rechtsstaaten der Moderne wirklich gesetzeskonform verfahren wird (gesellschaftlich Schwächere wie Angehörige von Minderheiten könnten da Zweifel haben).

Auf einem inhaltlichen, grundsätzlicheren Niveau müsste die von Taureck oben behauptete – und uns als evident in die Augen springende – "Spaltung des Staatshandelns" hinterfragt werden. Auch Freud hat sie beobachtet, doch seine Beschreibung nährt bereits Zweifel: Er bekundet seine "Enttäuschung [... über] die geringe Sittlichkeit der Staaten nach außen, die sich nach innen als die Wächter der sittlichen Normen gebärden."[62] Diese Ernüchterung erneuert oder verlängert Taurecks oben zitierte Definition von Krieg als "Erlaubnis zu maximaler Entfesselung des gewöhnlicherweise Unerlaubten". Das darin aufscheinende Paradox ist bereits dekonstruiert worden. Daraus ergab sich, dass inner- wie zwischenstaatlich das Gewaltmonopol des Staates durchgreift. Nach innen äußert es sich in einer mehr oder minder, namentlich durch Recht befriedeten Gesellschaft als wesentlicher Vorbedingung der kapitalistischen Steigerungsdynamik. Nach außen bedeutet das Gewaltmonopol, dass es der Staat – in seiner durch Völkerrecht nur teilweise begrenzten Souveränität – ist, der entscheidet, ob die Interessenwahrnehmung der von ihm organisierten Gesellschaft im Rahmen ihrer Rivalität mit anderen menschlichen Gemeinschaften auf friedlichem oder auf kriegerischem Wege erfolgt.

Die Alternative zwischen Frieden und Krieg kann sich gemeinhin also nur auf internationaler Ebene stellen, wo der einzelne Staat *Partei* ist, während er im nationalen Rahmen der – mehr oder weniger neutrale – *Garant* des gesellschaftlichen Friedens ist. (In Zeiten der Krise verliert der Staat allerdings regelmäßig seine Neutralität: In einer potentiell bis zum Bürgerkrieg reichenden Spannweite von Maßnahmen zum Schutz der besitzenden und herrschenden Klassen mobilisiert er Polizei, Justiz und ggf. auch die Armee gegen die Mehrheit der Bevölkerung.) Die Behauptung einer "Spaltung des Staatshandelns" beruht somit auf einer idealistischen Täuschung, indem die innerstaatliche, rechtlich strukturierte Lage und die zwischenstaatliche, vom schwachen Völkerrecht nur ansatzweise geordnete Situation auf eine Stufe gestellt werden.

---

[62] Freud, "Zeitgemäßes über Krieg und Tod", 331.

Das Phänomen des Krieges ist offenbar eng mit der staatlichen Organisation von Gesellschaft verbunden. Deshalb ist die Analyse von Staatlichkeit für das Verständnis von Krieg von entscheidender Bedeutung, wird aber von Taureck wie auch Liebsch in den hier besprochenen Schriften nur unzureichend geleistet. Eine solche Untersuchung soll hier nicht versucht werden und auch die an Erkenntnissen überreiche, für dieses Thema zentrale, aber von Taureck offenbar nicht näher berücksichtigte Studie von Krippendorff[63] können wir hier nicht auf den Punkt bringen. Nur zwei wesentliche Aspekte seien erwähnt.

Zum einen lässt sich der Staat als institutionell verdinglichte, auf Gewalt beruhende Herrschaft über eine Bevölkerung begreifen.[64] Diese nach innen wirkende, gewalttätige Grundlage von Staatlichkeit ist offensichtlich verwandt und verknüpft mit der nach außen gerichteten Kriegsgewalt, was sich überspitzt vielleicht in die Formel pressen lässt: "Staat ist Krieg."[65] Beide Formen von Gewalt verbinden sich in der Souveränität, die eine inner- wie eine zwischenstaatliche Komponente besitzt. Letztere ist bekannt, es ist die schlussendlich durch nichts sicher zu bremsende mögliche Gewalttätigkeit des Staates gegen das Ausland. Die erstere ist durch Demokratisierung und Verrechtlichung teilweise in Vergessenheit geraten: Gegenüber seinen Subjekten, die insofern nach wie vor seine Untertanen sind, hat der Staat wie als Eigentümer einer Sache die "Macht des letzten Wortes" (so der Völkerrechtsprofessor Paul de Visscher), sprich das Recht auf Leben und Tod.[66] Das zeigen z. B. die Opfer von Polizeigewalt in vielen, auch westlichen Ländern. Revisionen des Souveränitätsbegriffs und die Stärkung der menschlichen Individualität ändern daran unserer Einschätzung nach nur wenig.

Zum anderen soll an das totalitäre Wesen des Staates[67] erinnert werden. Der Historiker Leopold von Ranke bekennt 1836 in diesem Sinne freimütig, die beiden Komponenten der Souveränität verknüpfend: "Das Maß der Unabhängigkeit gibt einem Staate seine Stellung in

---

[63] Vgl. Krippendorff, SK.

[64] Vgl. ebd. 19, 275, u. a.

[65] B. Charbonneau, *L'État* (Selbstverlag 1949), Paris 1987, 416 (Neuausgabe Paris 2020).

[66] Vgl. E. Balibar, "Qu'est-ce qu'une 'frontière'?", in M.-C. Caloz-Tschopp u. a. (Hg.), *Asile – violence – exclusion en Europe. Histoire, analyse, prospective*, Genf 1994, 335–341 (337); P. de Visscher, "Variations sur le concept de frontière", in: *Bulletin de la classe des lettres et des sciences morales et politiques*, 5. Folge, Bd. LXXVI (1989); Nr. 5, 234–254 (236).

[67] Zur totalitären Entwicklung der westlichen Welt vgl. jüngst M. Weinstein, *L'évolution totalitaire de l'Occident. Sacralité politique I*, Paris 2015, sowie J. Vioulac, *La logique totalitaire. Essai sur la crise de l'Occident*, Paris 2013. Für eine ältere kritische Analyse s. Charbonneau, *L'État*, 65.

der Welt; es legt ihm zugleich die Notwendigkeit auf, *alle inneren Verhältnisse zu dem Zwecke einzurichten, sich zu behaupten. Dies ist sein oberstes Gesetz.*"[68] Dieses totalitäre Wesen und Potential des Staates erweist und materialisiert sich nun im Krieg: Der Jurist Carl Schmitt stellt fest, "daß die Totalität des Kriegszweckes sich in jedem kriegführenden Lande durchsetzt. [...] Sie äußert sich [...] nicht nur als Totalitätsanspruch der Kriegführung, sondern auch als Totalitätsanspruch der politischen Staatsführung und ebenso der Wirtschaftsführung."[69]

Zum Abschluss des vorliegenden Abschnitts sei noch Taurecks Hegelrezeption zum Krieg erwähnt. Auch hier bewirkt die idealistische Herangehensweise Missverständnisse. Aus den bereits oben zitierten Feststellungen Hegels zur bislang unüberwindbaren Staatenkonkurrenz und ihrer Verlängerung in der Aussage, die "*Kantische* Vorstellung eines *ewigen Friedens* durch einen Staatenbund [...] setzt die *Einstimmung* der Staaten voraus"[70], folgert Hegel: "Der Streit der Staaten kann deswegen, insofern die besonderen Willen keine Übereinkunft finden, nur durch *Krieg* entschieden werden."[71] In Taurecks idealistischer Lesart wird aus Hegels logisch zwingendem Schluss "[e]ine merkwürdige Notwendigkeitsaussage [...], dass bestehende Differenzen am Ende allein durch Krieg ausgetragen werden können", womit Hegel "Krieg als etwas nicht Vermeidbares hinstellt."[72]

Doch diese Interpretation verkürzt Hegels Argumentation, die Krieg weder als notwendig noch als unvermeidbar postuliert. Hegel sagt lediglich, dass *wenn* die streitenden Staaten keine Verständigung zustandebringen, der Krieg die zwangsläufige Folge ist. Gewiss hat diese Formulierung einen zirkulären Charakter, den auch Taureck spürt, wenn er, Hegels Gedanken zusammenfassend und leicht karikierend, schreibt, "Krieg ist deshalb notwendig, weil eine kriegerische Beendigung von Differenzen notwendig ist."[73] Taureck scheint die Zirkularität als Argumentationsfehler bei Hegel zu begreifen, während sie in Wirklichkeit in der Natur des Streites liegt: Wenn zwei sich streiten und – meist mehr oder minder unbewusst – entscheiden, sich weder zu einigen noch auseinanderzugehen, so führen die emotionale Dimension des Konflikts und die menschliche Aggressivität dazu, dass es irgendwann hand-

---

[68] L. v. Ranke, *Die großen Mächte. Politisches Gespräch*, Göttingen 1955, 60 f., zit., mit Hervorhebungen versehen u. kommentiert von Krippendorff; vgl. SK, 365 f.
[69] C. Schmitt, *Staatsgefüge und Zusammenbruch des zweiten Reiches*, Hamburg 1934, zit. bei Krippendorff, SK, 198.
[70] Hegel, *Grundlinien der Philosophie des Rechts,* § 333.
[71] Ebd. § 334.
[72] Taureck, "Drei Wurzeln des Krieges", in: RZK, 34 f.
[73] Ebd.

greiflich wird… Offen zirkulär gesprochen: Wenn Streitende gewalttätig werden wollen, ist Gewalt unvermeidlich! Doch das ist keine allgemeine, abstrakte "Notwendigkeitsaussage", sondern vielmehr eine am Wollen und Entscheiden der Streitenden hängende Bedingtheit. Krieg ist also *niemals* eine Notwendigkeit, weil jede der Parteien sich jederzeit zur Verhandlung und Übereinkunft, wenn nicht zur Aufgabe ihrer Ansprüche entschließen kann oder könnte.

Trotz dieser kritischen Worte teilen wir Taurecks Einschätzung von Hegel, möchten sie aber durch eine differenzierende Betrachtung auf eine solidere Grundlage stellen. Für Hegels Argumentation zum Krieg trifft zu, was oben für die 'realistische' Version der materialistischen Herangehensweise gesagt wurde: Sein *beschreibender* Nachweis der Zwangsläufigkeit von Krieg im Falle der im Streit auf ihren Standpunkten beharrenden Staaten dient der *normativen* Legitimation von Krieg aus Sicht der potentiellen und erhofften Sieger. Und das insbesondere in seiner bekannten Behauptung, "daß durch ihn [...] die sittliche Gesundheit der Völker [...] erhalten wird, wie die Bewegung der Winde die See vor der Fäulnis bewahrt."[74] Diese gewaltverherrlichende Metapher im Sinne des Spruches "was mich nicht tötet, macht mich stark" gilt – natürlich – nicht für die Verlierer, sondern nur für die Sieger eines Krieges. Statt wie Taureck Hegel nur "fehlerhafte Verallgemeinerungen"[75] vorzuwerfen, erscheint es deshalb ergiebiger, seine Kriegsphilosophie rückblickend als rechtfertigende, wenngleich weder nationalistische noch bellizistische[76] Konzeptualisierung des aufstrebenden preußischen und deutschen Imperialismus zu lesen.

C. Moral und Moralisierung als Hemmung von Bewusstseinswandel

Die idealistische Orientierung geht regelmäßig mit Entrüstung oder anderen Gefühlserregungen einher. So scheint Taureck sich gegen Hegel ebenso zu empören wie gegen die Athener im Melier-Dialog. Eine ähnlich moralisierende Haltung findet sich bei seiner Analyse von Karl Poppers Heraklit-Lektüre. Heraklit meinte: "Krieg ist Vater und König von allen Dingen. Er erweist einige als Götter und andere als bloße Menschen; diese macht er zu Sklaven, jene

---

[74] Hegel, *Grundlinien der Philosophie des Rechts*, § 324, S. 492 f.
[75] Taureck, "Drei Wurzeln des Krieges", in: RZK, 34.
[76] Vgl. H. Ottmann, "Die Weltgeschichte (§§ 341–360)", in: L. Siep (Hg.), *G. W. F. Hegel: Grundlinien der Philosophie des Rechts*, Berlin ²2005, 267–286 (269–273).

zu Herren."[77] Popper erklärt dazu, "als typischer Historizist akzeptiert er [Heraklit] das Urteil der Geschichte als ein moralisches; denn er ist der Ansicht, dass der Kriegsausgang stets gerecht sei."[78]

Taureck versteht diese Interpretation so: "Eine provokative These! Der Ausgang des antiken Krieges, die Versklavung der Besiegten und das freie Schalten der Sieger, wird als moralisch gerechtfertigt behauptet. [...] Doch wo sagt Heraklit dies? Enthält er sich einer moralischen Bewertung des Kriegsausgangs [...]? Die Frage ist die Antwort: [...] er enthält sich. Poppers Diktum geht eindeutig über Heraklit hinaus und legt etwas in [das oben wiedergegebene] Fragment 53 hinein, was dort nicht steht und für das es auch keine Stütze in den anderen Fragmenten und Zeugnissen gibt."[79]

In unseren Augen dokumentiert diese Lektüre- und Interpretationskette von Heraklit über Popper bis zu Taureck vor allem die Schwierigkeit, beschreibende Äußerungen nicht auch als moralische Bewertungen zu lesen. Um mit Heraklit zu beginnen, stimmen wir mit Taureck überein, dass dieser keine Wertung vornimmt, weder im oben bereits zitierten Fragment 53, noch in zwei anderen, moralische Unterscheidungen bestreitenden Aussagen: "Für die Götter, alle Dinge sind schön und gut und gerecht; die Menschen hingegen haben manche Dinge als gerecht, andere als ungerecht angenommen."[80] "Das Gute und das Böse sind identisch."[81]

Als zweites Kettenglied erscheint auch uns Poppers allzu kurze Interpretation mit den Worten *moralisch* (1) und *gerecht* (2) in der Tat arg vereinfachend und tendenziös. Zu 1: Im Gegensatz zu seinem Verständnis sieht Heraklit das Urteil der Geschichte als amoralisch, wie die obigen Zitate deutlich machen. Zu 2: Dass der Kriegsausgang laut Heraklit immer gerecht sei, ist eine mehrdeutige Auslegung Poppers. Sollte er damit meinen, Heraklit sehe ihn "als moralisch gerechtfertigt" an (wie Taureck schreibt), so irrt er, weil der antike Autor sich einer moralischen Sicht ja gerade verweigert und zumindest ausdrücklich keinerlei Kriegslegitima-

---

[77] Heraklit, Fragment B 53, auf Englisch zit. bei K. R. Popper, *The open society and its enemies*, Bd. I: *The spell of Plato* (1945), London [4]1962, 16, nach H. Diels, W. Kranz, *Die Vorsokratiker*, Berlin [5]1934–1937, Autor Nr. 22.

[78] Popper, *The open society and its enemies,* 16.

[79] Taureck, "Drei Wurzeln des Krieges", in: RZK, 41 f.

[80] Heraklit, Fragment B 102, zit. bei Popper, *The open society and its enemies*, 17. In einer anderen Übersetzung dieses Fragments schreibt Popper hinsichtlich der menschlichen Annahmen "right" [richtig] und "wrong" [falsch] (207, Fn. 9).

[81] Heraklit, Fragment B 58, zit. ebd. bei Popper, 17.

tion anbietet. Allerdings lässt sich Poppers extrem kurze, lediglich im Adjektiv *gerecht* (auf Englisch *just*) ausgesprochene Lesart Heraklits auch als bloße Beschreibung der Vermutung verstehen, dass Heraklit sich implizit den Standpunkt der Götter zu eigen mache, für die alle Dinge, also auch die Ergebnisse von Kriegen "gerecht" ("just") seien.

Wie dem auch sei, klar ist eines: Indem Taureck aus dem von Popper gebrauchten einzigen Wort "gerecht" die Wendung "moralisch gerechtfertigt" macht und durch allerlei konkrete, hier nicht zitierte Beispiele und Folgen[82] den Wertungsgehalt steigert, mindert er die beschreibende und vergrößert er die normative Dimension in Poppers Heraklit-Interpretation. Die Worte *gerecht* und *gerechtfertigt* sind eben keine bloßen Synonyme, weil das zweite als Partizip des Perfekts des Verbs *rechtfertigen* die Andeutung oder Unterstellung enthält, hier habe jemand eine Rechtfertigung erteilt. Mit dem Wort *gerechtfertigt* wird also, deutlich stärker als mit *gerecht*, eine Legitimation durch Menschen ins Spiel gebracht, was das moralische Gewicht der Aussage erhöht. Mit anderen Worten, so wie Popper Heraklit vielleicht irrig als Moralisten darstellt, so geht auch Taurecks Diktum seinerseits über Popper hinaus.

Eine moralische Position ist auch im Spiel, wenn Taureck einen Zusammenhang zwischen Krieg und Fleischkonsum herstellt: "Töten von Menschen und Töten von Tieren [durch Menschen] sind benachbarte Verhaltensweisen."[83] Diese relative Gleichsetzung begründet er mit der möglicherweise auf Tolstoi zurückgehenden Behauptung einer Wesensverwandtschaft von Schlachthäusern und Schlachtfeldern.[84] Diese Argumentation weist zwei Schwachpunkte auf. Zum einen findet die Tötung von Tieren nicht notwendigerweise in Schlachthäusern statt, die geschichtlich recht jungen Datums sind, sich nämlich erst mit der Industrialisierung von Produktion und Gesellschaft, in den USA und insbesondere in Chicago seit Mitte des XIX. Jahrhunderts entwickelt haben.

Zum anderen ist die von Taureck behauptete Nachbarschaft des menschlichen Tötens von Menschen und von Tieren fragwürdig, weil damit die Tötung innerhalb einer Art (Spezies) und die Tötung zwischen verschiedenen Arten auf die gleiche Stufe gestellt werden. In der Tier- und Pflanzenwelt ist jedoch die erste Form selten, während die zweite – also der Verzehr anderer Lebewesen – konstitutiv zu allen Tieren gehört. Die von Taureck gezogene Parallele ist auch deshalb problematisch, weil damit ein wesentlicher Unterschied zwischen

---

[82] Vgl. Taureck, "Drei Wurzeln des Krieges", in: RZK, 41 f.
[83] Taureck, DW, 355.
[84] Vgl. ebd.

den beiden beim Menschen anzutreffenden Tötungsformen verwischt wird: Auch wenn der Verzehr von Tierfleisch für die menschliche Ernährung nicht unerlässlich ist, gehört er doch zur biologischen Grundausstattung der Art. Für die Tötung anderer Menschen, die ja nicht der Nahrungsaufnahme dient, gibt es hingegen keine biologische Grundlage; sie lässt sich wohl nur sozialpsychologisch erklären.

Taurecks Position und die ihr womöglich zugrundeliegende Haltung des *Antispezismus* hängen wahrscheinlich mit der im Rahmen der Industrialisierung der Welt erfolgenden Naturzerstörung zusammen. Diese bedeutet nicht nur Vernichtung zahlreicher Biotope mit den sie bevölkernden Tier- und Pflanzenarten, sondern auch die zunehmende Entfernung menschlichen Lebens von der sonstigen Natur und die wachsende Instrumentalisierung von Natur, Pflanzen und Tieren für menschliche Zwecke. Das geht hinsichtlich der Tierwelt einher mit verschiedenen Formen der Vermassung: Mehr oder minder nicht artgerechte Massenhaltung und -schlachtung von sog. Nutztieren, Vervielfachung sog. Heimtiere, Vernutzung spektakulärer Landschaften und Tierarten durch Massentourismus u. a.

Im Gegensatz zu Taureck sehen wir das Problem nicht in einer menschlichen "Verrohung"[85] gegenüber der Tierwelt. Zum einen ist anzunehmen, dass der von Norbert Elias[86] festgestellte und sich im kontinuierlichen Rückgang zwischenmenschlicher inklusive kriegerischer Gewalt bis heute fortsetzenden[87] Prozess der Zivilisation nicht auf die Beziehungen zwischen Menschen begrenzt ist, sondern auch das Verhältnis zu Tieren betrifft[88]. Statt Verrohung würden wir also insofern im Gegenteil eine Zivilisierung behaupten. Zum anderen liegt das Problem u. E. im instrumentellen und industrialisierten, vom Imperativ der Kapitalakkumulation diktierten Umgang nicht nur mit Tieren, sondern mit der Welt insgesamt, einschließlich aller ihrer lebenden und unbelebten Bestandteile. Gegenüber wilden Tieren geht der Antispezismus bei manchen seiner Vertreter übrigens so weit, die Prädation in der Natur durch Genmanipulation insbesondere von Fleischfressern zu beseitigen, um auf diese Weise tierisches Leiden aus der Welt zu schaffen.[89] Statt den Prozess der kapitalistischen Weltzer-

---

[85] Ebd. 358.
[86] N. Elias, *Über den Prozeß der Zivilisation* (1936), Bern 1969.
[87] S. Pinker, *Gewalt. Eine neue Geschichte der Menschheit*, Frankfurt/M. 2011; R. Muchembled, *A history of violence: From the end of the Middle Ages to the present*, Cambridge 2011.
[88] Vgl. Pinker, *Gewalt*, Abschnitt "Tierrechte und der Rückgang der Grausamkeit gegen Tiere", in Kapitel 7, https://trantor.is.
[89] Vgl. Kyle Johannsen, *Wild animal ethics. The moral and political problem of wild animal suffering*, London 2020.

störung in der allumfassenden Rationalisierung und Ausweitung von Herrschaft und Ausbeutung zu verorten, gibt es die Tendenz, dafür die Überlegenheit des – abstrakt vorgestellten – Menschen über die Tiere verantwortlich zu machen. Der Antispezismus erscheint aus dieser Sicht als unterbewusster, idealistischer und erfolgloser Versuch, das eigene Unwohlsein, also das schlechte Gewissen mit der nicht aufhebbaren menschlichen Dominanz durch eine vegane Lebensweise aus dem Weg zu räumen.

Eine idealistische und deshalb zugleich auch einflusslose Haltung zeigt sich ebenfalls in Taurecks Lösungsvorschlägen zur Kriegsproblematik. So fragt er: "Vermag jene Erwartungsspannung, mit der Milliarden Menschen bloße Lust am Zuschauen von friedfertigen Fußballvorgängen investieren, nicht ebenfalls friedensgenerierend wirken?"[90] Die hier zum Ausdruck kommende Hoffnung erschreckt – oder verblüfft ob ihrer Naivität. Es wird hier nicht möglich sein, eine auch nur halbwegs fundierte Analyse des Sports[91] – womit wir den teils beruflichen, teils für Amateure ausgelegten physischen Wettkampf meinen und wovon Fußball nur die prominenteste Variante ist – vorzulegen. In aller Kürze sei lediglich gesagt: Sport ist erstens Kampf gegen Leben und Lebendigkeit. Eine mechanistische und eindimensionale, insbesondere rein quantitative Vorstellung menschlicher Existenz orientiert auf physische Leistung und Steigerung und begünstigt Konkurrenz, Auslese und Rangordnung. Welt und Gesellschaft bieten sich so als Spektakel dar[92].

Zweitens ist Sport aber auch Ersatzkrieg, und zwar ein ritualisierter Streit der Wettkampfteilnehmer und ein Ersatzgefecht der Zuschauer. Dazu gehört die Förderung militärischer Werte und Einstellungen bis hin zu einer faschistoiden Dressur: Hierarchie, Gehorsam, Uniformität; Leidensfähigkeit, Opferbereitschaft, Virilität, Heldentum; Orientierung auf Erfolg durch Sieg über den Gegner, Triebenthemmung und -entladung; und schließlich, für die Kriegsproblematik entscheidend, die Stärkung des Zugehörigkeitsgefühls territorialer Gemeinschaften, insbesondere des Nationalismus'.

---

[90] Taureck, "Drei Wurzeln des Krieges", in: RZK, 53.

[91] Vgl. G. Vinnai, *Fußballsport als Ideologie*, Frankfurt/M. 1970, korr. digitale Ausgabe 2006 mit neuem Vorwort: https://www.vinnai.de. S. von J.-M. Brohm u. a.: *Sport: A prison of measured time*, London 1989, u. *La violence sportive: Une aliénation de masse*, Quel sport ?: Ardèche 2019; von N. Oblin insbes. *Sport et capitalisme de l'esprit: Sociologie politique de l'institution sportive*, Bellecombe-en-Bauges/Savoie 2009.

[92] G. Debord, *La société du spectacle* (1967), Paris 1992, Nr. 62, S. 57 f. (*Die Gesellschaft des Spektakels* u. spätere *Kommentare*, Berlin 1996).

An weiteren Alternativen hält Taureck es vor allem für "wünschbar, dass beim ersten Nahen von Kriegswolken nicht nur national, sondern international mit Generalstreik gedroht wird", womit "kriegsdesillusionierte internationale Solidarität" praktiziert würde.[93] Angesichts der oben dargelegten Rivalitäten unter Menschen(gruppen) wirken diese Worte im Gegenteil illusionierend. Denn wenn Kriegswolken nahen, heißt das in der Regel, dass diese Rivalitäten sich zu Feindschaften verhärten und für internationale Solidarität und Streikdrohungen kaum jemand zur Verfügung steht. Dennoch sind Taurecks Gedanken interessant, wenn man sie subversiv wendet. Da es bei der praktisch wirksamen Kriegsvermeidung darum geht, die zwischenstaatlichen Rivalitäten durch Entwicklung der sozioökonomischen Auseinandersetzungen *innerhalb* der beteiligten Gesellschaften zu entschärfen, müssten Taurecks Vorschläge in die Richtung einer berühmten, zugegebenermaßen etwas martialischen Losung zugespitzt werden: "Der Hauptfeind jedes Volkes steht in seinem eigenen Land!" (Karl Liebknecht im Mai 1915)[94].

Damit die Kriegsbereitschaft sinkt, so beschwört uns Taureck ebenso, "müsste unser Verhalten einer sokratischen Wertumstellung folgen, der zufolge Unrecht leiden akzeptabler ist als Unrecht tun."[95] In die gleiche Richtung verkündet Nietzsche: "Sich wehrlos machen, während man der Wehrhafteste war, aus einer Höhe der Empfindung heraus, – das ist das Mittel zum wirklichen Frieden, welcher immer auf einem Frieden der Gesinnung ruhen muß."[96] Das scheinen jedoch bloße Wunschgedanken zu sein, welche die zunächst körperliche Natur des Menschen vernachlässigen: Wie jedes Lebewesen versucht auch der Mensch, eigenes Leiden zu verhindern, ggf. durch Bewaffnung, und zwar auch auf Kosten fremden Leidens, jedenfalls normalerweise, d. h. soweit er sich nicht durch geistige Anstrengungen zum eigenen Leiden zwingt, ggf. bis zum "Sieg [...] über sich selbst als Angegriffenen."[97] Das ist bei einzelnen Menschen denkbar, die entgegen des Selbsterhaltungstriebs ihren Körper oder seine Bedürfnisse "einer Höhe der Empfindung", d. h. einer Idee, einem Glauben oder auch der Bestätigung eines Gefühls von Ausweglosigkeit opfern (Mönche, Non-

---

[93] Taureck, "Drei Wurzeln des Krieges", in: RZK, 53.

[94] K. Liebknecht, *Der Hauptfeind steht im eigenen Land! Ausgewählte Reden und Aufsätze*, Berlin-Ost 1952, 296–301.

[95] Taureck, DW, 34.

[96] F. Nietzsche, "Menschliches, Allzumenschliches. Ein Buch für freie Geister" (1886), Bd. II, 2. Abt.: "Der Wanderer und sein Schatten", in: *Kritische Studienausgabe,* hg. von G. Colli, M. Montinari, München ²1988, Nr. 284, S. 678; ähnlich Liebsch, DK, 239 f.

[97] Ebd.

nen, Freischärler, Selbstmörder, usw.). Doch für ganze Gesellschaften ist eine solche Machtübernahme der individuellen geistigen Instanzen wohl weder durchführ- noch wünschbar.

Mit der hier moralisch verwendeten Kategorie *Unrecht* vernachlässigt Taureck auch den Umstand, dass der Rechtfertigungsapparat des modernen Individuums dafür sorgt, dass *mein* Leiden tendenziell immer Unrecht ist, nicht aber das von mir *anderen* Menschen zugefügte Leid. Dieses parteiische, auf der Vergrößerung von Unbewusstheit[98] beruhende Legitimationsmuster herrscht natürlich auch unter Staaten, wie Nietzsche gezeigt hat: "Sie setzen die schlechte Gesinnung des Nachbars und die gute Gesinnung bei sich voraus. Diese Voraussetzung [...] ist [...] schon die Aufforderung und Ursache zu Kriegen, weil sie [...] die feindliche Gesinnung und That zu prociren scheint."[99]

Aber auch hier lassen sich die Gedankengänge von Taureck (und Liebsch) vielleicht produktiv aufgreifen. Dazu wäre jedoch erforderlich, sich stärker mit der in den Krieg verwobenen Gefühlswelt zu befassen.

II. Die zentrale Bedeutung der psychisch-affektiven Dimension

Neben materiellen Interessen und Motiven spielen Emotionen – bei den Herrschern verbunden namentlich mit Ruhm[100], "Macht, Prestige, Ehre, Glaubwürdigkeit, Bündnistreue"[101] – sowie das Un(ter)bewusste für die Führung eines Krieges wahrscheinlich eine zentrale Rolle. Taureck erörtert diese Problematik nur am Rande, vielleicht, weil er sich dafür als Philosoph nicht zuständig fühlt. Wir gehen davon aus, dass Krieg sich ohne diese psychisch-affektive Kraft nicht erklären lässt. In einem ersten Schritt stellt Krieg sich als komplexe Externalisierung menschlicher Aggressivität dar (A). Sodann wird es um die Rolle des Gruppenzwangs in der gegenseitigen Eskalation zwischen den Kriegsgegnern gehen (B), bevor schließlich die psychische Formatierung der jeweiligen Bevölkerungen und ihres staatlichen Führungspersonals zur Sprache kommen soll (C).

---

[98] Vgl. M. Erdheim, *Die gesellschaftliche Produktion von Unbewußtheit. Eine Einführung in den ethnopsychoanalytischen Prozeß*, Frankfurt/M. 1984.
[99] Nietzsche, "Menschliches, Allzumenschliches", a. a. O.
[100] Vgl. J. Huizinga, *Homo ludens*, Reinbek 1956, 91, zit. u. fortgeführt bei Krippendorff, SK, 54 f.
[101] Ebd. 54. Vgl. am Beispiel des Falkland/Malwinen-Kriegs ebd. 75 f.

A. Krieg als Externalisierung männlicher Aggressivität

Zur Rolle des Aggressionstriebes für den Krieg gibt es unterschiedliche, wenn nicht gegensätzliche Standpunkte. Krippendorff behauptet dazu einerseits, "[d]ie Kriegs- und Machtpolitik der Herrschaft hat nichts zu tun mit der psychologischen Kategorie von Aggressivität [...]. Militärapparate sind Herrschaftsinstrumente und nicht kanalisierte Aggressions-Aggregate, ihre Regeln und Rituale haben den expliziten Zweck, dem einzelnen seine natürliche Angst vor der Gewaltanwendung zu nehmen, ihm 'Mut' zu machen, nicht aber einer angeblichen Aggressionsbereitschaft ein kriegerisches Betätigungsfeld zu geben."[102] Die hier aufscheinende Entgegensetzung von Herrschaft und Aggressivität erscheint voreilig und zweifelhaft, weil Herrschaft ohne Unterwerfung und die damit zusammenhängende Umlenkung individueller Aggressivität wohl nicht denkbar ist. Im übrigen läuft das Mutmachen zur Gewaltanwendung doch wohl darauf hinaus, individuelle Angriffslust zu steigern bzw. freizusetzen.

Andererseits zitiert Krippendorff ausführlich den gewissenhaften bürgerlichen Historiker Friedrich Meinecke, der den Krieg als "Durchbruch des Naturzustandes durch die Normen der Kultur" sieht.[103] Ähnlich urteilt Freud: "Der Krieg [...] streift uns die späteren Kulturauflagerungen ab und läßt den Urmenschen in uns wieder zum Vorschein kommen."[104] Meinecke und Freud gehen wohl davon aus, dass diese beiden – aus heutiger Sicht rein imaginären – Urzustände des Menschen sich durch ungezügelte Aggressivität und "Mordlust" auszeichnen.[105] Diese, auch heute noch verbreitete Annahme lässt sich jedoch auf Grund jüngerer anthropologischer und archäologischer Forschungen in Zweifel ziehen. Letztere erlauben nämlich eine doppelte Hypothese:

Zum einen seien die ersten bekannten Gesellschaften und Kulturen zwischen Südosteuropa und dem Mittleren Osten in den Jahren 7000 bis 3500 vor Christi sowohl friedfertig als auch von Gleichstellung der Geschlechter, wenn nicht einem Vorrang des weiblichen gekennzeichnet gewesen. Das gelte insbesondere für die Völker des sog. Alten Europas[106]

---

[102] Ebd. 75.
[103] F. Meinecke, *Die Idee der Staatsräson in der neueren Geschichte I*, München 1924/³1963, Berlin 2016, 15, zit. bei Krippendorf, SK, 20.
[104] Freud, "Zeitgemäßes über Krieg und Tod", 354.
[105] So ausdrücklich Freud, ebd. 345 f.
[106] Vgl. M. Gimbutas, *Goddesses and gods of Old Europe*, Berkeley 1982.

und des Nahen und Mittleren Ostens wie Hacilar und Çatal Hüyük[107], die über eine Zeitspanne von 1500 Jahren keine Anzeichen kriegerischer Zerstörung zeigen, wobei Çatal Hüyük sich zugleich als eine auf Weiblichkeit zentrierte Gesellschaft darstellt[108]. *Zum anderen* sei die Entwicklung zu militärischer Aufrüstung und kriegerischer Konfrontation erklärbar dadurch, dass diese Völker von patriarchalischen und angriffslustigen – Kurgan-, indoeuropäischen oder arischen – Stämmen zwischen 4300 und 2800 vor Christi überrannt worden seien. Dieses Erklärungsmuster beruht auf der Vermutung eines Zusammenhangs zwischen patriarchalischer Frauenunterdrückung im Innern einer Gesellschaft und der kriegerischen Haltung nach außen. Es ist von der austro-amerikanischen Kulturhistorikerin Riane Eisler in ihrem – von der Anthropologin Ashley Montagu als "das wichtigste Buch seit Darwins *Origin of species*" bezeichneten – Werk *Kelch und Schwert* auf außerordentlich breit verwendeter Quellenlage entwickelt worden.[109]

Die hier behauptete, theoretisch wie empirisch, insbesondere archäologisch feststellbare Kausalität zwischen patriarchalischer Zivilisation und kriegerischer Aggressivität könnte eine Stütze finden in den sozialpsychologischen Forschungen zu männlicher Gewalttätigkeit von Klaus Theweleit[110]. Sie lassen sich für diesen Ursachenzusammenhang in der Aussage komprimieren, "in einer patriarchalischen Gesellschaft ist der [männliche] Körper für den Kampf modelliert"[111]. Ähnlich sieht der eher konservative britische Militärhistoriker M. Howard einen Grund für Krieg in "einem dunklen, fast bösartigen Trieb der Selbstbestätigung der eigenen Männlichkeit"[112] bei den beteiligten Akteuren.

---

[107] Vgl. J. Mellaart, *The earliest settlements in Western Asia from the nineteeth to the fifth millennium B.C.*, Cambridge 1967.

[108] Vgl. Mellaart, *Çatalhöyük. A neolithic town in Anatolia*, New York 1967, 53 u. 200 (*Çatal Hüyük. Stadt aus der Steinzeit*, Bergisch Gladbach ²1973).

[109] Vgl. R. Eisler, *The chalice and the blade. Our history, our future*, San Francisco 1988, XVIII, 13 f. 43 f., 48, 50, 54, 56 f., 188 (*Kelch und Schwert: Von der Herrschaft zur Partnerschaft. Weibliches und männliches Prinzip in der Geschichte*, München 1993). S. jüngst auch M. Patou-Mathis, "Sammlerinnen und Jägerinnen. Seit dem 19. Jahrhundert streitet die Forschung über die Rolle der Frauen in der Steinzeit", in: *Le Monde diplomatique*, dt. Ausgabe, Okt. 2020.

[110] Vgl. K. Theweleit, *Männerphantasien*, Bd. 1: *Frauen, Fluten, Körper, Geschichte*, Bd. 2: *Männerkörper – zur Psychoanalyse des weißen Terrors* (1977/78), Berlin 2019, sowie *Das Lachen der Täter: Breivik u. a. Psychogramm der Tötungslust*, Salzburg/Wien 2015.

[111] Theweleit, "De Breivik aux terroristes, les tueurs de masse à travers l'histoire" (Interview), in: *Le Monde des livres* v. 29.3.2016.

[112] Howard in *Harper's*, Feb. 1983, 68, zit. bei Krippendorff, SK, 88 f.

Welche praktischen Konsequenzen können aus diesen Forschungsergebnissen und Überlegungen gezogen werden? Statt wie Taureck eine abstrakte, einem frommen Wunsch gleichende und deshalb vergebliche "Wertumstellung" zu postulieren, erscheint es erfolgversprechender, mit Eisler die Stärkung eines auf Kooperation beruhenden Bewusstseins zu fördern, und zwar zur Umorientierung des Macht- und Kontrollstrebens und zwecks Wandels von einer Herrschafts- zu einer Partnerschaftsgesellschaft[113]. Zwar ist einzuräumen, "daß es keine Aussicht hat, die aggressiven Neigungen der Menschen abschaffen zu wollen."[114] Wohl aber können die Auswüchse des Aggressionstriebs zum einen sublimiert und gesellschaftlich umgebildet[115], zum anderen durch Unterstützung des Liebes- und Identifikationstriebs kompensiert werden, denn "[a]lles, was Gefühlsbindungen unter den Menschen herstellt, muß dem Krieg entgegenwirken."[116]

Dazu gehört wahrscheinlich auch die Rücknahme oder zumindest Abmilderung der in den letzten Jahrhunderten erfolgten Arbeitsteilung und Spezialisierung, denn "je mehr Arbeitsteilung desto kriegerischer"[117]. In der Tat, diese Prozesse und die mit ihnen einhergehende Mechanisierung bedeuten, dass sich im Krieg alle Beteiligten vom Leiden aller anderen entfernen. Globaler gesprochen hat "[d]ie Kulturgesellschaft [...] ihre Teilnehmer zu noch weiterer Entfernung von ihrer Triebveranlagung gezwungen."[118] Albert Einstein beleuchtet die Folgen menschlicher Distanznahme von sinnlichen Erfahrungen für "Psychosen des Haßes und des Vernichtens": "Ich denke dabei keineswegs nur an die sogenannten Ungebildeten. Nach meinen Lebenserfahrungen ist es vielmehr die sogenannte *Intelligenz*, welche den verhängnisvollen Massensuggestionen am leichtesten unterliegt, weil sie nicht unmittelbar aus dem Erleben zu schöpfen pflegt, sondern auf dem Wege über das bedruckte Papier am bequemsten und vollständigsten zu erfassen [d. h. zu beherrschen] ist."[119]

---

[113] Vgl. Eisler, *The chalice and the blade,* 192 f., 195 f., 199 f., 201 f. Dazu ausführlich Eisler, D. P. Fry, *Nurturing our humanity: How domination and partnership shape our brains, lives and future,* Oxford 2019; Eisler, *Die verkannten Grundlagen der Ökonomie: Wege zu einer Caring Economy* (2007), Marburg 2020.

[114] Freud, "Warum Krieg?", 23.

[115] Vgl. Freud, "Zeitgemäßes über Krieg und Tod", 332–333.

[116] Freud, wie Fn.104.

[117] Q. Wright, *A study of war,* Chicago 1964, 39, zit. u. fortgeführt von Krippendorff, SK, 45 f.

[118] Freud, "Zeitgemäßes über Krieg und Tod", 335.

[119] A. Einstein, Brief an Freud (1932), auf Französisch zit. bei N. M. Proença, "Pourquoi donc la guerre? Lecture de Freud et Einstein", in: S. Nour, O. Remaud (Hg.), *War and peace: the role of science and art,* Berlin 2010, 209–215 (210 f.)

All' das mindert nicht nur das die Kriegslust dämpfende Mitgefühl, sondern verringert auch die aggressionshemmende Konfrontation mit dem eigenen Tod, der für den Einzelmenschen "ja auch unvorstellbar" ist[120]. Die obigen Überlegungen zur Arbeitsteilung demontieren im übrigen eine oberflächliche und auf Effekthascherei zielende, von Taureck aber nicht kritisierte Floskel von Martin van Creveld, wonach "[Kriegs]entscheidungen von Feiglingen und der Kampf von Idioten gemacht werden"[121]. Von Feiglingen und von Idioten zu sprechen heißt u. a., sowohl die Interessen der Kriegsherren als auch den emotionalen Einsatz der Soldaten zu vernachlässigen. Damit sich Eislers Programm verwirklichen kann, kommt es wohl entscheidend darauf an, ob es als wirkungslose Sonntagspredigt an – psychisch bereits formierte – Erwachsene gerichtet oder als Erziehungsmaxime mit – psychisch noch offenen – Kindern *praktiziert* wird. Mit Kindern beginnend ist die von Taureck erhoffte Wertumstellung als generationenübergreifender Prozess also sehr wohl möglich; sie stellt sich konkret dar als eine "bei jeder neuen Generation [...] weitergehende Triebumbildung als Trägerin einer besseren Kultur"[122].

B. Von kollektiver Identifikation zur gegenseitigen Eskalation

In Taurecks Definition von Krieg als "Erlaubnis zu maximaler Entfesselung des gewöhnlicherweise Unerlaubten" bzw. als Prozess "der entgrenzten Gesetzlosigkeit"[123] haben wir bislang nur die idealistische Haltung zum Recht problematisiert. Doch zugleich kommt Taureck hier der Verdienst zu, eine schon bei Clausewitz auftauchende Idee zuzuspitzen, nämlich die Erkenntnis, dass im Krieg jeder der Gegner dem anderen dessen Handeln unter Strafe seines Untergangs vorschreibt, und in dieser "Wechselwirkung" "steigern sich beide bis zum äußersten" bei der Kriegsgewalt, weil es "in der Anwendung derselben keine Grenzen" gibt.[124] Taureck spricht von maximaler Entfesselung und Entgrenzung zum Zwecke der "Feindvernichtung" bzw. "Feindausschaltung"[125], aber er vertieft das wohl nicht weiter.

---

[120] Freud, "Zeitgemäßes über Krieg und Tod", 341. Ähnlich M. Benasayag, *Le mythe de l'individu*, Paris 1998, 67 u. Taureck, "Drei Wurzeln des Krieges", in: RZK, 42 f.
[121] M. v. Creveld, *More on war*, Oxford 2017, 40, zit. bei Taureck, "Drei Wurzeln des Krieges", in: RZK, 46.
[122] Freud, "Zeitgemäßes über Krieg und Tod", 336.
[123] Taureck, "Drei Wurzeln des Krieges", in: RZK, 25 u. DW, 53.
[124] C. v. Clausewitz, *Vom Kriege* (1832–34), Frankfurt/M. 1981, 18 f.
[125] Taureck, DW, 53.

Diese Einsicht ist durch die Verbreitung von Clausewitz' bekannter Formel vom Krieg als "bloße Fortsetzung der Politik mit anderen Mitteln"[126] verdrängt worden. Der Kulturanthropologe René Girard hat ihr ein wichtiges, von Taureck und Liebsch in den hier erörterten Schriften offenbar nicht berücksichtigtes Buch gewidmet.[127] Er zeigt, dass die von Clausewitz im modernen Krieg erkannte "*montée aux extrêmes*" (Zuspitzung, Verschärfung oder Eskalation) in der mimetischen, d. h. das Begehren der anderen nachahmenden Gegenseitigkeit liegt.[128] Wechselwirkung und Gegenseitigkeit bedeuten in zeitlicher wie kausaler Hinsicht letztlich, dass es weder Angreifer noch Angegriffene gibt: "Der Angreifer ist [vorher] immer schon angegriffen worden"[129], hat jedenfalls stets die entsprechende subjektive Wahrnehmung. Die zwischen Frankreich und deutschen Landen zwischen der Französischen Revolution und dem Frankreichfeldzug der deutschen Wehrmacht im Jahre 1940 aufeinanderfolgenden zahlreichen Feindseligkeiten und Kriegshandlungen dokumentieren diese Logik des Überbietens und gegenseitigen Aufschaukelns.

Doch der tiefere, psychologische wie geschichtliche Grund dieser Eskalationslogik ist damit wohl noch nicht erfasst. Zu diesem Zweck ist es notwendig, auf die Anerkennungsstruktur in menschlichen Kollektiven einzugehen. Ohne hier die Grundlagen der Anerkennungsproblematik für den Menschen besprechen zu können[130], sei lediglich gesagt, dass die Individuen die für ihr Leben unabdingbare Anerkennung von ihrer Familie, der Gesamtgesellschaft oder anderen Gruppen erhalten können. Das Anerkennungsbedürfnis des Einzelnen wird umso größer sein, als das jeweilige Kollektiv und mit ihm auch der Einzelne in Konflikt zu anderen Gruppen stehen. Zugleich ist es gerade ein solcher Konflikt, der einer Gemeinschaft die Möglichkeit gibt, zumindest aber das Potential erhöht, Anerkennung zu erteilen. Denn ein Zusammenschluss von Menschen definiert sich durch seine Grenze nach außen und nicht über das kulturelle Material, das von dieser Grenze umschlossen wird.[131]

---

[126] Clausewitz, *Vom Kriege*, 34.

[127] R. Girard, *Achever Clausewitz. Entretiens avec Benoît Chantre*, Paris 2007 (*Im Angesicht der Apokalypse: Clausewitz zu Ende denken*, Berlin 2014).

[128] Vgl. Girard, *Achever Clausewitz*, 32, 38 f., 51, 53 f., 55–58.

[129] Girard, ebd. 53; vgl. 60, 88–90.

[130] Vgl. A. Honneth, *Kampf um Anerkennung. Zur moralischen Grammatik sozialer Konflikte*, Frankfurt/M. 1992.

[131] Vgl. F. Barth, "Introduction", in ders. (Hg.), *Ethnic groups and boundaries. The social organization of culture difference*, London 1969, 9–38 (15).

Identität entsteht also mittels Anerkennung im und seitens des Kollektivs, ist aber zugleich nur durch Abgrenzung vom Anderen möglich und stellt sich demnach vor allem negativ her.[132] Wegen dieser "Selbstdefinition durch Feindmarkierung"[133] müssen identifikatorische Abhängigkeit und Abgrenzung vom Anderen als zusammengehörig und zirkular gedacht werden: je größer die Identitätssuche von Menschen, desto intensiver auch die Abgrenzung von anderen, und je deutlicher die Grenzziehung, desto wirksamer die Identifikation und kräftiger die Identität. Damit wird u. E. ein mehr oder minder zwingender Zusammenhang und nicht lediglich eine pathologische Verzerrung erklärt.

Der identifikatorische und Anerkennungsbeitrag des Kollektivs zugunsten des Individuums verlangt von diesem wohl eine Gegenleistung. Er wirkt wie eine "Prämie für Böswilligkeit" und verändert auch gutwillige Menschen. Es entwickelt sich also ein emotionaler Druck, der Einzelne möge die Gemeinschaft durch aggressives Auftreten gegen die Außenwelt stärken. Das dürfte letztlich der Grund sein, warum es in kollektiven Auseinandersetzungen und insbesondere im Krieg auf allen Seiten *notwendigerweise* immer Scharfmacher gibt, die den Konflikt anheizen.[134]

C. Die Formatierung von Bevölkerung und staatlichem Führungspersonal

Krieg erfordert eine mehr oder minder geeinte Bevölkerung. Diese Einigung entspricht der soeben erörterten Anerkennungs- und Identifikationsdynamik und bedeutet praktisch, wie bereits ausgeführt, dass die internen von den externen Interessenwidersprüchen verschleiert werden. Dieser Prozess ist das Ergebnis einer vielfältigen und komplexen Formatierung der Bevölkerung, die vor allem vom "modernen Staat als Disziplinierungsanstalt"[135] durchgeführt

---

[132] "One of the surest ways to confirm an identity, for communities as well as for individuals, is to find some way of measuring what one is *not*", K. Erikson, *Wayward puritans: a study in the sociology of deviance*, New York u. a. 1966, 64 u. a. (*Die widerspenstigen Puritaner: zur Soziologie abweichenden Verhaltens*, Stuttgart 1988).

[133] H. Schulze, *Gibt es überhaupt eine deutsche Geschichte?*, Berlin 1989, 28.

[134] Pollmann, "L'étendue de l'inconscient individuel, facteur de conflit collectif. Pour un matérialisme psychologique", dans M.-Cl. Caloz-Tschopp (dir.), *Colère, courage et création politique* (7 Bde.), Bd. 3: *La colère, une passion politique ?*, Paris 2011, 261–280 (268), https://hal.archives-ouvertes.fr. Zur gesamten Problematik umfassend und tiefschürfend M. Lianos, *Conflict and the social bond. Peace in modern societies*, London 2020, namentlich 8, 16 f., 22–29.

[135] Krippendorff, SK, 33.

wird.[136] Wesentliches Instrument dabei sind Patriotismus bzw. Nationalismus[137], welche direkt an die oben erwähnten individuellen und kollektiven Anerkennungsbedürfnisse an- knüpfen.

Die Formatierung der Bevölkerung lässt sich exemplarisch am Soziologen Max Weber verdeutlichen, bei dem "[d]er schließliche Ertrag der militärischen Erziehung [...] eine große Bewunderung für die [kriegerische] *Maschine* [war], dazu kriegerisch-patriotische Gesinnung, die ihn die Gelegenheit ersehnen ließ, einmal an der Spitze seiner Kompanie ins Feld zu zie- hen"[138]. Dank seiner eigenen Zurichtung lässt Weber während des I. Weltkriegs alle ansons- ten von ihm propagierte Wertneutralität der Wissenschaft fahren, um seinerseits an der patrio- tisch-kriegerischen Dressur der Deutschen mitzuwirken: "die Tragik und die historischen Pflichten eines nun einmal als Machtstaat organisierten Volks" habe Deutschland "die ver- dammte Pflicht und Schuldigkeit vor der Geschichte" auferlegt, "für die Ehre, und das heißt einfach: für vom Schicksal verhängte geschichtliche Pflichten des eigenen Volkes"[139] zu kämpfen. Andernorts legt Weber den "dreifachen sozialpsychologischen Nutzen" des Krieges dar: "Er stärkt die Opferbereitschaft der Krieger, er schafft erbarmende Liebe der Bevölke- rung und er ersetzt den sinnfreien natürlichen Tod durch ein nunmehr sinnvolles Sterben für eine überindividuelle Sache", womit die Frage der Legitimität des Krieges selbst aus dem Blick gerät.[140]

Neben der Bevölkerung wird auch das Führungspersonal des Staates auf dessen Ge- walttätigkeit nach innen und nach außen abgerichtet. Der Staatsmann (manchmal auch eine Frau) muss sich zu seiner Rolle erziehen, "menschlich umbilden". "Insofern fordert die Staats- raison einen entschlossenen Aufstieg vom Naturhaften zum Geistigen."[141] Doch "Staatsraison

---

[136] Vgl. Krippendorff, SK, 27 ff., beispielhaft verdeutlicht an der Wiederaufrüstung Westdeutsch- lands, 64 ff., und beim Vietnam-Krieg, 77 ff.
[137] Vgl. L. N. Tolstoi, *Rede gegen den Krieg. Politische Flugschriften*, Frankfurt/M. 1983, auszugs- weise zit. und kommentiert bei Krippendorff, SK, 406–411.
[138] So seine Frau, Marianne Weber (1883/84), zit. bei Krippendorff, SK, "Exkurs: Anmerkungen zu Max Weber", 200–205 (201).
[139] Max Weber, "Zwischen zwei Gesetzen", Brief an Gertrud Bäumer (1916), in: *Gesammelte politi- sche Schriften*, 143, 142, 144, zit. und kommentiert bei Krippendorff, SK, 203 f. (hier ohne Webers Hervorhebung).
[140] Taureck, DK, 72 f., mit (hier nicht wiedergegebenen) Zitaten aus M. Weber, *Gesammelte Aufsätze zur Religionssoziologie I*, Tübingen 1988, 548.
[141] Meinecke, *Die Idee der Staatsräson,* 7 f., zit. und kommentiert bei Krippendorff, SK, 18.

ist Staatsneurose"[142], diese knappe Feststellung macht Krippendorff ausführlich deutlich an der psycho-politischen Entwicklung Friedrich des Großen, "eines zunächst ganz antimilitärischen, sensiblen, musisch und philosophisch begabten", "an der Härte der staatlichen Disziplin leidenden jungen Mannes im Dienste des dann von ihm übernommenen Staats- und Militärapparates, dessen Logik und 'Vernunft' er sich bis zum völligen Verzicht auf eigenes Glück unterwarf."[143] In seiner "im Grunde deformierte[n] Persönlichkeitsstruktur" war offenbar "das Schlachtfeld eine Art Kompensation für die Unfähigkeit menschlicher Beziehungen [... Er, Karl XII. von Schweden und Prinz Eugen waren] "umso größere Helden [...] im Kriege, als sie bei den Frauen keinerlei Erfolge zu erringen vermochten. Nach ein paar diesbezüglichen Versuchen gaben sie alle intimeren Bemühungen um das andere Geschlecht aus Angst, sich lächerlich zu machen, auf und beschränkten sich auf ihre Triumphe im Feld".[144]

In erstaunlicher privater Aufrichtigkeit und kritischer Selbsterkenntnis seiner narzisstischen Beweggründe erklärt Friedrich die von ihm begonnenen Kriege zunächst mit "Glut der Leidenschaft", "Ruhmesdurst" und "Neugier": "Die Genugtuung, meinen Namen in den Zeitungen und später in der Geschichte zu sehen, hat mich verführt." "Der Ehrgeiz, mein Vorteil, der Wunsch, mir einen Namen zu machen, gaben den Ausschlag, und der Krieg war beschlossen."[145] Doch die eigene Dressur und die Notwendigkeit einer wirksamen, auf vermeintlich objektive Gründe gestützten Kriegspropaganda haben "bald die subjektiven Motive zugunsten vorgeblich höherer staatspolitischer Interessen, an die er möglicherweise dann selber wieder glaubte, verdrängt."[146]

*

Die vorliegende Erörterung möge mit dem zusammenfassenden Eindruck ausklingen, Krieg lasse sich erklären aus einem Spannungsverhältnis zwischen vier Faktoren, als da sind:

- das natürliche Anerkennungsstreben und der damit zusammenhängende Verteidigungs- und Angriffstrieb des Menschen,

---

[142] Ebd. 348.
[143] Ebd. 292 u. 33.
[144] Ebd. 284 mit einem Zitat von A. Lernet-Holenia, *Prinz Eugen*, Hamburg/Wien 1960, 35.
[145] Friedrich der Grosse (um 1740 und 1742), zit. und kommentiert nach G. Ritter, *Staatskunst und Kriegshandwerk*, Bd. 1, München 1954, 29 f. bei Krippendorff, SK, 290 f.
[146] Mit zahlreichen Zitaten Friedrich des Grossen ebd. 291.

• die doppelt gesteuerte Entwicklung der daraus entspringenden Emotionalität, zum einen ihre individuelle Ausprägung von der Geburt des Menschen an, insbesondere durch die im Laufe seiner Erziehung und Sozialisation erfolgenden Kränkungen u. a. Verletzungen,

• zum anderen die kollektive Herausbildung, Bündelung und Instrumentalisierung der menschlichen Aggressivität durch allerlei miteinander rivalisierende Gruppen, Gemeinschaften und namentlich den nationalstaatlichen Zusammenhang

• und schließlich die von der kapitalistischen Akkumulations- und Beschleunigungsdynamik verstärkten Interessen und Zwänge.

Zum Abschluss seien Bernhard Taureck wie auch Burkhard Liebsch für ihre intensive Forschungs- und Gedankenarbeit zum Krieg gedankt: Bei all' unserer Kritik dokumentiert die Ausführlichkeit der hier zu Ende gehenden Abhandlung, wie stark ihre unerschrockenen Analysen und Überlegungen das für die Erklärung und Vermeidung von Krieg unerlässliche Nachdenken und Infragestellen angeregt haben. Ihre Bereitschaft zum Dialog mit teilweise konträren Positionen verdient die größte Anerkennung.

Prof. Dr. Christopher Pollmann, Institut de Recherches sur l'Evolution de la Nation et de l'Etat, Université de Lorraine, christopher.pollmann [at] univ-lorraine.fr

BERNHARD H. F. TAURECK (Braunschweig)

Krieg oder Frieden.
Auf der Suche nach einem Tertium Datur

War or Peace. Looking for a Tertium Datur

Abstract

There is a consensus on war: violent conflicts are out. But they continue to happen. One likes to exclude violent conflicts and to avoid them. But they could happen. Avoidance of wars appears not be sufficient. International relations presuppose an international anarchy. Anarchy does not exclude wars, but reduces them to exceptions. The present essay attempts to argue in favour of a categorical exclusion of violent conflicts which easily could destroy vital conditions of human survival.

Keywords: International anarchy, us-american nuclear strategy, tertium between peace and war, peaceful finalization of the political

1. Inwiefern die Vereinten Nationen Atomkriege mittelbar fördern

Wie steht es um den Gedanken des Friedens in einer Zeit, wo mit der UNO auf Weltfrieden gesetzt wird und wo mehr blutige Konflikte und Konfliktzuspitzungen stattfinden, als ein Mensch an seinen zehn Fingern abzählen kann? Die Rede vom Frieden als Unterbrechung der Feindseligkeiten scheint den Globus im Jahre 2020 eingeholt zu haben. 1999 bombardierte die NATO Serbien, Afghanistan wurde und wird seit 2001 verwüstet, 2003 wurde der Irak zerstört, 2006 tobte ein Krieg zwischen Israel und dem Libanon. 2011 wurde Libyen faktisch zu einem *failed state* zerbombt, ebenso setzte der Syrienkrieg 2011 ein. Seit 2014 wurde im Osten der Ukraine gekämpft und im Jemen. Zwischen Nordkorea und den USA drohen extreme Spannungen eines atomaren Konfliktes. Die Atomwaffenstaaten Indien und Pakistan befinden sich beide in Kriegsgefahr. Und ebenso gibt es keine Voraussetzungen für ein friedfertiges Verhalten zwischen den USA und Russland oder China. Auch der afrikanische Kriegsschauplatz und ebenso der Südsudan gehören in die Reihe der Konflikte. Spätestens seit 2019 spitzt sich zudem die Konfrontation zwischen dem Iran und den USA militärisch zu. Der Bereich des Krieges schließt sowohl Europa wie den nahen und mittleren Osten sowie Ostasien ein. Hinzu kommt Nordwestafrika. Gibt es dafür eine Beschreibungssprache außer jener, dass der Frieden eine Fortsetzung des Krieges mit anderen Mitteln darstellt, wie Michel Foucault uns mit seiner Deutung des bei Clausewitz umgekehrten Satzes aus der Zeit von Hobbes erinnert?[1]

Allerdings hätte man im Blick auf die Geschichte gewarnt sein können. Es war ausgerechnet jene Französische Revolution, verstanden als die Abschaffung fürstlicher traditionaler Souveränität, welche ohne den geringsten Einfluss auf das Völkerrecht geschah: "Auf der völkerrechtlichen Ebene trat der republikanische Staat das gesamte Erbe der Monarchien an. Die Souveränität blieb als tragender Pfeiler des klassischen Völkerrechts unangetastet und entfaltete ihre spannungs- und kriegsverursachende Wirkung nach der Französischen Revolution in unverminderter Weise."[2]

So lautet das Urteil des Völkerrechtlers Otto Kimminich. Trotzdem gelang es dem Völkerrecht im 20. Jahrhundert, jenes *ius ad bellum* abzuschaffen, das besagte, dass jeder Krieg, zu dem ein souveräner Staat sich entschloss, zugleich rechtmäßig geschah, womit sich die mittelalterliche Frage, ob Kriege gerecht oder ungerecht seien, erübrigte.[3] Vorausgesetzt war dabei, dass es keine Gesetzgebung und keinen Richter über die Staaten gibt. Es gab innerstaatliche Gesetze und außerstaatliche Gesetzlosigkeit. Schreiben dagegen die Artikel der Vereinten Nationen jedoch nicht Voraussetzungen der Einhaltung des "Weltfriedens" vor, wie er in der Charta als Akt eines "Friedensschlusses mit dem Frieden" beschworen wird?[4] Sie tun es. Doch die aufflammende gewaltsame Konfliktaustragung scheint auf diese Weise nicht gehindert zu werden. Woran liegt das?

Abgesehen davon, dass im Sicherheitsrat nur eine kleine Anzahl von Staaten vertreten ist, besteht eine externe Voraussetzung, welche von UNO rechtlich bestätigt wird. Die externe Voraussetzung liegt in der ausdrücklichen Weigerung der Atomwaffenstaaten USA, Großbritannien und Frankreich, die UNO als Instanz für das Verbot eines Atomwaffenein-

---

1 Vgl. B. H. F. Taureck, *Michel Foucault*, Reinbek 2004, 89.
2 O. Kimminich, *Einführung in das Völkerrecht*, Tübingen, Basel 1997, 67.
3 Kimminich, *Einführung in das Völkerrecht*, 1997, 64.
4 B. H. F. Taureck, *Drei Wurzeln des Kriegs und warum nur eine nicht ins Verderben führt. Philosophische Linien in der Gewaltgeschichte des Abendlandes*, Zug 2019, 291–298.

satzes zu akzeptieren. Die UNO kommt unwillentlich dieser Weigerung dadurch entgegen, dass sie erlaubt, sich mit denselben Waffen zu verteidigen, mit denen sie angegriffen wurde.[5]

Wenn somit das Atomkriegsrisiko durch die Vereinten Nationen teils vergeblich verhindert, teils mittelbar gefördert wird, mindert sich die Diskrepanz zwischen einem globalen Friedens- und einem Kriegszustand. Daraus ergibt sich, dass kaum Grund besteht, sich über jene vermeintliche Diskrepanz von Friedensgebot und Unfrieden zu wundern.

2. Die Nutzung der internationalen Anarchie durch das US-Votum für Atomkriege

Um zu verdeutlichen, wie seitens eines US-amerikanischen Politikwissenschaftlers die faktisch bestehende zwischenstaatliche Anarchie genutzt wird, sei auf eine Neuerscheinung in den USA hingewiesen. Es geht um den Beweis, dass durch die Aussicht auf Sieg in einem thermonuklearen Krieg Vorteile für den Sieger entworfen werden können. Dies geschieht 2018 in dem Buch *The Logic of American Nuclear Strategy. Why Strategic Superiority Matters* des Politikwissenschaftlers Matthew Koenig. Kroenig schlägt mittels einer unmissverständlich klaren Sprache eine nukleare Theorie als Synthese einer Überlegenheits-Risikopolitik vor (*superiority-brinkmanship theory*) vor. Ein Vorteil dieser nuklearen Überlegenheitsposition bestehe für die Vereinigten Staaten zum Beispiel darin, aus nuklearen Krisen als Gewinner hervorzugehen. "Sieg" definiert er dabei als Erreichen der eigenen Ziele. Als prominentes Beispiel dient ihm dabei der Ausgang der Kubakrise im Oktober 1962. Aus ihr gingen die USA als Sieger hervor, "weil sie ihr basales Ziel erreichten, dass die Sowjetunion ihre Raketen von Kuba abzog".[6] Obwohl seit langem eine Art Konsens darüber besteht, dass der Ausgang der Kuba-Krise keinesfalls als strategischer US-Sieg zu bewerten ist, arbeitet Kroenig mit einem falschen Input. Aus Falschem lässt sich nichts Zutreffendes folgern. Es entsteht deshalb der Verdacht, dass Kroenigs *superiority-brinkmanship theory* eine nuklearstrategische Ideologie produziert, die jedoch in den Ver-

---

5 N. Paech, G. Stuby, *Völkerrecht und Machtpolitik in den internationalen Beziehungen*, Hamburg 2013, 633–640.
6 M. Kroenig, *The Logic of American Nuclear Strategy. Why Strategic Superiority Matters*, Oxford 2018, 68.

einigten Staaten, die seit 2018 auf Cyberangriffe atomar zu reagieren erlaubt, als willkommen gilt.

Kroenigs Behauptung, in der Kuba-Krise seien die USA als Sieger hervorgegangen, wird durch verschiedene Vorgänge falsifiziert. Die Sowjetunion suchte einer Sicherheitsgarantie für Kuba. Die USA sollten bindend zusichern, Kuba niemals militärisch anzugreifen. Genau diese Garantie resultierte aus der Kubakrise. Insofern siegte die Sowjetunion in der Kubakrise. Die Sowjets verfolgten noch ein zweites Ziel, nämlich den Ausgleich ihrer damaligen nuklearstrategischen Unterlegenheit gegenüber Amerika durch Atomwaffen auf Kuba auszugleichen, die im Fall eines Krieges 80 Millionen US-Bürger töten würde.[7] Dieses Ziel wurde nicht erreicht. Wenn Kroenig sich ausschließlich auf diesen Umstand bezieht, so bekäme er Recht. Das gilt jedoch lediglich für eine selektive, von allen Kontexten der Krise absehende Bewertung. Denn die Sowjets verlangten noch ein zweites Verhalten, welches ohne Kubanische Krise als unerreichbar galt: Die Amerikaner sollten ihre *Jupiter*-Atomraketen aus der Türkei abziehen. Das taten sie auch, ohne dass dies jedoch zunächst öffentlich wurde und damit die Kennedy-Regierung die Lösung der Kuba-Krise innenpolitisch als deren Erfolg verkaufen konnte.[8]

Mit der Kuba-Krise hingen noch zwei Erscheinungen zusammen, die von dem ideologischen Beweisziel eines US-Sieges seither in den Hintergrund gedrängt werden. Zum einen wäre der bis dahin Kalte Krieg um Haaresbreite zu einem heißen Krieg geworden. Zum anderen gehörten zu den verhältnismäßig wohltätigen geostrategischen Folgen eine Schaffung von Voraussetzungen der regulierten Entspannung der bipolaren Supermächte. Der Abschuss eines sowjetischen Atomtorpedos von deren Unterseeboot B-59 vor Kuba scheiterte am Veto eines einzigen Offiziers namens Wassilli Alexandrowitsch Archipow. Er zeigte in letzter Sekunde jene Besonnenheit, die damals die Menschheit vor einer atomaren Verbrennung bewahrte. Diese Besonnenheit war jedoch nicht Folge der US-amerikanischen Überlegenheit, wie uns Kroenig mittelbar nahelegen möchte. Während die US-Militärs Kennedy zu einer Bombardierung der Insel drängten, wählte dieser das weniger aggressive Mittel einer Seeblockade. Als die Krise beendet war, die Raketen abgezogen und vor allem die zwei sowjetischen Bedingungen – Nichtangriffsgarantie gegenüber Kuba und Abzug der amerikanischen *Jupiter*-Raketen aus der Türkei – erfüllt waren, entstand eine Reihe von

---

7 Vgl. R. McMahon, *The Cold War*, Oxford 2003, 91.
8 McMahon, *The Cold War*, 94.

Formen regulierter Entspannung. Erstens ging die Letztentscheidung über den Atomwaffeneinsatz vom Militär auf den Präsidenten bzw. Ab 1968 galt dies auch für die Sowjetunion. Zweitens wurde zwischen Moskau und Washington eine telefonische *Hot line* eingerichtet. Drittens begann man damit, die oberirdischen Atomtests zu beenden und den Menschen damit ein permanentes Tschernobyl zu ersparen.

Es folgt aus dem bisher aussagekräftigsten Beispiel der geostrategischen atomaren Konfrontation, dass atomare Hyperrüstung nicht jenen unblutigen Sieg der größeren Atomstaatsmacht über die geringer bewaffnete bewirkt. Vielmehr zeigen die drei Folgerungen zumindest in der Tendenz die Richtung einer *nuklearen Deaktivierung* an. Die nukleare Letztentscheidung liegt nicht mehr beim Militär, das im Fall Kubas 1962 sofort bombardiert hätte, sondern bei den politischen Entscheidern, denen mehr Besonnenheit zugemutet wird. Die politische Kommunikation wird einem Schema von Angriff und Verteidigung vorgeordnet. Und die lebensbedrohlichen oberirdischen Atomtests werden beendet. Der Widerspruch einer Drohung mit atomarer Vernichtung bleibt auf diese Weise leider nach wie vor bestehen. Dafür zeigt sich jedoch der Beginn eines politischen Lernprozesses atomar verfeindeter Supermächte.

Matthew Kroenig übersieht diese drei geostrategischen Vorteile der Kubakrise vollständig. Mit der Kubakrise wäre um Haaresbreite aus dem Oxymoron des kalten Krieges ein heißer, die menschliche Zivilisation vermutlich auslöschender Krieg geworden. Die dreifachen einvernehmlichen Konsequenzen der Konfliktparteien – die Vorordnung der Politik vor den stets uneinsichtigen Militärs, die Einrichtung eines technisch jederzeit verfügbaren Kommunikationskanals und das Ende der für die Menschheit auf Dauer lebensbedrohlichen oberirdischen Atombombenversuche – werden von Kroenig vollständig ignoriert, dem es einzig um eine Bestätigung seiner These geht, dass mithilfe atomarer Stärke der Gegner zu Konzessionen gezwungen werden muss, die er ohne eine fremde übermächtige Drohung nicht erbracht hätte. Kroenig arbeitet daher mit dem Mittel grobschlächtiger Geschichtsklitterung, die sein gesamtes Buch theoretisch unbrauchbar werden lässt. Die Tatsache jedoch, dass diese Studie zugleich auf fruchtbaren Boden nicht nur bei den US-Militärs, sondern ebenso bei Theoretikern der Politik stößt (vgl. die fünf auf der Rückseite des Buches abgedruckten Reaktionen), zeigt in beängstigender Weise eine Abkehr von einer rational begründeten Tendenz zu einer globalstrategischen Denuklearisierung und hin zu einem immer riskanteren Spiel mit dem nuklearen Feuer.

Kroenigs Argumentation setzt das Fortdauern einer internationalen Anarchie voraus und glaubt auf deren Grundlage Vorteile für eine wirksame Asymmetrie des drohenden Staates zu konstruieren. Seine Argumentation ruht auf dem Schluss:

(1) Wenn ein Staat S atomar übermächtig ist, dann vermag er jeden anderen Staat zu Konzessionen zwingen, die er von sich aus nicht eingeräumt hätte.

(2) Ein Staat ist atomar übermächtig.

(3) Also er vermag der Staat S jeden anderen Staat zu Konzessionen zwingen, die er von sich aus nicht eingeräumt hätte.

Dieser *Modus-ponendo-ponens*-Schluss erinnert an das gewalttätige Verhalten jener "Halbstarken" in Europa 1956, die man damals für "schlimmer als die Atombombe" hielt.[9] In der Tat verschlimmern Kroenig und die, die ihm folgen möchten, eine atomare Globalstrategie in Richtung von destruktivem Nihilismus. Der rekonstruierte Syllogismus ist analytisch korrekt. Doch er verbirgt ein Problem, das allenfalls erst beim dritten Lesen deutlich werden könnte. Der Syllogismus benötigt an zwei Stellen einen Irrealis in Gestalt des Konjunktivs des Verbs "hätte". Infolge der Drohungen von S ist der schwächere Staat zu Konzessionen bereit, "die er von sich aus nicht eingeräumt *hätte*". Mit dem "hätte" sagt man etwas über etwas aus, von dem man weder weiß noch wissen kann, wie es sich wirklich verhält. Das irreale *hätte* kann daher Verschiedenes aussagen: 1. Der andere Staat war in der Lage, sich mit S zu einigen, ohne bedroht zu werden. Dieser andersartige, diplomatische Umgang wird von Kroenig jedoch ausgeschlossen. 2. Der andere Staat folgt bedingungslos der atomaren Drohung von S. Dies ist eine Annahme Kroenigs, welche auf den Eigenerfolg von S setzt und ein Resultat vorwegnimmt, das automatisch eintreten wird. Obwohl Kroenig diese zweite Möglichkeit annimmt, erscheint diese eher unwahrscheinlich bis irreal. Eher ist eine dritte Möglichkeit wahrscheinlich: Der andere Staat knüpft seine Konzessionen an Bedingungen, die für S schmerzlich sind – wie etwa der erwähnte Abzug US-amerikanischer *Jupiter*-Raketen aus der Türkei. Ebenso wahrscheinlich ist die vierte Möglichkeit: Der atomar bedrohte Staat widersetzt sich atomar. Wie dargestellt, bereite sich ein sowjetisches Atomunterseeboot auf den Abschuss von Atomwaffen vor, als ein einziges Veto jenes Offiziers Archipow dies in letzter Sekunde verhindert hätte.

Mit anderen Worten: Kroenig spielt mit atomarem Feuer, indem er die in jenem "hätte" verborgene friedliche (1.) oder die aggressiven Antworten (3. und 4.) ausblendet

---

9 *Chronik des 20. Jahrhunderts*, Dortmund 1988, 817.

und sie durch die 2. Möglichkeit ersetzt, die jedoch den Eigenerfolg automatisch und damit irreal als erfüllt voraussetzt.

3. Ausweg eins in Richtung Kriegsvermeidung: Das Tertium des Sowohl-als-Auch

Kroenigs Konzeption beruht auf dem Gedanken einer asymmetrischen Nutzung der internationalen Anarchie. Dass ihre Fixierung auf Sieg bereits konzeptionell ruinös ist, blendet sie aus. Trotz millionenfacher Eigenverluste wird noch von "Sieg" gesprochen, und die Verstrahlungsrate wird herausrechnet. Selbst der gefürchtete "nukleare Winter" als Atomkriegsfolge wird zu einem "nuklearen Herbst" umdefiniert.[10] Der US-Autor setzt auf die Möglichkeit einer atomaren Drohung einschließlich eines Waffeneinsatzes und übersieht dabei, dass bereits ein bestehender Zustand des "Friedens" hinreichend Instabilität besitzt, um in einen Atomkrieg aus Versehen zu münden. Dieser nämlich korreliert mit dem Einsatz von Künstlicher Intelligenz in die Sensortechnik, die wegen der extrem verkürzten Vorwarnzeiten erforderlich wird. In den USA wird somit bereits mit dem atomaren Feuer konzeptuell gespielt, obwohl niemand weiß, wie unter Bedingungen des "Friedens" jenes Versehen wirksam ausgeschlossen werden kann, das uns alle atomar verwüsten würde.

Ist es nun denkbar, dass die bisherige Logik einer binären Opposition zwischen Frieden und Krieg – die gleichwertig ist mit der Folge, dass Frieden der anders fortgesetzte Krieg und dass Krieg der anders fortgesetzte Frieden sind – ersetzbar erscheint durch eine andersartige Struktur? Die bisherige Geschichte lässt scheinbar nicht erkennen, dass man diesen Gedanken fasste. Doch seit dem 17. Jahrhundert war man damit beschäftigt, den Gedanken eines dauerhaften Friedens, einer *paix perpétuelle* zu denken. Der Abbé Saint-Pierre, die Enzyklopädisten und am Ende vor allem Kant waren auf diesen Gedanken fixiert.[11] Die Vereinen Nationen haben das *ius ad bellum* abgeschafft, über das man sich in den Vereinigten Staaten mit tauber Selbstverständlichkeit hinwegsetzt. Kann es daher nicht der Fall sein, dass es Konzepte gibt, welche das gedankliche Potenzial des Friedensdenkens des 18. Jahrhunderts begrifflich bündelt, um auf diese Weise der binären Opposition von Krieg und Frieden konzeptuell zu entkommen? Denn die politischen Denker des 19. Jahr-

---

10 Kroenig, *The Logic of American Nuclear Strategy*, 44.
11 Vgl. die von M. Lequan zusammengestellten Texte und Kommentare in: *La paix*, Paris 1998.

hunderts waren Bellizisten. Sie dachten in Kategorien einer internationalen Anarchie als letztem politischen Faktum. Dies bewies Hegel; dies bewies, trotz seiner Widersprüche, am Ende auch Nietzsche.[12]

Dem derzeitigen politikwissenschaftlichen Konsens könnte es entsprechen, wenn die Topologie dieser Frage in Zusammenhang gebracht würde mit der Unterscheidung des Politischen (*le politique*) von der Politik (*la politique*). Dabei steht die Politik für etablierte Strukturen, Institutionen und Handlungsmuster, während das Politische bezogen ist auf Durchbrechung, Infragestellung und zuweilen Überwindung der Politik.[13] Doch die sich als "radikal" selbst darstellende Demokratietheorie kommt aus verschiedenen Gründen für unsere Frage nicht in Betracht. Erstens setzt eine radikale Demokratietheorie voraus, dass es Demokratie als Verfassungswirklichkeit tatsächlich gibt, während sich lediglich oligodemokratische Republiken beobachten lassen.[14] Zweitens handeln die verschiedenen Autoren dieses Theorietypus von allem, nur nicht vom Frieden. Drittens bleibt es ungeklärt, ob sich die verschiedenen Voten für Pluralismus, Kontingenz, Flüssigkeit, Postessentialismus, Dissens überhaupt genau einen einzigen Theorietypus ergeben, der ihren Voten inhaltlich widerspricht und der zugleich als Phantom eines einzigen Theorietypus dargereicht wird.

Auf der Suche nach einem Friedenskonzept jenseits der binären Opposition von Krieg und Frieden, das die in Kants Schrift zum ewigen Frieden mündende Argumentation bündelt und fortsetzt, müssen wir uns nunmehr auf uns selbst verlassen und eigene Konzepte entwerfen. Kants Votum für die Voraussetzungen eines dauerhaften Friedens dienen uns dabei als Ausgangspunkt. Das Ziel ist die Klärung der Frage: Unter welchen Voraussetzungen wird es möglich sein, die binäre Opposition von Krieg und Frieden einem *Dritten*, einem *Tertium* zu unterstellen? Kant selbst stellt diese Frage nicht. Doch die Vermutung ist erlaubt, dass sein gesamtes Anliegen erst mithilfe eines geeigneten Tertiums zu einer möglicherweise zukunftweisenden Klärung der Friedensfrage führt. Dass und warum dies erforderlich ist, geht aus der beschriebenen Mitbegünstigung eines atomaren Konflikts durch die Vereinten Nationen und ebenso aus der Bestärkung einer internationalen Anarchie durch die US-amerikanische Nuklearstrategie hervor.

---

12 Vgl. Taureck, *Drei Wurzeln des Krieges*, 210–217.
13 Vgl. F. Martinsen, "Politik und Politisches", in: D. Comtesse et al. (Hg.), *Radikale Demokratietheorie*, Berlin 2019, 583.
14 Dieser Ausdruck geht auf die kaum hinreichend beachtete, aber grundlegende Studie von A. Riklin, *Machtteilung. Geschichte der Mischverfassung*, Darmstadt 2006, zurück.

Ein Drittes, ein Tertium jenseits der binären Kriegs- und Friedensopposition hat zwei Formen. Es besagt entweder eine Relation des Sowohl-als-Auch, oder es besagt ein Weder-Noch. Das erste Tertium sei Tertium 1, das zweite Tertium 2 genannt. Liest man Kants Friedensforderung im Sinn von Tertium 1, so ergibt sich ein Schluss, der die gängige Symmetrie von Frieden und Krieg normativ wie folgt ersetzt:

(1) Wenn Frieden aus Krieg folgt, dann ist es unzulässig, dass Krieg aus Frieden folgt.

(2) Nun folgt Frieden aus Krieg.

(3) Also ist es unzulässig, dass Krieg aus Frieden folgt.

Dieser normative Friedens-Schluss (in einem Doppelsinn) soll die bisher gängige Beschreibung ersetzen. Im 17. Jahrhundert hatte La Bruyère geschrieben: "Vivre avec ses ennemis comme s`ils devaient un jour être nos amis, et vivre avec nos amis comme s`ils pouvaient devenir nos ennemis, n`est ni selon la nature de la haine, ni selon les règles de l`amitié; ce n`est point une maxime morale, mais politique!"[15]

Freundschaft und Feindschaft sind hierbei symmetrisch ineinander konvertierbar. Ausdrücklich wird dabei zugleich, dass die Krieg-Frieden-Symmetrie als Bereich des *Politischen* gilt. Traditionell war das Politische die Nutzung der Kriegs-Friedens-Symmetrie. Es fehlt jeder Zusatz, der ihre Symmetrie verschiebt. Genau dies gehört auch zu den Prämissen, aus denen Clausewitz folgerte, der Krieg sei Fortsetzung der Politik mit anderen Mitteln. Und umgekehrt galt für Hobbes, der Frieden sei des Krieges Fortsetzung mit anderen Mitteln.

Tertium 1 könnte mittels eines normativen Zusatzes fruchtbar sein, um der binären Opposition von Frieden-Krieg zu entkommen: Die Nutzung des Tertiums von sowohl Frieden als auch Krieg *soll nicht-symmetrisch erfolgen. Aus Feinden sollen eher Freunde als Feinde werden. Auf diese Weise sollen Kriege wenn nicht verhindert, so zumindest vermieden werden.* Diese nicht-symmetrische Nutzung war bei La Bruyère und in der Tradition nicht vorgesehen, und die Bellizisten haben sie von Hegel über Nietzsche oder Moltke bis Marinetti, Spengler, Mussolini oder Hitler verstärkt. Derzeit herrscht, wenn nicht alle Zeichen trügen, eine von der NATO ausgehende Rhetorik, dass Frieden wieder in Krieg mutieren könne und mutieren solle.[16]

---

15 J. de La Bruyère, *Les caractères*, Paris 1995, 216f.
16 Dabei trage der andere die Schuld für die eigene Kriegsvorbereitung. So äußerte ein deutscher NATO-Kommandeur: "Die Ukraine und die Krim haben gezeigt, dass wir in Europa schnell von Frieden in Krieg umkippen können." Zur gleichen Zeit bemerkte Christian Mölling von der Deutschen Gesellschaft für auswärtige Politik: "Die NATO ist in der Lage, einen Krieg zu führen." Dies

Es reicht somit nicht aus, Frieden zu fordern. Das nämlich tun alle, selbst Adolf Hitler 1939. Es kommt auf den genauen Bezug dessen an, was zu fordern und dessen, was zu meiden ist. Daher fordert die Schlussfolgerung – "(3) Also ist es unzulässig, dass Krieg aus Frieden folgt" – einen auf einer asymmetrischen Forderung beruhenden Friedens-Schluss. Vertreter eines politischen Realismus – wie Niccolò Machiavelli[17] – könnten dem unter einer Bedingung zustimmen: Die relationale Struktur von Frieden und Krieg dürfe nicht asymmetrisch sein, sondern sie sei lediglich nicht-symmetrisch. In einer nicht-symmetrischen Relation fehlt die Notwendigkeit. Frieden kann demzufolge Frieden bleiben, doch er muss es nicht. Krieg ist demnach zu meiden, doch verhindern lässt er sich nicht.

Dem widerspricht die normative Forderung als Sollen einer asymmetrischen Relation: "es ist unzulässig, dass Krieg aus Frieden folgt". Dass Frieden Korrelat einer Forderung und nicht einer Beschreibung ist, erscheint ethisch gesehen als Selbstverständlichkeit. Frieden ist das Resultat einer permanenten Bemühung. Kant hat darauf nachdrücklich verwiesen. Dass er dabei ein Tertium als eine relationale Struktur eines Sowohl-als-Auch voraussetzt, das normativ asymmetrisch zu deuten ist, wird bei ihm nicht deutlich. Ebenso zeigt sich bei Kant nicht, dass die normative Deutung des Friedens-Schlusses lediglich nicht-symmetrisch möglich ist – mit der Folge, dass der Frieden damit lediglich vermeidbar, aber nicht notwendig verhinderbar ist. Die normative Nutzung des Tertium 1 starken Friedensstützung hinaus.

4. Ausweg zwei: Richtung Kriegsvermeidung: Das Tertium als Weder-Noch

Auch das Tertium 2, verstanden als ein Drittes, das weder von Zuständen des Krieges noch des Friedens affizierbar ist, lag in der Tradition längst vor. Es könnte ebenfalls Kants Friedensschrift implizit zugrundeliegen, und es ist bekannt als ein Goldenes Zeitalter oder als Paradies. Noch mehr als die hebräische Paradiesvorstellung betont die antike Vorstellung des Goldenen Zeitalters einen Zustand des intrinsischen Friedens: "sine militis usu mollia

---

sei das Signal, das ein Manöver mit 37.000 Soldaten in Deutschland und im Baltikum setze. (*Frankfurter Rundschau* Nr. 28, 3.2. 2020, 2 und 3).

17 Machiavelli selbst ist in dieser Hinsicht jedoch erheblich differenzierter. Vgl. B. H. F. Taureck, *Machiavelli-ABC*, Leipzig 2002, 126–129, 192f. Zum Thema des Krieges bei Machiavelli zusammenfassend: T. Ménissier, *Machiavel, Le Prince*, Paris 2011, 179–181; B. Liebsch, *Gastlichkeit und Freiheit. Polemische Konturen europäischer Kultur,* Weilerswist 2015; vgl. auch N. Machiavelli, *Der Fürst* (italien./dt.). Übersetzt, eingeleitet und mit Anmerkungen versehen von E. Rudolph unter Mitarbeit von M. Ponso, Hamburg 2019, 228.

securare peragebant otia gentes" (Ohne Soldaten zu brauchen, lebten die Völker sorglos in sanfter Ruhe dahin).[18]

Gemeint ist nicht, dass ein Militär bereit stand und dass man es nur nicht gebrauchte wie später im durchschnittlichen Friedenszustand des *Imperium Romanum*. Man hatte kein Militär, denn für es gab es keine Verwendung.

Als erstes entstand das Goldene Geschlecht, das keinen Rächer kannte und freiwillig, ohne Gesetz, Treue und Redlichkeit übte (*sine lege fidem rectumque colebat*).[19]

Der Friedenszustand war intrinsisch, er umfasste Einstellung und Verhalten der Menschen. Betraf die Vorstellung eines Goldenen intrinsischen Friedenszeitalters eine unzugängliche oder fiktive Vergangenheit, so gab es in der Überlieferung eine zweite Vision von einem intrinsischen Frieden. Es handelt sich vor allem um die Vision des Joachim von Floris. Sie lag, wie bei den alttestamentlichen Propheten, nicht jenseits der Geschichte, sondern sie wird als Geschichte sein. Ernst Bloch hat diese Seite des Joachim von Floris passend hervorgehoben: "Bei Joachim erscheint Utopia, wie bei den Propheten, ausschließlich im Modus und als Status historischer Zukunft. Joachims Erwählte sind die Armen […]. Das Reich Christi ist bei Joachim so entscheidend von dieser Welt […]. Christentum geschieht in der Wirklichkeit, nicht nur in Kult und Vertröstung; es geschieht ohne Herren und Eigentum, in mystischer Demokratie."[20]

Es fragt sich indes, wie das Tertium 2 strukturiert ist, so dass es als Modell eines intrinsischen Friedens unter Menschen dienen kann. Wer oder was könnte als Kandidat in Frage kommen? Zwei Antworten legen sich zunächst nahe. Tertium 2 gilt für die Natur, oder es gilt für die Gottheit. Dabei muss der Unterschied zwischen beiden Bereichen klar sein. Die Natur bildet einen Bereich der restlosen Absichtslosigkeit, während die Gottheit als Bündel unvorstellbarer Absichtsdichte gilt. Natur ist, wie sie ist und wir können sie nur dann verstehen, wenn wir ihr keine Absichten zusprechen. Von einer Gottheit dagegen soll gelten, dass wir auf sie, ohne ihr Absichten beizulegen, uns nicht auf sie beziehen können. Bei der Natur fehlen uns Absichten, bei der Gottheit haben wir deren zu viel. Daraus folgt, dass wir beide Bezüge auf die Natur und auf die Gottheit methodisch auszuklammern ha-

---

18 Ovid, *Metamorphosen* 1. 99 f., Stuttgart 2010, 19.
19 Ovid, *Metamorphosen*, 19.
20 E. Bloch, *Religion im Erbe. Eine Auswahl aus seinen religionsphilosophischen Schriften*, München, Hamburg 1970, 118f. Vgl. auch E. Bloch, *Erbschaft dieser Zeit*, Frankfurt/M. 1962, 132–145.

ben. Als Form eines intrinsischen Friedens-Schlusses ergibt sich folgende Ableitung, ebenfalls in der Form eines *Modus ponendo ponens*:

(1) Wenn es möglich ist, einen intrinsischen Frieden – verstanden als ein Jenseits von Krieg-Frieden – widerspruchslos zu entwerfen, dann ist es zwingend erforderlich, das Handeln aller Gesellschaften auf die politische Erzeugung dieses intrinsischen Friedens zu richten.

(2) Nun ist es möglich einen intrinsischen Frieden widerspruchslos zu entwerfen.

(3) Also ist es zwingend erforderlich, das Handeln aller Gesellschaften auf die politische Erzeugung dieses intrinsischen Friedens – verstanden als ein Jenseits von Krieg-Frieden – zu richten.

Man könnte einwenden, dass der Begriff der Möglichkeit hierbei teils überdehnt, teils äquivok verwendet wird. Überdehnt: Ein intrinsischer Friedenszustand, wie ihn Ovid als Goldenes Zeitalter oder Joachim von Floris als Zeitalter jenseits von Gesetz und Gnade als Zeitalter eines Getreides des Geistes aller Menschen, insbesondere der Entrechteten und Armen, beschreiben, hängt zusätzlich von Bedingungen ab, für die es keine Erfüllungsbedingungen gibt. Die Menschen leben nicht ohne Not in einem ewigen sommerlichen Frühling, sondern haben für ihr Dasein mittels Arbeit zu sorgen. Auch der Begriff einer "Geistesfülle" (*plenitudo intellectus*), der uns im dritten Stadium jenseits der Kirche und ihrer Herrschaftshierarchie bei Joachim von Floris erwartet, jene von Bloch passend "mystische Demokratie" genannter Zustand, überdehnt politische Möglichkeiten. Sofern noch nirgends eine "Demokratie" entstand und die Verfassung der USA explizit an die Stelle von Demokratie eine Republik wollte und schuf[21], zeigt der Zusatz "mystisch" die Überdehnung der Anwendung von "Demokratie" an. Handelt es sich jedoch nicht um eine Überdehnung der Anwendungsbedingungen von "Möglichkeit" zu reden, so könnte insofern eine Äquivokation vorliegen, als bei Ovid oder Joachim absichtlich eine fiktive Möglichkeit, ein Möglichkeitsderivat, erfunden wird, um sich über eine Ferna des historischen Anfangs oder eine Endzeit der Geschichte in einem Modus des Irrealen zu verständigen.

Doch diese Einwände ergeben lediglich eine Deutung. Ihr Bezug ist nicht ein Konzept eines widerspruchsfreien Entwurfs des intrinsischen Friedens, sondern absichtlich ein irrealer Modus: Das Goldene Zeitalter, das uns seit der Antike ständig als Metapher beglei-

---

21 Vgl. J. Madison, *The Federalist Papers* (Hg. I. Kramnich), London 1987, 126.

tet und immer wieder zur Verstärkung kultureller oder wirtschaftlicher Prosperität. Ebenso geht es um einen historischen Endzustand als *plenitudo intellectus*, mit Ernst Bloch verstanden als "mystischen Demokratie". Beide Bezüge sind, obwohl sie die Geschichte begleiten und sogar von Lessing in der deutschen Aufklärung noch verstärkt wurden[22], irreal und fiktional geblieben und sagen insofern nichts über die Ableitung eines Friedens-Schlusses mit der dem Tertium 2.

5. Für eine definitive Finalisierung des Politischen
Richtung intrinsischen Friedens

Mit Tertium 1 bleibt eine Möglichkeit, Frieden auf Vermeidung abzuschwächen, während mit dem Tertium 2 Frieden ohne Abschwächung verbindlich wird. Trotzdem gilt für beide, dass uns vom intrinsischen Frieden noch ein *Abstandsrisiko* trennt. Dieser kann als Vorbereitung einer jederzeit möglichen Vernichtung des Menschengeschlechts benutzt, er kann aber auch friedensfundamental verwendet werden. Das Abstandrisiko spiegelt menschenförmige Freiheit am Abgrund unserer Zivilisation. Drei Motive bestimmen die Geschichte des Friedens und der Kriege: (1.) Unipolare Siegeserwartung, wie sie zum Beispiel M. Kroenig und die ihm folgenden US-Militärs formuliert. (2.) Ein ebenso träges wie zweideutiges Verhalten zwischen Friedenssuche und Kriegsbereitschaft. (3.) Eine Zielstrebigkeit der Schaffung eines letztlich intrinsisch verbindlichen Friedens, mithilfe zunächst von Tertium 1, dann um mithilfe von Tertium 2 am Ende ans Ziel zu gelangen. Die Geopolitik der Zukunft wird, wenn die unipolare Siegeserwartung und wenn die Zielstrebigkeit bei der Schaffung eines verbindlichen Friedens Minderheitenoptionen darstellen, von der Einstellung und dem Verhalten jener Mittelposition (2.) abhängen, die sich bisher zweideutig und träge verhält. Denn die Mitte ist hinsichtlich ihrer Optionen teils dauerhaft träge, teils tendiert sie in Richtung (1.), teils tendiert sie in Richtung (3.).

Eine Diskussion der politischen Folgen dieser drei Richtungen möge jetzt umreißen, worum es künftig hinsichtlich einer Politik des globalen Friedens gehen könnte, um dabei aufzuzeigen, was zu meiden und was anzustreben ist. Zu meiden ist die Betätigung eines Politischen, das sich ausschließlich damit beschäftigt, die Masse des jeweiligen Staats-

---

22 Vgl. G. E. Lessing, *Die Erziehung des Menschengeschlechts*, § 86, in: ders., *Schriften II*. Frankfurt/M. 1967, 561; Bloch, *Erbschaft dieser Zeit*, 137 f.

volkes zu manipulieren und dabei die sarkastische Devise von Paul Valéry bestätigt, die Politik bestehe darin, die Leute davon abzuhalten, sich in das einzumischen, was sie angeht.[23] Anzustreben ist dagegen dazu die politische Arbeit an der Gründung von Friedensfundamenten. Im Unterschied zu der Ansicht, es handele sich hierbei lediglich um eine Wiederholung eines Friedensappells mit einschläfernder Folge, wird sich zeigen: Es wird um eine genuine Arbeit des Politischen gehen, das die bloße Kriegsvermeidung nachhaltig in Richtung Kriegsverhinderung übersteigt.

Die Mehrheit des Staatsvolkes ist in ihrer Einstellung misstrauisch gegenüber dem, was politisch um sie herum geschieht. Sein Misstrauen bezieht sich auf politische Umstürze (die vormals als Revolutionen galten, denn "Revolutionen" wurden zum Beispiel in der Ukraine mehrfach erfolglos inszeniert). Es bezieht sich ebenso auf "Reformen", womit in Deutschland große Bevölkerungsteile ebenso verarmten wie drangsaliert wurden. Es bezieht sich ebenso auf eine Wirtschaftsspionage, die die Gesamtgesellschaft zu deren Sicherheit überwacht und vor Akten terroristischer Gewalt schützt. Wenn in der Bevölkerung Zweifel an "Revolutionen", "Reformen" oder Terrorismusbekämpfung bestehen, so kann das Verhalten der Mehrheiten um so mehr zur schweigenden Zustimmung politischer Akte gelenkt werden, denen man von sich aus die Zustimmung verweigert hätte. Zu diesen politischen Akten gehörten die Exportsteigerung von Waffen und die militärische Sicherung der Rohstoffversorgung. Je mehr die Mehrheiten in ihren Einstellungen misstrauisch werden, desto mehr kann auf eine schweigende Zustimmung ihres Verhaltens gesetzt werden, wenn es um Schaffung der Voraussetzungen für kriegerische Konflikte geht.

Man befindet sich hierbei insofern in einer paradoxen Situation, als die Bevölkerungsmehrheit sich als ein Trägheitsreservoir darstellt, das allen Bewegungen des Politischen als Einstellung misstraut und das zugleich nicht wirksam gegen kriegsvorbereitendes Staatshandeln protestiert. Offenbar befindet sich das Votum für eine Nutzung des Tertiums zur Kriegsvermeidung und mit der Kriegsverhinderung auf verlorenem Posten. Blieb somit unklar, dass derzeitig jeder militärische Konflikt durch keine Verträge und Abmachungen in einen thermonuklearen Brand ausarten kann? Wissen die politischen Entscheider und ihre militärischen Berater nichts davon, dass sie einen Kreislauf von Krieg und Frieden bestätigen, und nichts davon, dass sie dieser binären Konzeption entkommen könnten? Reicht es ihnen, wenn das Staatsvolk sein Misstrauen als Aufklärungssättigung fühlt und in seinem Verhalten

---

23 Paul Valéry sagt "la politique" und meint damit "das Politische".

die politischen Entscheider das tun lässt, wozu ihnen ein globalstrategisches Spiel ungehinderte Freiheit lässt? Oder könnte es zutreffen, dass das Politische keineswegs ausdehnungsgleich ist mit seiner Macht-Manipulation der Trägheit der Mehrheitsbevölkerung? Selbst in Rousseaus Konzept der Volkssouveränität gilt die Mehrheit als das, was seine Freiheit will, aber sie nicht hinreichend sieht, so dass es der Hilfe eines weitblickenden Gesetzgebers bedarf.[24] Unmündigkeit des Staatsvolkes geht selbst in fortschrittlichste politische Konzepte ein.

Gewöhnung an den Signifikanten des Friedens in der Zeit des staatlichen Rechtes zum Kriege und weiterhin zum Kriege nach dem Ende dieses Rechtes lässt den Raum des Politischen als Kreislauf von Krieg und Frieden erkennen. Jenseits dieses Kreislaufes scheint es keine Ziele zu geben, die für das Politische einen Sinn ergeben. Die binäre Opposition von Krieg und Frieden lässt Krieg in Frieden münden und Frieden wiederum in Krieg. Die Berufung auf "Frieden" erscheint daher als eine Betrugshandlung gegenüber dem Staatsvolk. Ein irgendwie intrinsischer Frieden ergibt keinen politischen Sinn. Wenn es keinen Sinn jenseits der binären Opposition und dem Kreislauf von Krieg und Frieden gibt, dann endet hier das politische Räsonnement.

Doch die zuvor diskutierten Nutzungen des Tertium 1 und des Tertium 2 lehren uns etwas anderes. Es ist gerade die Verbindung des Tertium 1 mit dem Tertium 2, die aus der Sache des Friedens eine *causa politica* werden lässt. Solange nämlich jenes Abstandsrisiko zwischen einem intrinsischen, durch Tertium 2 bestimmten Frieden und der derzeitigen riskanten Lage besteht, so hat das Politische die Aufgabe, die mit Tertium 1 verbundene Kriegsvermeidung, die stets sich Kriegsoptionen im Namen der Verteidigung offen hält, in ein Drittes zu verwandeln, das heißt in jenen zuvor dargestellten intrinsischen Frieden. Wenn das Politische derart auf eine Finalisierung des Friedens festgelegt ist, genau dann kann die Einstellung des Misstrauens des Staatsvolkes in eine Einstellung des Vertrauens und in ein Verhalten des Vertrauens zur Arbeit an einem fundamentalen Frieden werden. Doch der Vorstellung einer fundamentalen intrinsischen Friedenssicherung kontrastiert mit der einen Atomkrieg nicht ausschließenden Praxis der Vereinten Nationen und ebenso mit dem Unilateralismus der Vereinigen Staaten, andere Staaten als Schurken zu betrachten und deshalb zu bekriegen.

Die Beschreibungssprache dieser Situation erfüllt alle Voraussetzungen, den derzeitigen Unfrieden als dauerhafte Interpretation des Tertium 1 zu deuten. Statt das Tertium 1 normativ auf Asymmetrie festzulegen, hält man es, gespickt mit Maximen des politischen Realismus, für ebenso angemessen wie zugleich praxistauglich, das Tertium 1 als lediglich normativ nicht-

---

24 J.-J. Rousseau, *Œuvres complètes III*, Paris 1964, 382.

symmetrisch zu verstehen. Für den Normalfall soll also global Frieden bestehen, für den Ausnahmefall können und dürfen Konflikte militärisch ausgetragen werden. Die Regelung des Ausnahmefalls bildet ein Erbe des globalen Anarchiezustands, den Staaten zur kriegerischen Selbstermächtigung nutzten. Zur Erläuterung verweise ich auf die Situation eines globalen Unfriedens, wie ich ihn anfangs dargelegt habe. Daher folgt, dass nicht allein die Nutzung des Tertium 1 politisch weiterführt, sofern diese sich in der nicht-symmetrischen Kriegsermächtigung verfängt und auf der Ebene einer globalen Befriedung den altbekannten Ozean der internationalen Anarchie weiterhin nutzt. Was hier allein weiterführt, ist eine Koppelung von Tertium 1 mit Tertium 2. Das aber ergibt für das Politische das Modell einer Finalisierung der internationalen Politik. Finalisierung: Die Globalpolitik benötigt, solange man sich noch in jenem Abstandsrisiko befindet, in welchem man Frieden sucht, ohne Krieg auszuschließen, noch nicht in jenem Stadium der Einsicht und des Verhaltens des von der normativen Deutung von Tertium als ein Jenseits der bisherigen binären Opposition von Krieg und Frieden.

Wird man dieses Stadium jemals erreichen? Wenn wir nicht in die traditionell uneingeschränkte Nutzung der internationalen Anarchie zurückfinden und wenn zugleich ein atomarer Brand – die atomare Sprengwirkung hat sich seit dem Kalten Krieg inzwischen verdreifacht[25] – die Voraussetzungen der Zivilisation zerstören würde, dann benötigt die Betätigung des Politischen ein eindeutiges Ziel. Es lautet: Das Staatshandeln soll sich, beginnend mit T1 um Kriegsvermeidung kümmern, um mit T2 einen die Voraussetzungen einer fundamentalen intrinsischen Kriegsverhinderung zu erfüllen. Ohne eine derartige Fixierung wäre das Politische das, was man ihm gern nachsagt: Es wäre blind.

Sehend würde das Staatshandeln erst dann, erstens wenn das politische Ziel nicht mehr in der Wahrnehmung und Nutzung von Ausnahmefällen der militärischen Konfliktaustragung bestünde. Zweitens, wenn nationale und internationale Verständigungen auf Prozesse stattfänden, die eine nicht-symmetrische Deutung von Tertium 1 nach und nach verringern. Drittens, wenn die Mehrheit des eigenen Staatsvolkes die Einstellung seines Misstrauens gegenüber der Nutzung des Politischen auf ein Vertrauen umstellt, das die Prozesse unterwegs zu einem intrinsischen Frieden kritisch begleitet.

Wenn diese Finalisierung des Friedens einmal fixiert ist, zeigen sich zugleich jene Kräfte, die Friedensverhinderung betreiben. Die Kriegsbezeichnungen änderten sich zum

---

25 So Noam Chomsky zu Emre Feroz. Vgl. Taureck, *Drei Wurzeln des Krieges*, 333.

Schein: Aus ruhmreicher Beute wurde die eigene Rohstoffsicherung bei gleichzeitiger Ausschaltung von Konkurrenten. Aus der Kriegsnotwendigkeit wurde Sicherung der eigenen Werte gegen finstere Mächte. Aus der Siegesillusion wurde das ausgewogene Selbstbewusstsein der eigenen Stärke. Die Entwicklung der drei Kriegswurzeln zu bedeutungsmäßig nicht festumrissenen Tarnvokabeln habe ich anderswo dargestellt[26] Angesichts der sprachlichen Tarnungen kommt es darauf an, nach wie vor das Myzel der drei Wurzeln der Kriege zu benennen: Ruhmreiche Beute, Notwendigkeit und Siegesillusion. Während derzeit der Beute- und der Notwendigkeitsbezug in den Hintergrund treten, ist es neuerdings das Siegesmotiv, das, zumindest für die NATO-Strategie, durchaus medial verstärkt in den Vordergrund tritt. Dass Kriege aus der eigenen Rohstoffsicherung und der Ausschaltung von Konkurrenten und aus Gründen der Sicherung gegen finstere Mächte geschehen, gelten als öffentlich gesicherte Konfliktgründe. Beide Gründe zirkulieren daher als kommunikative Zahlungsmittel. Wer mit ihnen zahlt, findet sofort selbstverständliche Akzeptanz. Die eigene Rohstoffsicherung wurde zum Beispiel in der Carter-Doktrin fixiert, und in Europa schließt sich man sich ihr an, obwohl man weiß, dass sie das generell verbotene Kriegsrecht bestätigt. Die gewaltsame Sicherung der eigenen Wertegemeinschaft gegen finstere Mächte führt Miltons Kampf gegen den aufständischen Teufel auch in säkularisierten Zeiten mit Waffen einschließlich Atomwaffen fort.

So gesehen, ergibt sich eine Doppelbeschreibung. Zum einen eine *Finalisierung* der internationalen Beziehungen als Koppelung von Tertium 1 mit Tertium 2, verstanden als Kriegsvermeidung, die den Weg zur *Kriegsverhinderung* beschreitet. Zum anderen bietet sich eine Beschreibung einer globalen *Kriegsbeförderung*, verstanden als atomwaffengeschützte Siegesgewissheit im Kampf gegen Rohstoffbedrohung durch finstere Mächte. Die Bevölkerungsmehrheiten ziehen sich in eine Einstellung zurück, welche vielleicht Kriegsverhinderung möchte und der auf das Militär beschränkten Mobilmachung misstraut. Im Unterschied zu seinen Einstellungen bleibt es in seinem Verhalten in dem Sinn träge, dass es das Kriegsprojekt der Eliten trägt. Lässt sich daran nichts ändern?

Prof. Dr. Bernhard B. F. Taureck, Technische Universität Braunschweig
bhftau[at]web.de

---

26 Vgl. Taureck, *Drei Wurzeln des Krieges.*

REINHARD MEHRING (Heidelberg)

Im "Labyrinth der Legitimitäten" und Ethosanalyse.
Carl Schmitt und Herfried Münkler über die neuen Kriege und Krieger

---

In the "Labyrinth of Legitimacy" and Ethos Analysis.
Carl Schmitt and Herfried Münkler on the New Wars and New Warriors

Abstract

The article analyzes Münkler's continuation of Carl Schmitt's late work on international law in the book Kriegssplitter *and emphasizes its divergent ethical approach.*

Keywords: Carl Schmitt, partisan warfare, new wars, legitimacy, Herfried Münkler

---

In den aktuellen Debatten um neue Kriege und Formen der Gewalt wird Carl Schmitt (1888–1985) vielfach als Vorgänger und Anreger rezipiert. Nach dem 11. September 2001 fand seine späte *Theorie des Partisanen* (1963)[1] dabei besondere Beachtung. Namhafte

---

[1] C. Schmitt, *Theorie des Partisanen. Zwischenbemerkung zum Begriff des Politischen*, Berlin 1963 (=TP); weiter werden zitiert: *Die Wendung zum diskriminierenden Kriegsbegriff*, 1938, Berlin [2]1988 (=WdK); auch zitiert nach dem Wiederabdruck in: *Frieden oder Pazifismus? Arbeiten zum Völkerrecht und zur internationalen Politik 1924–1978*, hrsg. G. Maschke, Berlin 2005 (=FP); *Der Nomos der Erde im Völkerrecht des Jus Publicum Europaeum*, Köln 1950 (=NE); von eigenen Arbeiten: "Die Waffen sind das Wesen der Kämpfer selbst. Form und Sinn des Krieges nach Carl Schmitt", in: T. Jäger, R. Beckmann (Hg.), *Handbuch Kriegstheorien*, Wiesbaden 2011, 248–255; gekürzt auch in: *Carl Schmitt: Denker im Widerspruch. Werk – Wirkung – Aktualität*, Freiburg 2017; *Carl Schmitt. Aufstieg und Fall. Eine Biographie*, München 2009. Der vorliegende Text wurde im Februar 2020 nach freundlicher Anfrage von Burkhard Liebsch kurz vor der Ankunft der Corona-Pandemie in Deutschland geschrieben und berücksichtigt jüngere Entwicklungen nicht mehr. Eine abweichende Fassung wurde in mein Buch *Carl Schmitts Gegenrevolution* (Hamburg 2021) aufgenommen. Die Schmitt-Rekonstruktion beschränkt sich auf einige Grundlinien und verzichtet auf eine tiefenscharfe

Autoren wie Herfried Münkler oder Jörg Barberowski sind von ihr angeregt. Der folgende Beitrag rekonstruiert die *Theorie des Partisanen* im Kontext früherer kriegsrechtlicher Analysen und erörtert dann in einem zweiten Teil Münklers einschlägige und innovative Anknüpfungen. Er postuliert also eine Wirkung von Schmitts Theorie auf Münkler und nähert sich mit diesen prominenten Autoren der Gegenwart. Damit ist kein billiges Etikett, keine sklavische Abhängigkeit und Polemik verbunden; es wird aber eine produktive Wirkung der *Theorie des Partisanen* auf Münkler behauptet, die philologisch auch unbestreitbar ist.

Die Konstruktion einer wirkungsgeschichtlichen Filiation zielt auf den Vergleich der normativen Methoden und Orientierungen: Schmitts juristische Betrachtungen analysierten die Entwicklung von Legalität und Legitimität; Münkler zielt als Politikwissenschaftler auf eine neo-klassische Ethosanalyse. Ein solcher Vergleichsbefund ist schon deshalb beachtlich, weil beiden Autoren, Schmitt wie Münkler, als Vertretern einer realistischen Machtanalytik gelegentlich normative Abstinenz und Zynismus vorgeworfen wird. Diese These wird hier zurückgewiesen; dagegen wird behauptet, dass beide ihre normativen Präferenzen analytisch entwickelten und eine politische Ethik vertreten, die nicht von einer transhistorischen Moral ausgeht.

Teil I: Schmitts *Theorie des Partisanen* im Kontext des kriegsrechtlichen Werks

1.

In der Schmitt-Forschung ist die Ansicht geläufig, dass Schmitt das "klassische" staatsbezogene Völkerrecht und einen "nichtdiskriminierenden" Kriegsbegriff vertreten habe. Dabei hatte er spätestens 1939 mit seinem Übergang zum "Reichsbegriff" einer "Großraumlehre" den überlieferten staatsbezogenen Kriegsbegriff verabschiedet. 1937 schrieb er zum eigenen "Standort", dass er keineswegs bestrebt sei, "die Begriffe einer früheren Zeit konservativ oder reaktionär festzuhalten": "Wir wissen, dass der Kriegsbegriff des 18. und 19. Jahrhunderts nicht unverändert bleiben kann" (WdK, 52; FP, 565). Wenn er das "klassische" neuzeitliche Völkerrecht im Spätwerk gegen die modernen Entwicklungen polemisch ausspielte, ließe sich zwischen normativen Möglichkeiten und Wünschbarkeiten unterscheiden;

---

kontextualisierende Kritik der NS-Schriften, deren polemischste Texte gerade als *Gesammelte Schriften 1933-1936* (Berlin 2021) gebündelt publiziert wurden und die Debatten um den nationalsozialistischen Akteur neu entflammen werden.

Schmitt analysierte die normativen Konsequenzen der "Lage" nicht von einem eigenen klaren Standpunkt ausgehend, sondern primär in kritischer Perspektive unter der Fragestellung, welche Standards allenfalls noch effektive Geltungschancen haben. Seine "klassische" Präferenz diente der polemischen Problematisierung der Lage. Realistisch hielt er sie nicht mehr für möglich.

Schmitt publizierte seine *Theorie des Partisanen* 1963, im Alter von 75 Jahren, laut Untertitel als "Zwischenbemerkung zum Begriff des Politischen". Er mied im Titel also einen expliziten juristischen Anspruch und verortete seine Schrift im Konnex von Macht und Recht und Erörterungskreis der politischen Bedingungen der Möglichkeit von Recht. Mit dieser Priorisierung der Machtanalyse gegenüber den juristischen Fragen radikalisierte er die rechtsskeptische Gesamtdiagnose seines Spätwerks seit 1945, das die "Frage eines neuen Nomos der Erde" nicht mehr positiv beantwortete. Bekanntlich lehnte Schmitt den ganzen Zug zum "universalistischen" Völkerrecht grundsätzlich ab und hielt an seiner Ablehnung eines menschenrechtlich fundierten Völkerbundes, seiner anti-universalistischen Grundposition und politischen Antithese von "Großraum vs. Universalismus" auch nach 1945 fest. Auch die *Theorie des Partisanen* versteht sich aber als "völkerrechtliche" Lagediagnose, fragt nach "Legalität und Legitimität" und gehört in die Reihe völkerrechtlicher Schriften, die Schmitt seit den frühen 1920er Jahren im nationalistischen "Kampf" gegen das "Diktat" von Versailles und den Genfer Völkerbund entwickelte. Grundsätzlich war Schmitt ein scharfer Kritiker einer "universalistischen" Auslegung und Weiterentwicklung des Völkerbundes, weshalb Jürgen Habermas[2] ihn in den 1990er Jahren auch als Antipoden Kants profilierte. Sein komplexes kriegs- und völkerrechtliches Werk ist hier nicht umfassend darzustellen; für eine tiefenscharfe Rezeption und Adaption der *Theorie des Partisanen,* die in der globalen Diskussion oft nur beiläufig und oberflächlich zitiert wird, wird aber insbesondere der Zusammenhang mit der kritischen Besprechungsabhandlung *Die Wendung zum diskriminierenden Kriegsbegriff* geknüpft, die Schmitt im Oktober 1937 auf einer Jahrestagung der Akademie für Deutsches Recht einem prononciert nationalsozialistischen Adressatenkreis vorgetragen hatte. Diese Abhandlung schließt eine Serie kritischer Interventionen zur Entwicklung des Genfer Völkerbundes ab und leitet zum positiven Ge-

---

[2] J. Habermas, *Die Einbeziehung des Anderen. Studien zur politischen Theorie*, Frankfurt/M. 1996, 160ff., 226ff.

genentwurf über, den Schmitt 1939 mit seiner Schrift *Völkerrechtliche Großraumordnung* erstmals vorlegte und bis 1941 dann in mehrfach erweiterten Auflagen vertrat.

Die weltweite Rezeption konzentriert sich heute für Schmitts völkerrechtliches Denken meist auf das Spätwerk *Der Nomos der Erde* von 1950. Dort finden sich auch erneute Ausführungen zum "nichtdiskrinierenden Staatenkrieg" und "Sinnwandel des Krieges" nach 1914. Dieses Spätwerk führt zwar aus, dass die "Auflösung des europäischen Völkerrechts" im Übergang zur "universalistischen" Ächtung des Krieges nach Versailles schrittweise erfolgte; der Versailler Vertrag habe mit seinem Kriegsschuldartikel und seiner Erklärung Kaiser Wilhelms II. zum "Kriegsverbrecher" (NE, 234ff.) auch erste Schritte zur Ächtung des Angriffskriegs initiiert; Schmitt bricht seine Überlegungen aber ausdrücklich (NE, 255, 285) an signifikanten Stellen ab und meidet es bewusst, einen strikten Konnex zwischen dem "Sinnwandel des Krieges" nach Versailles und dem neueren "Krieg der modernen Vernichtungsmittel" (NE, 285ff.) zu formulieren. Er hält sich mit starken Thesen politisch zurück. Dabei ist seine Auffassung spätestens seit 1942, seit der Schrift *Land und Meer,* eigentlich klar: Schmitt unterscheidet zwischen einem "terranen" und einem "maritimen" Völkerrechtsdenken: zwischen der kontinentaleuropäischen und der angelsächsischen Rechtskultur. Dem "maritimen" Seekriegsrecht schreibt er im *Nomos der Erde* dabei, eine starke "Parallele" (NE, 293) von Seekrieg und Luftkrieg behauptend, den Zug zum "Vernichtungskrieg" und zur ideologischen Erneuerung der alten Lehre vom "gerechten Krieg" zu. Seine Spätschrift zielt gegen die Rechtfertigung des modernen "Vernichtungskriegs" durch neue Lehren vom "gerechten Krieg". Das Flächenbombardement des alliierten Luftkriegs, nicht etwa den Holocaust, betrachtet Schmitt dabei als Einstieg in die "modernen Vernichtungsmittel" und den "Vernichtungskrieg". Auch von der Atombombe schweigt er 1950 in diesem Zusammenhang. Erst 1963 wird er sie in der *Theorie des Partisanen* andeutend erwähnen, während er vom Holocaust sowie den Wehrmachtsverbrechen im Russlandfeldzug lebenslang schweigt. Auf die Atombombe gemünzt schreibt er 1963: "Solche absoluten Vernichtungsmittel erfordern den absoluten Feind, wenn sie nicht absolut unmenschlich sein sollen" (TP, 94).

Die völkerrechtsgeschichtliche Skizze des *Nomos der Erde* geht am Ende unvermittelt aus der Geschichte der Poenalisierung des Angriffskriegs in die Genealogie des "Vernichtungskriegs" über. Den "modernen Vernichtungskrieg" betrachtet Schmitt dabei als Folge des Luftkriegs und Fazit des 2. Weltkriegs. Eine genaue historische Beschreibung des Verhältnisses zwischen "Luftkrieg" und "Vernichtungskrieg" beabsichtigt er nicht, wie er überhaupt nicht primär als Historiker argumentiert, der Akteurshandeln kausal klären wollte, weil er als Jurist genealogisch und phänomenologisch auf die Formgeschichte und den "Sinnwandel" von Rechtsinstituten zielt. Dass Schmitts Genealogie des modernen Vernichtungskriegs von Holocaust und Atombombe schweigt und die Kriegsverbrechen des See- und Luftkriegs einseitig mit dem "maritimen" Weltbild der "westlichen Hemisphäre" verbindet, gleichsam in einer Retourkutsche für "Versailles" ganz von Nazideutschland wegschiebt, ist unhaltbar tendenziös; die Radikalisierung des See- und Luftkriegs war keine alliierte Erfindung; U-Boot-Krieg und Flächenbombardements gingen auch von Deutschland aus, wofür nicht nur "Coventry" steht.

Schmitts Genealogie der "Auflösung" des europäischen Völkerrechts lässt gezielte Lücken, weil sie ihre politische Tendenz nicht allzu deutlich formulieren möchte und vieles überdies in früheren Schriften nachzulesen war. Wo der *Nomos der Erde* mit dem Genfer Protokoll von 1924 eigentlich endet, setzten frühere Schriften an, die mit dem Bericht *Die Wendung zum diskriminierenden Kriegsbegriff* eine besonders prägnante Argumentation finden. Wo Schmitt mit seinen kommentierten Quelleneditionen *Der Völkerbund und das politische Problem der Friedenssicherung* bzw. *Das politische Problem der Friedenssicherung* 1930 und 1934 die Entwicklung dokumentierte, analysiert er 1937 mit seinem "Bericht" das "Gesamtbild des letzten völkerbundrechtlichen Entwicklungsstadiums". In diesem Bericht erklärt er wenige Autoren und Schriften für repräsentativ und kritisiert eine "Front" (WdK, 11; FP, 528) der juristischen Konstruktion und Propagierung einer "universalen und institutionalisierten Weltrechtsordnung".

Zwei Autoren vor allem liest er die Vision eines "werdenden" universalistischen Völkerrechts ab: dem Franzosen Georges Scelle (1878–1961) und dem Engländer Hersch Lauterpacht (1897–1960). Schmitt betont, dass deren divergierende Problemstellungen und Begründungspfade durch die jeweilige nationale Herkunft geprägt waren. Scelle habe dabei in spiegelbildlicher Übertragung des liberalen Konstitutionalismus genau das "Endziel" eines "Welt-Rechtsstaats" formuliert, für das Lauterpacht den justizstaatlichen Weg der Verrechtlichung qua Richterrecht wies. Herkunft prägt Zukunft: Wo Scelles Vision durch das französische Gesetzesdenken geprägt war, vertrat Lauterpacht eine typisch-englische Auffassung von der Rechtsfortbildung durch Richterrecht. Schon in seiner Programmschrift *Über die drei Arten des rechtswissenschaftlichen Denkens* hatte Schmitt die nationale Prägung des Rechtsdenkens betont; auch später differenzierte er in seinen wissenschaftsgeschichtlichen Betrachtungen immer wieder zwischen den nationalen Prägungen. In seinem Akademiebericht verzichtete er, ein Jahr nach seiner berüchtigten Tagung über das "Judentum in der Rechtswissenschaft", dabei auf eine starke antisemitische Codierung und Denunziation der Entwürfe, die sich jedoch kenntlich in Ansätzen findet.

Schmitts Schrift gliedert sich in drei Teile: einen Bericht über die "Werke" von Scelle und Lauterpacht, einen über zwei Abhandlungen von 1936, die Konsequenzen für den Neutralitäts- und den Kriegsbegriff formulieren, sowie eine abschließende "kritische Erörterung" der grundsätzlichen Tendenz, die titelgebend als "Wendung zum diskriminierenden Kriegsbegriff" bezeichnet ist. Schmitt zielt keineswegs auf eine pauschale Ablehnung der erörterten Schriften, sondern arbeitet vielmehr einen paradoxalen Widerspruch zwischen den universalistischen Visionen und deren politischer Institutionalisierung und "Konkretisierung" im Völkerbund heraus: Wo Scelle und Lauterpacht eine liberale und universalistische Utopie und Systematik entwarfen, thematisierten John William Fischer und Arnold Mc Nair diskriminierende Umsetzungskosten; ihre Abhandlungen erörterten 1936 die "Föderalisierung" des Völkerbundes in den Folgen für den Neutralitäts- und den Kriegsbegriff. Schmitts Bericht will im Ergebnis zeigen, dass diese "Konkretisierung" der universalistischen Utopie in der Praxis des Völkerbundes wenigstens für ein "Zwischenstadium" paradoxale diskriminierende Kosten zeitigte: Wenn der universalistische Geltungsanspruch auf dem Wege über den Völkerbund realisiert wird, zeige sich ein "Widerspruch von Föderalismus und Universalismus" (WdK, 50; FP, 564): Der Universalismus zeitige in seiner Umsetzung interne wie externe Diskriminierungskosten: Er entzündet einen Automatismus der Bundespflichten, schließt "Neutralität" innerhalb des Bundes logisch aus und polarisiert "zwischen Mitgliedern und Nichtmitgliedern nach Freund und Feind" (WdK, 50; FP, 563). Für den universalistischen "Endzustand" findet Schmitt horrible Finalisierungsformeln. So meint er: "Dadurch, dass mit Hilfe einer beim Genfer Völkerbund liegenden Unterscheidung von völkerrechtlich zulässigem und völkerrechtlich unzulässigem Krieg der diskriminierende Kriegsbegriff wenigstens im Ansatz institutionalisiert wird, lässt sich zwar die ganze bisherige Völkerrechtsordnung aus den Angeln heben, aber keine neue Ordnung schaffen. Es ist nur ein neuer Weltherrschaftsanspruch erhoben, den nur ein neuer Weltkrieg verwirklichen könnte" (WdK, 47; FP, 560).

In seinem Bericht bezieht sich Schmitt nicht zuletzt auf die "Strafbestimmungen" des Versailler "Diktats"; mit Verweis auf Grotius und Vattel (WdK, 39; FP, 553) scheint er dagegen das "klassische" staatsbezogene *jus belli* zu vertreten: "Kein pazifistischer Eifer, aber auch kein noch so berechtigter Abscheu vor den Greueln eines Krieges kann darüber hinweghelfen, dass auch heute noch ein Krieg zwischen zwei Staaten etwas anderes ist als Mord, Raub und Piraterie. Bevor der Kriegsbegriff beseitigt und aus einem Staatenkrieg zu einem internationalen Bürgerkrieg wird, müssen erst die staatlich organisierten Völker beseitigt werden. Der Krieg hat nach überliefertem Völkerrecht sein Recht, seine Ehre und seine Würde darin, dass der Feind kein Pirat und kein Gangster, sondern ein ›Staat‹ und ein ›Völkerrechtssubjekt‹ ist. Das wird gelten, solange es mit einem *jus belli* (im Sinne des *jus ad bellum*) ausgestattete politische Organisationen gibt." (WdK, 48f.; FP. 561f.)

Argumentationsstrategisch setzt Schmitt seine Kritik nach dem Austritt Deutschlands (1933) beim Recht auf "Neutralität" an; mehrere kleinere Aufsätze widmet er Ende der 1930er Jahre diesem Problem. "Gibt es noch Neutralität oder gibt es keine mehr?", fragt er 1937. 1939 erklärt er die Neutralität dann zu einem Privileg der Großmächte, für die ein "Interventionsverbot" gälte. Seine Schrift *Völkerrechtliche Großraumordnung* reklamiert im sperrigen Titel schon ein "Interventionsverbot für raumfremde Mächte". Schmitt rechtfertigt die NS-Expansion nun durch eine Mitteleuropa-Ideologie und erinnert die USA mit der "Monroe-Doktrin" an deren eigene einstige Praxis. 1937 nennt er den Begriff der Piraterie bereits die "Einbruchstelle" (WdK, 7; FP, 524) der neuen universalistischen Systematik; seine spätere Disjunktion von Land und Meer, kontinentalem Souveränitätsdenken und "maritimem" Interventionismus findet sich aber noch nicht; es fehlt vor allem die spekulative Verknüpfung des Seekriegs mit dem Luftkrieg, die *Land und Meer* in eine narrative Erzählung kleidet und die *Der Nomos der Erde* später thetisch erneuert.

Schmitt argumentierte oft in immanenter Kritik mit internen Widersprüchen. Wo er vor 1933 dabei von der strikten Unterscheidung von Liberalismus und Demokratie ausging, in *Legalität und Legitimität* besonders deutlich, betont er 1937 den "Widerspruch von Föderalismus und Universalismus" und zielt erneut auf eine Selbstwidersprüchlichkeit und reale Unmöglichkeit des liberalen Konstitutionalismus, die die "polare Verbindung von liberalem Individualismus und völkerrechtlichem Universalismus" (WdK, 19; FP, 535) liquidierte. Obgleich Schmitt diese innere Unmöglichkeit eines liberalen Völkerrechts an signifikanten Autoren demonstrieren möchte, ist seine Auswahl, über die ideologiekritische Rückführung auf die nationalen "Denkarten" oder Prägungen hinaus, durch die Dogmatik seiner Verfassungslehre des Bundes geprägt, die Schmitt Ende der 1920er Jahre mit der *Kernfrage des Völkerbundes* und *Verfassungslehre* explizierte.

Einige Kritikpunkte wurden bereits angeführt, die sich auch in der *Theorie des Partisanen* zeigen: so die einseitige Zuschreibung negativer Entwicklungstendenzen an die westlichen Siegermächte. Schmitts Analyse der Selbstwidersprüchlichkeit universalistischer Völkerrechtspolitik lässt sich aber auch heute in vielen Aspekten noch partiell bestätigen. Es gibt gefährliche Bündniszwänge und semantische Verschleierungen politischer

Entscheidungen, die Umdeutung von Gewalt in humanitäre Sanktionen und Interventionen: auf EU-Ebene wie bei der UNO. Von einem Automatismus der Bündnispflichten ist aber nicht pauschal zu reden; vielmehr finden Bündnisse im Konfliktfall vielfältige Verhandlungs- und Handlungsalternativen. Auch in föderalen Verhältnissen gibt es individuelle Handlungsspielräume, Reservationen und Kompensationen, die um des Erhalts der Bündnisse willen selten leichtfertig infrage gestellt werden. Die Übergänge sind fließend: Nach dem Brexit ist vor dem bilateralen Abkommen.

2.

Geht man ohne Weiteres zur *Theorie des Partisanen* über, so findet sich hier erneut eine Genealogie der Abkehr vom "klassischen" Kriegsbegriff. Schmitt nimmt nun aber eine völlig andere Herleitung vor und schreibt seine Entwicklungslinie nicht mehr den Piraten, dem Seekrieg und der "westlichen Hemisphäre" zu, sondern er konstruiert im Zeichen des Kalten Krieges und Antibolschewismus nun eine "terrane" und "tellurische" Gegenlinie von Clausewitz über Lenin zu Stalin und Mao. Er beschreibt eine erste Entdeckung des Partisanen im nationalistischen Widerstand gegen Napoleon und skizziert dann eine "Entwicklung der Theorie" von Clausewitz über Lenin zu Mao. Dabei kritisiert er die geschichtsphilosophische Legitimierung und Nobilitierung des Partisanen zur "Figur des Weltgeistes". Wo er früher den liberalen Universalismus kritisierte, betont er nun die geschichtsphilosophische Aufrüstung der Theorie durch Hegelianismus, Marxismus und Stalinismus. Mit den Etiketten der Theorie und Geschichtsphilosophie verfährt er dabei großzügig: Auch Stalin und Mao konzediert er eine "Theorie".

In Zeiten des Kalten Kriegs bietet Schmitt also eine seitenverkehrte Umschrift seiner früheren Legende, wechselt von der "maritimen" Perspektive der Seekriegsdynamik zur "terranen" und "tellurischen" Gegenperspektive über und ersetzt den Anti-Liberalismus und Anti-Amerikanismus durch Anti-Bolschewismus. Er schreibt aber auch die Wertung um und spielt nicht einfach Preußentum und Etatismus gegen die marxistische Zerstörung "wirklicher" Feindschaft aus, sondern setzt die Legitimität des nationalistischen Widerstandes gegen die herrschende Legalität. Von der nationalistischen Erhebung gegen Napoleon ausgehend, die im spanischen "Guerilla-Krieg" anhob und von Preußen übernommen wurde, betont er zwar ein "preußisches Missverhältnis zum Partisanentum": die baldige Rückbindung des nationalistischen Aufstands in den Primat der Legalität und Regularität. Während Preußen aber bald zum "klassischen" Kriegsrecht zurückgefunden habe, sei mit der geschichtsphilosophischen Entdeckung und "Legitimierung" der Figur des Partisanen durch

Clausewitz eine marxistische Rezeption ermöglicht worden, die bei Lenin zur strategischen Vereinnahmung des Partisanen für die "Weltrevolution" führte. Lenin habe die Bedeutung der "Irregularität" und "Illegalität" erkannt und die nationalistischen Ressourcen und Kraftquellen des Partisanen für die weltrevolutionären Ziele nutzbar gemacht.

Schmitt beschreibt eine Art Rückkehr und Triumph des Nationalismus im "Weltbürgerkrieg"; wie er 1923 einst in seiner Parlamentarismus-Broschüre einen Sieg Mussolinis über Lenin, des Nationalismus über den marxistischen Klassenkampfmythos diagnostizierte und prognostizierte,[3] konstatiert er nun eine "Verbindung" (TP, 59) von Nationalismus und Weltrevolution bei Stalin und Mao. "Maos Revolution ist tellurischer fundiert als die Lenins" (TP, 61), schreibt Schmitt; Mao sei Stalin "vorangegangen" (TP, 63). Von Mao lernen? Fragwürdiger noch als die Thesen zu Mao sind die Ausführungen zu Raoul Salan, einem französischen General, der, im Indochinakrieg sozialisiert, im Algerienkrieg mit der OAS gegen de Gaulle putschte. Schmitt identifiziert sich leise autobiographisch mit Salan und schlägt eine Brücke vom aktuellen Fall zum preußischen General Yorck und Clausewitz (TP, 89f.) zurück, die 1812 aus strategischen Gründen zu den Russen überliefen. Zwar bedient er auch die Legende von der "sauberen", das Kriegsrecht respektierenden deutschen Wehrmacht; so schließt er das letzte Aufgebot des Volkssturms und der Werwölfe aus der Wehrmacht aus (TP, 43f.). Es vereinfacht aber die Botschaft, liest man die *Theorie des Partisanen*, nach dem Vorbild von 1812/3, nur als nationalistische Legitimierung des Partisanen, des "tellurischen" Verteidigers der Heimat. Schmitt betont vielmehr die prekäre Stellung des Partisanen zwischen Legalität und Legitimität, irregulärer Landesverteidigung, weltpolitischer Vereinnahmung und waffentechnologischer Verschärfung der Feindschaft.

Die komplexe und gewundene Schrift endet nach langer Einleitung und genealogischer Skizze der "Entwicklung der Theorie" mit einer Erörterung des Legitimitätsproblems, das Schmitt am "letzten Stadium", den frühen 1960er Jahren, in verschiedenen Aspekten erörtert. Alle sind eigentlich fragwürdig geworden: Der technisch aufgerüstete Aktionsraum des Partisanen ist nicht mehr selbstverständlich tellurisch, die "Sozialstrukturen" sind "zertrümmert", sodass nationale Homogenität fehlt, der Partisan ist in weltpolitische Zusammenhänge verflochten und bedarf vielfältiger Unterstützung durch "interessierte Dritte": "Der mächtige Dritte liefert nicht nur Waffen und Medikamente aller Art, er verschafft auch die Art politischer Anerkennung, deren der irregulär kämpfende Partisan bedarf, um

---

[3] C. Schmitt, *Die geistesgeschichtliche Lage des heutigen Parlamentarismus*, München 1926.

nicht, wie der Räuber und der Pirat, ins Unpolitische, das bedeutet hier: ins Kriminelle abzusinken" (TP, 78).

Wo Schmitt früher in seiner Kritik des Völkerbundes die Möglichkeit von "Neutralität" problematisierte, politisiert er nun diese Neutralität und konstatiert eine Parteinahme der interessierten Dritten für den Partisanen. Die größte Gefahr gehe aber von der technischen Aufrüstung des Partisanen und den Rückwirkungen auf das Legitimitätsproblem aus. Der "technische Aspekt" betrifft nicht nur die gesteigerte Mobilität, die den Partisanen seiner Herkunft entfremdet und ihn in international agierende Terror-Organisationen integriert; Schmitt visioniert auch den neuen "Menschen-Typus" des "Industrie-Partisanen" (TP, 81), der sich avancierter Waffentechniken bedient, die zu neuen Feinderklärungen führen. Er denkt hier 1963 natürlich noch nicht an Drohnen oder Cyberkriege, sondern primär an die Möglichkeit, dass weltterroristische Partisanen sich der Atombomben bemächtigen. So schreibt er: "Die technisch-industrielle Entwicklung hat nämlich die Waffen des Menschen zu reinen Vernichtungsmitteln gesteigert. Dadurch wird ein aufreizendes Missverhältnis von Schutz und Gehorsam geschaffen: die eine Hälfte des Menschen wird zu Geiseln der andern Hälfte" (TP, 94). Schmitt spricht von einem moralischen Zwang: "Die Menschen, die jene Mittel gegen andere Menschen anwenden, sehen sich gezwungen, diese anderen Menschen, d.h. ihre Opfer und Objekte, auch moralisch zu vernichten" (TP, 95). Dies sei ein "Abgrund der totalen Entwertung" und "Vernichtungswerk einer absoluten Feindschaft" (TP, 95 f.).

Das Szenario, dass Terroristen Atomwaffen kapern, wurde in den letzten Jahren, nach dem 11. September 2001, etwa als Angriff von Flugzeugen auf Atomkraftwerke diskutiert; Szenarien zum "finalen Rettungsschuss" und "Feindstrafrecht" sind nicht zuletzt an solchen Fällen entwickelt. Wo Schmitt die moralische Entwertung und Dehumanisierung der Opfer durch die Täter erörtert, wurde im "War on Terror" auch immer wieder diskutiert, dass die Adressaten und Opfer des Terrors die Täter ihrerseits dehumanisieren. Die intrikate moralische Lage des Partisanen erörtert Schmitt in seiner Schrift insbesondere am Fall Raoul Salan. Glatt 10 Seiten seiner knappen Broschüre handeln von dessen Fall. Schmitts Schrift ist nur dann einigermaßen ausgedeutet, wenn die Bedeutung diese Falles für die Theorie und Schrift geklärt ist: Nach Analyse einzelner Aspekte des Legitimitätsproblems fügt Schmitt sie in das Gesamtbild eines konkreten Falls zusammen und überlässt dem

Leser das Urteil.[4] Er wirbt dabei für Salans "verzweifelte Position" (TP, 86) vor Gericht, für die Spannung von "Legalität und Legitimität", betont, dass der Soldat "der unerbittlichen Logik des Partisanenkriegs erlag" (TP, 66) und sich selber "in einen Partisanen verwandelte" (TP, 83). Vor Gericht vermochte er sein illegales Handeln nur als Berufung auf eine "höhere Art Legitimität" (TP, 86) zu rechtfertigen. Schmitt zitiert Salans Verteidigung: ",Ich werde den Mund nur öffnen, um *Vive la France!* zu rufen, und dem Vertreter der Anklage erwidere ich einfach: *que Dieu me garde!*" (TP, 69) Systematisch stimmt Schmitt der Möglichkeit zu, dass die Legitimität der Legalität unter Vorbehalt steht; es ist deshalb auch eine gezielte Provokation, dass er sich hinter einen Putschisten zu stellen scheint, ergänzend allerdings auch auf preußische Exempel verweist. Buchstäblich wird man keine eindeutige Parteinahme für Salan und den Partisanen herauslesen können, eher eine Problematisierung der Legitimitätsfrage und den erneuten Hinweis auf die offene Spannung von Legalität und Legitimität.

Damit ist die Rekonstruktion seiner kriegsrechtlichen Positionsnahme abgeschlossen: Mag Schmitt dem "klassischen" Etatismus auch normativ nachgetrauert haben, so historisierte er doch die "Epoche der Staatlichkeit" und zog normative Konsequenzen für das Kriegs- und Völkerrecht. Verstärkt problematisierte er selbst die Legitimitätsressource des Nationalismus und gelangte mit seiner *Theorie des Partisanen* zu einer vorbehaltlichen Verteidigung des politischen Widerstands gegen die herrschende Legalität und Legitimität. Drei Aspekte dieser Theorie hat Schmitt damals noch eingehender ausgearbeitet: Parallel zur *Theorie des Partisanen* erörterte er die Entwicklung des Kalten Krieges[5] auch im Zusammenhang mit dem Antikolonialismus. Die Entwicklungshilfe betrachtete er dabei als Supplement direkter kolonialer Herrschaft und beobachtete hier den strategischen Umgang der dekolonialisierten Staaten mit der Entwicklungshilfe; 1970 führte er ein "Gespräch über den Partisanen", das sich ausführlicher zu China und Mao äußerte; wichtiger ist aber seine Erläuterung des "Labyrinths der Legitimitäten" und "Zusammensturz[es] von Legitimitäts-

---

[4] Dieser exemplarische Abschluss der Legitimitätsproblematik mit dem Beispiel eines hochpolitischen Prozesses erinnert etwas an den Schluss von Hannah Arendts Buch *Eichmann in Jerusalem* (München 1964, 327ff.), das Schmitt in der amerikanischen Ausgabe von 1963 wie der deutschen Ausgabe von 1964 besaß. Eine direkte Übernahme ist aber nicht anzunehmen, zumal Schmitt nicht mit einem Urteil, sondern mit Salans Haltung vor Gericht endet.
[5] Die Ordnung der Welt nach dem Zweiten Weltkrieg.

kernen" (FP, 892) am Beispiel der Lage von Clausewitz 1812.[6] Wo Schmitt den "preußischen" Standpunkt 1963 aus aktuellem Anlass (und für ein spanisches Publikum) hinter den Fall Salan zurückstellte, arbeitete er die prekäre Lage des Nationalismus 1967 am Standardthema des Widerstands gegen Napoleon aus. Vielleicht lässt sich hier in gewollter historischer Parallele für "Napoleon" auch "Hitler" einsetzen. Stets suchte Schmitt ja autobiographische Identifikationen und Spiegelungen. Jedenfalls gibt er 1967 wie 1963 erneut keine eindeutige Antwort auf die Legitimitätsfrage; er stellt sich im Verhältnis zu Napoleon nicht eindeutig auf die Seite Fichtes gegen Hegel und Goethe, sondern setzt der ideologischen Konstruktion "absoluter" Feindschaft – mit seiner Formel vom Feind als "eigne Gestalt" – eine offene Frage entgegen.

Seine Beobachtung der neuesten Formen des Partisanenkampfes endet Anfang der 1970er Jahre. Nähere Beschreibungen des Vietnamkriegs, der kubanischen Revolution und neuerer Stellvertreterkriege in Afrika oder der Formierung linksterroristischer Organisationen wie der RAF hat er nicht mehr publiziert. Der studentenbewegte Linksschmittianismus nach 1968 knüpfte aber an seine *Theorie des Partisanen* an und schrieb sie weiter. Von diesen Rezeptionen wurden u.a. Günter Maschke und Herfried Münkler geprägt, die in sehr unterschiedlicher Weise neuere Interventionen und Analysen anregten. Ich beschränke mich hier auf Münklers Anknüpfungen.

Teil II: Münklers Ethosanalyse der Spannung "heroischer" und "postheroischer" Mentalitäten

1.

Während Maschke als Schmitt-Editor und neo-nationalistischer Publizist die "Neue Rechte" unserer Tage stark beeinflusste, ist Münkler heute weit über den akademischen Raum hinaus einer der prominentesten bundesdeutschen Politikwissenschaftler.[7] Wie Schmitt orien-

---

[6] "Clausewitz als politischer Denker. Bemerkungen und Hinweise" (1967), in: FP, 887–910.

[7] Einige Bücher Münklers habe ich in den letzten Jahren besprochen und sein Intellektuellenprofil und seine Stellung in der bundesdeutschen Politikwissenschaft auch eingehender skizziert. Dazu vgl. *Zeitschrift für Geschichtswissenschaft 51* (2003), 273–274; *Philosophischer Literaturanzeiger 62* (2009), 165–168; *Philosophischer Literaturanzeiger 65* (2010), 245–248; Vf., "Machiavelli oder Odysseus? Über alte und neue Intellektuelle", in: H. Bluhm, K. Fischer, M. Llanque (Hg.), *Ideenpoli-*

tierte er sich zunächst am frühneuzeitlichen Realismus und Etatismus, an Machiavelli, Hobbes und dem Staatsräsondiskurs. Seine frühe Aufsatzsammlung *Gewalt und Ordnung* von 1992[8] zeigt darüber hinaus auch die Anknüpfung an Schmitts *Theorie des Partisanen*. Einige dieser frühen Aufsätze hat der uralte Schmitt, von Maschke auf Münkler hingewiesen, Anfang der 1980er Jahre noch selbst gelesen und dazu 1982/3 wenigstens drei anerkennende Briefe geschrieben.[9] Er hat die Schmitt-Fortbildung Münklers also noch "akkreditiert", wie Clausewitz die Figur des Partisanen.

Münklers frühe Sammlung *Gewalt und Ordnung* enthält Aufsätze zu Clausewitz, Engels und Schmitt, zur Gestalt des Partisanen sowie zu den neueren Entwicklungen des Guerillakrieges und Terrorismus. Das Buch *Die neuen Kriege* markierte dann einen Schritt aus der Ideengeschichte in die kriegswissenschaftliche Gegenwartsanalyse. Münkler vertiefte das bald analytisch durch eine gewichtige Aufsatzsammlung *Der Wandel des Krieges* (2006) und stellte der Realanalyse mit *Über den Krieg* (2002)[10] eine weitere Sammlung kriegstheoriegeschichtlicher Studien zur Seite, die sich erneut mit Clausewitz und Schmitt auseinandersetzten. Wo Schmitt erst im Spätwerk, in den 1960er Jahren, zu Clausewitz fand, ging Münkler früh auf Clausewitz zu und entwickelte seine kriegsanalytischen Schriften im ständigen Blick auf Clausewitz.

Schmitt hatte die Ideengeschichtsschreibung der Historischen Schule einst scharf abgelehnt, deutlich etwa im scharfen Verriss von Meineckes *Idee der Staatsräson*, und die Ideengeschichtsschreibung auf fundierende "Mythen" verwiesen. So erörterte sein Hobbes-Buch nicht die naturrechtliche Philosophie, sondern nur den "Sinn und Fehlschlag" des Leviathan-Symbols. Schmitt initiierte also einen Übergang von der Ideengeschichtsschreibung zur Mythengeschichte. Auch daran knüpfte Münkler mit mehreren Büchern innovativ an: insbesondere mit seinem großen Buch *Die Deutschen und ihre Mythen* (2009).[11] In den

---

[8] *tik. Geschichtliche Konstellationen und gegenwärtige Konflikte*, Berlin 2011, 545–561; "Ironie der Theorie. Zur Dialektik der 1968er-Theorieverheißungen in der bundesdeutschen Politikwissenschaft", in: *Zeitschrift für Politik* 66 (2019), 253–269.

[8] H. Münkler, *Gewalt und Ordnung. Das Bild des Krieges im politischen Denken*, Frankfurt/M. 1992.

[9] Kopien der Briefe hat Herfried Münkler mir auf Anfrage freundlich geschickt.

[10] H. Münkler, *Über den Krieg. Stationen der Kriegsgeschichte im Spiegel ihrer theoretischen Reflexion*, Weilerswist 2002; ders., *Der Wandel des Krieges. Von der Symmetrie zur Asymmetrie*, Weilerswist 2006.

[11] H. Münkler, *Die Deutschen und ihre Mythen*, Berlin 2009; vgl. ders., *Odysseus und Kassandra. Politik im Mythos*, Frankfurt/M. 1990; *Politische Bilder, Politik der Metaphern*, Frankfurt/M. 1994.

letzten Jahren hat er, neben Büchern zur Bundesrepublik, vor allem umfassende historische Studien zur Geschichte des Ersten Weltkriegs und zum Dreißigjährigen Krieg vorgelegt. Es ist gut möglich, dass weitere kriegsgeschichtliche Monographien, etwa zum 2. Weltkrieg, folgen werden.

2.

Das Buch *Die neuen Kriege* markierte den Schritt über die Theoriegeschichte des Partisanen hinaus in die Kriegsgeschichtsschreibung, indem es eine sozialwissenschaftliche Umschrift des Naturzustands-Theorems vornahm. Münkler verließ so die akademisch verbreitete Alternative einer "normativistischen" oder "anthropologischen" Auslegung, um eine ökonomische Perspektive anzuwenden, den Krieg erneut als Geschäft (der "Warlords") zu betrachten und die komplexe "Kriegsökonomie" zu analysieren. Das weniger bekannte Buch *Kriegssplitter* (KS) von 2015[12] ist nun seine ambitionierteste Analyse der "Evolution der Gewalt im 20. und 21. Jahrhundert". Es entstand zwischen den großen kriegsgeschichtlichen Monographien zum Ersten Weltkrieg und Dreißigjährigen Krieg und antwortete bereits auf das Scheitern des "Arabischen Frühlings", die Eskalation des Syrienkriegs und den Ostukraine-Krieg. Schmitt wird in der Reihe der "Vertreter der Theorie der Neuen Kriege" (KS, 209f.) – anders als Keegan, van Creveld, Hart, Kaldor – zwar namentlich nicht aufgeführt, ist im Buch aber explizit wie implizit weiter präsent. Münklers Sicht auf das Ende des "westfälischen Systems" und den Übergang zu "hybriden Kriegen" jenseits der klaren Unterscheidung von Krieg und Frieden ist mit Schmitt völlig konkordant; So unterscheidet Münkler wie Schmitt, auf ältere "Klassiker" wie Clausewitz und Mahan zurückgehend, auch zwischen Landmächten und Seemächten (KS, 143ff., 159ff.) und spricht von einer "Raumrevolution", der eine "Normrevolution" (KS, 306ff.) korrespondiere. Wie Schmitt betrachtet er die heutigen Terroristen als Piraten und Partisanen. Den "Industrie-Partisan" identifiziert er dabei auch in der Gestalt des "Hackers". So schreibt Münkler: "Partisanen, Saboteure, Piraten und Hacker sind die sicherheitspolitische Herausforderung des 21. Jahrhunderts" (KS, 325).

Münkler argumentiert nicht als Jurist. Eine starke normative Kritik an den Entwicklungen findet sich deshalb nicht. Seine Beschreibung ist aber normativ nicht gänzlich blind, sondern fragt mit leise neo-aristotelischem Unterton, der an frühere Arbeiten zum "Tu-

---

[12] H. Münkler, *Kriegssplitter. Die Evolution der Gewalt im 20. und 21. Jahrhundert*, Berlin 2015.

genddiskurs" anknüpft, nach "soziomoralischen" Voraussetzungen und Folgen der Kriegsgeschichte. Der Wechsel aus der juristischen Betrachtung in die Ethosanalyse resultiert einer polyhistorisch weiten, fast neo-klassischen Orientierung an der griechischen Antike, Homer und Thukydides. Wo Schmitt als Jurist die Legitimitätsfrage stellt, neigt Münkler zur ethosanalytischen Betrachtung und ist hier auch von seinem Frankfurter Lehrer Iring Fetscher angeregt. So sehr er in anderen Schriften den Mitte-Diskurs[13] pflegte und die Bundesrepublik als "Macht in der Mitte" empfahl, so deutlich beschränkt er sich in den *Kriegssplittern* auf die Analyse eines ethischen Dilemmas: Er unterscheidet – auch in früheren Aufsätzen[14] schon – zwischen "heroischen" und "postheroischen" Gesellschaften und konstatiert die politische Problematik "postheroischer" moderner Gesellschaften, das prämoderne heroische "Kriegerethos" effektiv zu bekämpfen.[15] Wo bei Schmitt einige Sympathie mit nationalistischen "Partisanen" anklingt, orientiert sich Münklers Analyse dabei weniger am moralischen Pathos des individuellen Widerstands als an der politischen Sorge um das zivile Niveau der modernen (westlichen) postheroischen Gesellschaften.

Von seinen Imperienanalysen[16] nimmt Münkler dafür die Unterscheidung zwischen Zentrum und Peripherie auf und lokalisiert die neuen Kriege im "postimperialen Raum" an den Peripherien der "Wohlstandsszonen" und Reiche. Dabei traut er den modernen Imperien zu, die neuen Kriege lokal einigermaßen erfolgreich auf die Peripherien zu begrenzen. Die Entstehung der neuen Kriege schreibt er in den *Kriegssplittern* von den Folgen des Ersten Weltkriegs her. Dabei unterscheidet er, die Kriegspropaganda des Ersten Weltkriegs thematisierend, positive und negative Sinnanalysen des Geschehens. Der vermessene Versuch, "die viktimen Toten in sakrale Opfer zu verwandeln" (KS, 83), habe den Nationalismus nachhaltig geschwächt und einen Mentalitätswandel in Richtung Postheroismus bewirkt (KS, 105ff.): "Die heroischen Gesellschaften Europas, die 1914 in den Krieg gezogen waren, waren aus diesem Krieg als postheroische Gesellschaften herausgekommen" (KS, 127). Mussolini und Hitler seien dann mit ihrem revanchistischen Versuch gescheitert, "die

---

[13] H. Münkler, *Mitte und Maß. Der Kampf um die richtige Ordnung, Berlin 2010; Macht in der Mitte. Die neuen Aufgaben Deutschlands in Europa*, Hamburg 2015.
[14] Dazu besonders: H. Münkler, "Die posthistorische Gesellschaft und ihre jüngste Herausforderung", in: *Der Wandel des Krieges*, Weilerswist 2006, 310–354.
[15] Zur Anknüpfung an den Heroismus- und Postheroismusdiskurs, insbesondere auch an Keegan und Luttwak vgl. U. Bröckling, *Postheroische Helden. Ein Zeitbild*, Berlin 2020, 165ff., 176ff.
[16] H. Münkler, *Imperien. Die Logik der Weltherrschaft – vom Alten Rom bis zu den Vereinigten Staaten*, Berlin 2005.

postheroische Gesellschaft in eine heroisierte Gemeinschaft" (KS, 129) zu verwandeln. "Die Folge war, dass sich die postheroische Disposition in Deutschland in einer Intensität durchgesetzt hat wie in sonst keiner europäischen Gesellschaft" (KS, 183).

Das originäre Thema der *Kriegssplitter* ist nun die Spannung zwischen Zentrum und Peripherie, "postheroischen Gesellschaften" und dem persistenten "Kriegerethos", das in den demographisch wachsenden, politisch verwüsteten Peripherien von den dortigen Kriegen und Kriegern ausgeht. "Dass der klassische Staatenkrieg inzwischen ein historisches Auslaufmodell ist, liegt nicht nur an seiner völkerrechtlichen Ächtung, sondern auch daran, dass er für moderne, sehr verwundbare Gesellschaften nicht mehr führbar ist" (KS, 161). Anders als Schmitt betrachtet Münkler die Asymmetrisierung als wechselseitigen Prozess, in dem die verbliebenen Imperien und Staaten mit ihrerseits fragwürdigen Strategien und Mitteln antworten. So schreibt er: "Kampfdrohnen sind die Waffen postheroischer Gesellschaft" (KS, 167). Er versteht sie 2015 bereits als "Vorhut von Kampfrobotern und Kriegsmaschinen" (KS, 167f.). Wie Schmitt zitiert und diskutiert er dafür auch Hegel (KS, 147ff., 188ff.): "Die Waffen sind das Wesen der Kämpfer" (KS, 206). Wo die Steigerung der Waffentechnik eine "Entindividualisierung des Kampfes" bewirkte, individualisiert der Drohnenkrieg erneut den "konkreten Feind" (KS, 191). Münkler bejaht solche Mittel und Strategien als realistische Antwort auf die "Hybridisierung": als neue "Ermattungsstrategie" (KS, 201) im Kampf gegen terroristische Organisationen und deren Führung. Münkler schreibt: "Wir müssen akzeptieren, dass wir in einer postheroischen Gesellschaft leben und dass die Herausforderungen, mit denen wir konfrontiert sind, asymmetrischer Art sind. Nicht der Kampf unter den Bedingungen symmetrischer Reziprozität, sondern die Reflexion auf unsere Vulnerabilität und deren Verminderung ist der Schlüssel zu einer Ethik der Sicherheit für postheroische Gesellschaften" (KS, 204).

Münkler spricht von einem Übergang zu einem digitalisierten "Überwachungs- und Kontrollregime" (KS, 319),[17] das unsere digitalen Spuren verwertet und ein "digitales double" (KS, 326f.) schafft. Wie Schmitt fragt er am Ende also nach ethischen Folgen und Rückwirkungen des Kontrollregimes auf das Selbstverständnis und gelangt ebenfalls zu einer dilemmatischen Problematisierung der Lage. Schmitt personalisierte und dramatisierte diese Folgen stark, wenn er schrieb: "Die Menschen, die jene Mittel gegen andere Menschen anwenden, sehen sich gezwungen, diese anderen Menschen, d.h. ihre Opfer und

---

[17] Dazu jetzt A. Lobe, *Speichern und Strafen. Die Gesellschaft im Datengefängnis*, München 2019.

Objekte, auch moralisch zu vernichten" (TP, 95). Münkler plädiert dagegen für eine moralisch wie politisch mäßigende, moderierende und integrierende Haltung. Publizierte er bis 2015 zwei grundlegende Positionierungen zur bundesdeutschen Mitte-Orientierung, so lassen sich seine jüngsten – zusammen mit Marina Münkler verfassten – Deutschlandbücher als eine liberalisierende Weiterführung dieser Ethos-Analyse betrachten, die die Spannung zwischen dem "heroischen" Nationalismus und "Kriegerethos" und den "postheroischen" Sinnkrisen und apokalyptischen "Niedergangsnarrativen" mit einem migrations- und assimilationsfreundlichen Plädoyer für einen "Konvivalismus"[18] beantworten. Münkler kritisiert heute den neo-nationalistischen "Populismus" einer defaitistischen Abstiegsgesellschaft und bejaht die "Neukonturierung von Zukunftsvertrauen";[19] er wünscht eine "Erneuerung der liberalen Demokratie" durch "Gemeinwohlpflege" und "Rückgewinnung"[20] republikanischer Bürgertugend, setzt auf die Assimilierungskraft des Bildungssystems und fordert mehr "Bildungsgerechtigkeit". Seine liberale und sozialdemokratische "Agenda" ist hier nicht weiter zu diskutieren. Wichtig ist aber, dass diese Deutschland-Bücher integrationistische Antworten auf die skizzierte Spannung "heroischer" und "postheroischer" Gesellschaften anbieten. Klang Münklers kriegsanalytischer Befund als "Appell an heroische Tugenden"[21] oder gar "Wiederbelebung einer militärischen Sonderkultur"[22] leicht zynisch und martialisch, geben die Bundesrepublik-Bücher nun eine liberaldemokratische Antwort. Münkler mobilisiert die republikanische Bürgertugend gegen den postheroischen Defaitismus und bezieht dezidiert politische Position.

1774 publizierte Goethe eine schnell geschriebene Farce *Götter, Helden und Wieland*, ein Totengespräch, in dem griechische Götter den Weimarer Dichterkollegen Christoph Martin Wieland seiner christianisierenden und moralisierenden Antikerezeption wegen zur Rede stellen: Herkules macht sich im Gespräch über Wielands Tugendbegriff lustig; Wieland bemerkt dazu kleinlaut: "Tugend muss doch etwas sein, sie muss wo sein." Herkules antwortet: "Und mich dünkt, bei uns wohnte sie, Halbgöttern und Helden."[23] Wieland

---

[18] H. Münkler, *Die neuen Deutschen. Ein Land vor seiner Zukunft*, Berlin 2016, 216ff.
[19] H. Münkler, *Abschied vom Abstieg. Eine Agenda für Deutschland,* Berlin 2019, 36.
[20] Münkler, *Abschied vom Abstieg*, 305ff.
[21] Bröckling, *Postheroische Helden*, 185.
[22] Bröckling, *Postheroische Helden*, 189.
[23] Goethe, "Götter, Helden und Wieland", in: ders., *Hamburger Ausgabe*, hrsg. E. Trunz, München 1981, Bd. IV, 213.

dagegen hänge unter der "Knechtschaft einer Sittenlehre"[24] noch an "scheelen Idealen". Goethe betont mit dem Stück eine Differenz zwischen Antike und Christentum; er erneuert einen vorchristlichen Tugendbegriff gegen die Zeitgenossen, entmoralisiert und hört wieder persönliche Tapferkeit und Stärke aus der Tugendsemantik heraus. Auch Münkler stellt seine Erneuerung des Tugenddiskurses in eine solche antike Tradition und republikanischer Auslegungslinie.

3.
Schlussbemerkungen

Der vorliegende Text hat keine realgeschichtliche Analyse jüngster Entwicklungen unternommen, sondern mit Schmitt und Münkler nur an eine solche Analyse herangeführt. Er näherte sich einer aktuellen Phänomenologie kriegerischer Gewalt also theoriegeschichtlich und thematisierte hier zwei einschlägige Autoren. Dabei knüpfte er ein wirkungsgeschichtliches Band zwischen Schmitt und Münkler, das grundsätzlich zwar längst bekannt, im Detail aber kaum erforscht ist. Schmitt und Münkler eignen sich für die Annäherung an eine philosophische Theorie kriegerischer Gewalt schon deshalb, weil sie von der Phänomenologie oder Morphologie neuer Akteure und Formen der Gewalt ausgehen und zu ethischen Fragen führen, ohne eine philosophische Ethik ausarbeiten zu wollen. Es wurde gezeigt, dass beide nicht normativ abstinent argumentieren. Schmitts Problematisierung seines normativen Standorts und Legitimitätsaspekts zeigt sich allerdings erst dann, wenn man ihm keinen "klassischen" Etatismus unterstellt, sondern seine kritische Analyse des Normenwandels detailliert betrachtet. Dafür wurde hier eine Brücke zwischen einschlägigen Schriften vor und nach 1945 geschlagen. Münkler knüpfte mit seiner Theorie der "neuen Kriege" nicht zuletzt an Schmitt an; er argumentierte allerdings nicht als Jurist in den Kategorien von Legalität und Legitimität, sondern mit einem weiten, neo-aristotelisch gefärbten Politikverständnis, das auf soziomoralische Voraussetzungen, republikanische "Tugend" und ein tragendes Ethos hinausfragt. Münklers liberaler Akzent steht Schmitts resigniertem Nationalismus dabei sehr fern.

   Ist Schmitts Theorie des Partisanen morphologisch auch heute noch erstaunlich aktuell, so thematisieren Münklers *Kriegssplitter* 2015 schon viele Akteure, Waffen und

---

[24] Ebd., 214.

Kriege, die uns heute noch beschäftigen: so IS-Terroristen und Kampfdrohnen, Syrienkrieg, Libyenkonflikt und die Ostukraine. Jüngste Entwicklungen unter Trump: Nordkorea- und Irankonflikt, Cyberwar in Wahlkämpfen oder auch der Umgang mit chinesischer Wirtschaftsspionage sind in den *Kriegssplittern* zwar noch kein Thema. Auch die Bedeutung des religiösen Fundamentalismus für die terroristische Gewalt[25] erörtert Münkler nicht eingehend. Zu allen diesen Fragen äußerte er sich aber immer wieder tagespolitisch in zahlreichen Medien.

Zu deskriptiven Analysen seien abschließend noch einige Bemerkungen angefügt: Die Gewichtverlagerung der US-Außenpolitik von Europa fort zur Auseinandersetzung mit China deutete sich schon unter Obama an. Trump setzte mit seinen anderen, oft irrationalen Aktionen und Mitteln eine Tendenz fort, die sich nach dem Scheitern von George W. Bushs interventionistischem "War on Terror" bereits abzeichnete.[26] Syrienkrieg und Migrationskrise sind auch heute nicht gelöst; Russland, der Iran und die Türkei treten vielmehr nach dem partiellen Rückzug der USA als Akteure und Konfliktparteien verstärkt hinzu. Die bundesdeutsche Unterstützung der Kurden im Nordirak hat den Türkeikonflikt mit Erdogan verschärft, der mit der deutsch-türkischen Community auch innerdeutsche Folgen zeitigt. Verstärkte Bemühungen um eine gesamteuropäische oder wenigstens im Schulterschluss von Deutschland und Frankreich getragene europäische Außenpolitik, die den Rückzug der USA aus der Region kompensierte, sind bisher wenig erfolgreich. Macrons europa- und außenpolitische Impulse sind auch wenig konkret und praktikabel. Zarte Bemühungen der Kanzlerin Merkel, nach dem Scheitern ihrer Migrations- und Syrienpolitik wenigstens ein kooperatives Grenzregime im Maghreb und für Libyen zu organisieren, nicht zuletzt, um ihrer letzten Amtszeit noch einen außenpolitischen Erfolg anzufügen, sind bisher auch wenig ergebnisträchtig. Die unbefriedigenden, teils desaströsen Antworten der westlichen Bündnisse garantieren bis auf Weiteres eine Fortsetzung der – von Münkler so bezeichneten – "hybriden" Lage zwischen Krieg und Frieden, in der politische Konflikte und Gewalteskalationen nicht gelöst, sondern bestenfalls "eingefroren" werden. *Inter pacem et bellum nihil medium,* heißt ein Artikel Schmitts von 1939, der die Chancen politischer "Neutralität" zwischen den Fronten bestritt.

---

[25] Dazu jetzt R. Koopmans, *Das verfallene Haus des Islam. Die religiösen Ursachen von Unfreiheit, Stagnation und Gewalt*, München 2020.
[26] Zur Gesamtanalyse der Folgen von Trump vgl. V. Hösle, *Globale Fliehkräfte. Eine geschichtsphilosophische Kartierung der Gegenwart*, Freiburg i. Br. 2019.

Spätestens seit Max Weber, also seit gut 100 Jahren, steht die Frage im globalen Raum, ob die moderne "bürokratische Herrschaft" überhaupt politisierbar, liberalisierbar und demokratisierbar ist. Seit dieser Zeit wird sie auch in kafkaesker Färbung thematisiert. Spätestens seit dem 11. September 2001 wird die Entliberalisierung des westlichen Verfassungsstandards im Präferenzstreit zwischen "Freiheit und Sicherheit" häufig beklagt. Die Frage nach der Zukunft der liberalen Demokratie stellt sich heute mit Putin, Erdogan und Trump, dem Niedergang "bürgerlicher" Mitte-Parteien in Europa und starken Tendenzen zu autoritären und populistischen Exekutivregimes, mit den grassierenden Regierungskrisen auch in der Bundesrepublik, dem hegemonialen Ausscheidungskampf zwischen den USA und China und der Grundsatzfrage nach der Handlungsfähigkeit und Regierbarkeit schwacher liberaldemokratischer Systeme in Zeiten globaler und nachhaltiger (z.B. ökologischer) Herausforderungen. Mit der "digitalen Revolution" des 21. Jahrhunderts ist bereits ein Mittel im Fluss, um Münklers Rede von "›strombezogener‹ Raumkontrolle" (KS, 325) aufzunehmen, das die liberale Kultur und Verfassung revolutionär transformiert und das humane Selbstverständnis verändert. "Informationelle Selbstbestimmung" ist nachwachsenden Generationen heute kaum noch ein Thema, zumal sie faktisch ziemlich illusionär ist. Wir können zwar versuchen, einen liberaldemokratischen Humanitätsstandard im moralischen Selbstkostüm normativ zu fixieren, können ihn aber in Gegenwart und Zukunft kaum noch leben.

Münklers zweckoptimistische Verteidigung der bürgerlichen "Mitte" setzt explizit voraus, dass die Zentralmächte den Ansturm der "Peripherie" auf Kosten fragwürdiger Herrschaftstechniken leidlich erfolgreich managen. Dass dies ohne tiefgreifende Konsequenzen bleibt, meint auch er nicht. Schmitt wie Münkler haben sich beide in ihrer Zeit und Art dem Wandel gestellt und nachhaltige Folgen der Gewaltevolution für das normative und politische System und humanen Selbstverständnis thematisiert. Sie machen klar, dass die Entwicklungen auch jenseits öffentlicher Transparenz fortschreiten und große Herausforderungen für die ethische Reflexion und politische Theorie bedeuten. Eine empirisch gehaltvolle philosophische Polemologie kann sich von ihnen anregen lassen.

Prof. Dr. Reinhard Mehring, Pädagogischen Hochschule Heidelberg,
mehring[at]ph-heidelberg.de

JAMES DODD (New York)

A Short Prolegomena to the Philosophy of War, in Four Problems

---

Abstract

Is something like a true "philosophy of war"—understood as a coherent system of ideas, or a clearly articulated theoretical posture adequate to fully addressing the enduring challenges of war on a properly philosophical register—at all possible? What follows is an attempt to outline, in four problems, the parameters of any future critique of a philosophy of war: the problem of categories, *the problem of* representation, *the problem of* violence, *and finally the problem of* peace. *It is argued that within each horizon delimited by these four problems philosophy encounters a potential limit, one that raises fundamental doubts regarding the cogency of any philosophy of war considered as a systematic enterprise.*

Keywords: Carl von Clausewitz, philosophy, war, warfare, violence, peace

---

1.   Introduction

It is perhaps a truism that the experiences of war are intertwined inextricably throughout history with all human cultural activity, philosophy included, at virtually whatever particular corner of the historical landscape we choose to take into consideration. To focus just on philosophy, the examples abound, and not only in the West: there is Plato responding the the political disaster of the Peloponnesian War; the rise of Chinese classical philosophy in the wake of the devastation of the Warring States Period; the defense of just war in the Vedas of ancient India. The wars of the moment, if not always those of the past and the future, have rarely been far from the concerns of the philosopher. Given the apparent surfeit of such examples, one might be inclined to take as a corollary to this truism the assertion that, in order to understand a culture, its philosophy included, one would do well to consider how it has reacted to its wars.

Nevertheless, the truth of this truism, and any corollaries it might otherwise yield, holds only at a rather high level of generality, often rendering it all but useless. The specifics are always more important, the appreciation of which usually leads one to cultivate a certain reserve when it comes to such truisms about the putative importance of war, either for culture broadly construed or more limited domains such as philosophy, even politics. For wars have not all been the same, just as little as the responses to them, which renders broad comparisons hazardous. However ubiquitous, war does not always prove to be as significant an influence as one might at first think: for every Plato, there is a Descartes who, war raging all around him for much of his intellectual life, did not seem particularly moved, much less influenced. We would perhaps do well to shy away from trying to pluck the fruit of such apparently low-hanging cultural universalisms, and instead focus on harvesting the more limited returns of local, particular investigations. As Husserl once put it, describing his own efforts in the domain of logical investigations early in his career, sometimes the pursuit of small change is the best course.

This is perhaps the prudent posture to adopt when it comes to historical reflection, whether in the history of philosophy or ideas generally. Yet it leaves unaddressed the evident need to grapple with the questions of war germane to the world in which we live today, that strange, uncertain configuration of social and political trends that has crystallized in the wake of the Cold War and the revolutions of 1989. As an example of what, expanding on a formulation of George Sorel, one can describe as the "problems connected with violence"[1], the enduring legacies of past wars and the reality of contemporary wars large and small continue to shape, in one way or another, the global human community, and thus represent a central political and spiritual challenge for our times.

But is philosophy the best means, or even among the best, with which to meet this challenge? Is what counts as philosophy today, that sometimes erudite, sometimes earnest and almost always culturally cloistered cluster of academic discourses, adequate to the task? Despite millennia of reflection on ethical life, there is little in the way here of obvious low-hanging fruit, especially once one learns to avoid repeating truisms that are easily dismissed. There are of course many philosophical interventions of enduring merit, from Machiavelli to Clausewitz to Aron, as well as a vast literature on just war theory, such that it would be disingenuous to claim that philosophy has been silent on the topic. Nevertheless, a rigorous, consensus-secured approach to the philosophy of war that treats the full complexity of the phenomenon is arguably still lacking.

---

[1] G. Sorel, *Reflections on Violence*, ed. J. Jennings, Cambridge 2004, 43.

This may not be a question of a mere lacuna to be filled, but instead a symptom of a deeper problem. For whether something like a true "philosophy of war"—understood as a coherent system of ideas, or a clearly articulated theoretical posture adequate to fully addressing the enduring challenges of war on a properly philosophical register—is at all possible may in the end prove to be a debatable proposal at best. In short, the attempt to articulate something like a philosophy of war requires a critique of philosophy itself, precisely in its application to the problems of violence in general, and to war in particular. Such a critique is necessary, in order to even begin to consider whether philosophy should enter the debate at all, risking not only the ire of a Rousseau, indignant at the repeated misuse of reason for the sake of such a sordid business, but the all-too likely prospect of once again falling far too short of a goal one had expected to be able to achieve.

Accordingly, what follows is an attempt to outline, in four problems, what would, in my estimation, have to be addressed in such a critique. The problems discussed below are meant to reflect, in part, salient and familiar issues in philosophical methodology generally, in part issues germane specifically to the problems of modern war, the wager being that their intersection might provide the basis for a critical impetus for orienting a reflection on war philosophy today. An impetus is the most that the following discussion can hope to achieve, since these ideas are still too undeveloped to carry any claim of being comprehensive.

The four problems to be discussed are: the problem of *categories*, the problem of *representation*, the problem of *violence*, and finally the problem of *peace*. In each, I will argue, philosophy encounters a potential limit, one which must be fixed critically in order to enter the *champ de bataille*, as it were.

2. The problem of categories

The very theme of war as an object of not only philosophical reflection is conditioned, often in unexpected ways, by the particular optics imposed on it by its many examples. This is compounded by the fact that even a recognized, standard conception of war or warfare often varies according to the circumstances of time and place. Shock infantry warfare has its ancient and modern analogues, but they are stubbornly distinct, given the historical differences in respective technology deployed, not to mention specifics of social organization that invariably determine the essential characteristics of all wars. Add or subtract the factor of mobility, and even within the same war the reality designated by the category of infantry combat varies dramatically, as for example when one compares the Race to the Sea in September-October 1914 with the long slog of trench warfare that settled in after the First Battle of Ypres.

Accordingly, categories of war and warfare tend naturally to proliferate, following the descriptive demands of a wealth of forms, factors, and foci: there are the general forms of regular and irregular warfare and their respective subcategories; the factors imposed by the physical environments of land, sea, air, and their combination; the foci of information, psychology, economy, and other social aspects that map different dimensions of war as a total phenomenon. The manifold of conceptual and descriptive distinctions that results from the interaction of these elements, even if each given description proves to be in itself a perfectly cogent fit for a particular case, rarely fails to fully secure the integrity of a given overall categorial determination of war without at least some lingering ambiguity. War, in short, when looked at from the perspective of its conceptual determinations, appears to be in a state of perpetual revolution.

Perhaps the most illustrative of this tendency towards categorial proliferation, at least in modern times, is the concept of the partisan. Since the Napoleonic Wars, the figure of the partisan has been progressively transformed by a complex of shifting tendencies with regard to identity and forms of participation that render its formal inclusion in the category of "irregular warfare" all but empty. In response to the complexity of examples, the concept splinters in response to the descriptive demands of the moment, from the telluric, nationally loyal *guerilleros* in the Peninsular campaign and the "arming of the people" in the Prussian *Landsturm* edict in 1812, to the extensive use of the partisan as an arm of regular warfare in the Soviet advance during the Second World War and Mao's embrace of partisan warfare in his revolutionary struggle against both the Japanese and the Kuomintang. The contemporary political terrorist can be included as another chapter in this quickly moving history of transformations. The very concept of the partisan becomes so complex in the course of the 20th century, and in such a way that is deeply intertwined with central political and legal transformations, that Carl Schmitt believed it to represent a rich source for a robust theory of enmity, one that he saw in turn as a potential point of departure for a new concept of the political.[2]

Apart from the varieties of warfare, and the complications they invariably introduce, war itself as a general category is marked by a surface simplicity that often masks an underly-

---

[2] C. Schmitt, *Theory of the Partisan. Intermediate Commentary on the Concept of the Political*, trans. G. L. Ulman, Candor, N.Y. 2007.

ing complexity. Part of this is an inherent tendency towards ambiguity, one that sometimes frustrates our capacity to even identify a given case. It may be obvious that war is a struggle, but not all struggle is war; likewise war is often predicated on an act of resistance—Clausewitz, in a passage in *On War* that apparently tickled Lenin, defines the true act of war as one of defense, since the aggressor would be perfectly happy taking the prize without a fight[3]—yet not all resistance is war. Deciding just where either struggle or resistance becomes war is akin to the question of when an act of violence becomes political. For the one as in the other, the designation is often the result of a process that does not necessarily unfold simultaneously with the act, and involves various dynamics, whether political or social, that are germane to the context taken as a whole. Thus war is sometimes openly declared well after fighting has already begun, or not openly declared at all; sometimes war continues to burn in conditions formally defined as peace, as when English men-of-arms released from service continued to ravage the French countryside during the various periods of truce during the Hundred Years War. It is thus important to ask just when a war is a war, and not some other creature lurking just on the other side of an ambiguity.

Yet despite all this, on the purely conceptual level war can nevertheless be clearly defined. This however can only happen, as Clausewitz understood clearly, at the cost of considerable abstractness. The result can be a surprising simplicity ("war is an act of force to compel our enemy to do our will"), yet one that falls chronically short of the analytical force necessary for comprehending the full reality of war, which always entails the proper management of the ambiguities, exceptions, and complexities that rule in the domain of the concrete. In Clausewitz, the philosophy of war becomes effectively a double game, one that affirms the validity of a transparent if also abstract conceptual determination, all the while seeking to bridge the gap with the concrete reality of war that is anything but transparent.[4]

Compounding all of this is the fact that war is not a merely theoretical category, but a rhetorical concept that enjoys considerable use in political life. As such it is arguably most effective when eluding precision. Take for example the "war on drugs" that was such a prominent aspect of American foreign and domestic policy in the 1980's and 1990's. From a theoretical perspective, the war on drugs was perhaps not really a war at all, and maybe it was not

---

[3] See R. Aron, *Clausewitz: Philosopher of War*, trans. C. Booker and N. Stone, London, 1983, 147–148. Cf. C. v. Clausewitz, *On War*, trans. M. Howard and P. Paret, Princeton 1976, 377.
[4] Clausewitz, *On War*, 75–78.

even genuinely considered to be one by its protagonists. Nevertheless, the rhetorical figure of war helped to justify politically an unusual deployment of military and diplomatic means in what essentially amounted to an international police operation. Something similar can be said about the more recent "war on terror," in which a similar strategy was augmented by the more conventional wars of Afghanistan and Iraq. Even the Cold War can be described along similar lines, though the example is vastly more complicated. The Cold War unfolded on a far more massive scale, also involved a mix of conventional wars (so for example the Korean War of 1950-1953 among others), but it still came down to justifying enormous expenditures towards the mobilization of military and diplomatic resources by characterizing the peace that took hold post-1945 as essentially a war fought by other means, thus again stretching the semantics of the concept of war for rhetorical and polemical purposes.

This rhetorical obfuscation of what might otherwise settle into conceptual clarity, at least in the abstract, is not illegitimate, but points to something essential. A reflection on war, even at its most rigorous, is never wholly neutral, but always dependent for its sense on a struggle with the meaning of those wars that have come to mark the times. If theoretical reflection, in its desire for transparency, seeks to bracket psychological and political motives for the sake of conceptual clarity and analytic stability, it only does so by also risking the severing of the very nerve of its functioning. In this way war is, to again quote Clausewitz, a chameleon,[5] and not just because of a certain practical indeterminacy that always marks its conduct, and which goes a long way to understanding its basic opportunistic character. War is a chameleon also because any decision about the *nature* of war is always caught between the competing demands to abstract from the moment, in the interest of conceptual clarity, and the ultimate necessity of responding to the exigencies of the concrete now, that constellation of forces, both material and social, to which it cannot remain indifferent. A theoretical reflection on war thus shifts uncomfortably between its polemical and scientific colors, like a chameleon attempting to escape notice.

This means that a proper categorial determination of war is, however otherwise a *desideratum* of the theoretician, never more than a idealization soon abandoned or at least distorted in the face of the demand to take stand in the moment. This means that any conceptually *pure* idea of war (e.g., Clausewitz's "absolute war") remains in itself useless when faced with such demands, for the actual wars we fight are always so many exercises in contingency,

---

[5] Clausewitz, *On War*, 89.

and the pure idea rarely governs polemics with any measure of efficiency. For it is precisely the peculiarities of the wars of the present and recent past, coupled with the likely challenges of the wars that we anticipate to come, that in the end provide the real motives for all our reflections. Such reflections are thus ultimately animated by a plurality of needs and impulses, such as the demand to recognize an immanent threat (whether in the form of rogue nations and leaders or the rise of ideological extremism), shift course in either strategy or tactics given recent transformations in warfare (as for example in the case of the so called "new wars," including information warfare), decide on the meaning of recent events, or rally moral indignation against a particular manner in which war is being conducted (or conducted at all). In this way war itself—the real and potential wars that face us—ultimately dictates thought.

This means that if something like a "philosophy of war" is to be at all possible, then it is only when we have forgone any comforts that are usually afforded by theoretical distance, and recognize that such a philosophy can only draw its ultimate sense from an understanding of the fight that is going on now, and situate itself accordingly. Though a purely conceptual determination might still have limited use as a point of departure, in the end there is no purely non-partisan, neutral discourse on war and warfare that would be capable of resisting the necessity of ultimately taking sides. If philosophy is going to hazard taking to the field, it must fight.

If this is the case, if philosophical discourse on war cannot be neutral, then more than the usual challenges of conceptual determination makes the potential role for philosophy in such reflections uncertain. Philosophy is at its best when it strives to be non-partisan, when it suspends the demands of the moment in favor of reflection, which can only happen by leveraging a skeptical *epoche* to cultivate the critical thoughtfulness that the world always strives to frustrate. A philosophy of war that would succumb to the demands of polemics at the expense of establishing at least some measure of autonomy, or non-identification with the present that Nietzsche once tried to express with the adjective *unzeitgemäß*, might very well prove a powerful means to articulate what is at stake in the moment, and with that perhaps even purchase influence with its rich conceptual distinctions, but only by compromising its very possibility as philosophy.

3. The problem of representation

Representation is a question of establishing a perspective on the object of inquiry or investigation that effectively articulates its constitutive features without undue distortion. It is accordingly in the interest of any theoretician—whether philosopher, historian, sociologist, or military theorist—to find confidence in the veracity, cogency, and completeness of a particular representation of war. Often this is a question of what level or register to situate the description, which presupposes in turn an ability to distinguish rigorously such registers of description in the first place. One example is the classical distinction between the representation of a war with regard to the fortunes of a particular strategy adopted by the leadership, or that same war with regard to the tactics deployed by the commanders on the ground. This of course goes hand in hand with the need for conceptual definitions, in this case the respective definitions of strategy and tactics as such, which capture effectively the salient characteristics of different types of warfare, and so again we are led to the problem of categories.

Often such definitions, once drawn, can serve to organize representations into unities of what might otherwise seem to be very different things. So for example Clausewitz's definition of strategy as the use of victories, themselves secured at the level of tactics or the conduct of battle, to secure a political end, effectively fuses, on the level of representation itself, strategy with politics, in full continuity with Clausewitz's overall thesis that war is the pursuit of policy by other means.[6]

That war can be represented in a manifold of ways leads naturally to the question of which are the most truthful, capturing the reality of war "as it really is." The seminal work of the military historian John Keegan, *The Face of Battle*,[7] amounts to an extended argument that it is on the level of the experiences of those who fight that the reality of war is genuinely manifest, a reality that is at best dimly perceived on the level of the strategic perspective of the generals. Experiences of individual and collective suffering, burden, and effort not only bring to the fore the lived reality of war, but also serve to differentiate the salient characteristics of different wars across history, providing as it were a matrix of the varieties of the human predicaments of battle on which individual war-experiences can be plotted.

There are of course limits to Keegan's approach, as he would be the first to admit. War is a complex whole, and even a relatively typical experience of a war is never so widely shared that it would be satisfying to take it as definitive of the whole. This shortcoming becomes perhaps most acute when considering modern mass warfare, as Keegan himself does (brilliantly) with a description of the Battle of the Somme. The scale of modern warfare often

---

[6] Clausewitz, *On War*, 177–178.
[7] J. Keegan, *The Face of Battle. A Study of Agincourt, Waterloo, and the Somme,* New York 1983.

confronts the analyst with something of which, arguably, no given individual participant possesses a complete grasp; its immensity itself is, in fact, a key characteristic of the experience. In general, it is one thing to compare the experiences of an ancient chariot battle in Central Asia with an infantry battle in ancient Greece, each of which forms (arguably) a distinct whole that can be taken to be more or less manifest on the level of individual experience. It is quite another to take either in comparison with the Western Front in the First World War, where the whole involved millions of combatants over hundreds of miles in a rolling series of engagements, large and small, over a period of years. This latter type of war even strains what might reasonably be called a distinct "battle," even if one drops individual experience as its measure. At some point the increase in scale leads to a qualitative shift that, even if it falls well short of rendering individual experiences irrelevant, forestalls taking them as constitutive of a sufficiently complete representation of war.

Something else goes with this. The increase in scale characteristic of modern war brings with it an increasing reliance on sophisticated means of representation in the very conduct of war itself. Historically this has involved, as has been argued by the literary historian Anders Engberg-Pedersen, the utilization of a wide variety of different media for the production of representation, perhaps the most significant, at least from the perspective of military history, being those of maps and games.[8] Campaigns involving tens of thousands, if not hundreds of thousands of soldiers scattered over hundreds of miles of territory became, by the time of the Napoleonic Wars, increasingly reliant on the efficacy and practicality of maps. For a mode of warfare still tied to the limitations of the march and the pack horse, such maps not only had to mark the relative distances of various points, but also provide information on terrain and relative navigability. The more that scale pushes command decisions into the ether of map reading and the issuance of orders by courier often across large distances, thus spreading out the terrain of battle in both space and time, the more the particular conduct of war takes place in a milieu of pure representation and, accordingly, is shaped by it.

This remains true even when advances in technological capacity have overcome many of the physical and organizational obstacles that had originally pushed early modern warfare into its embrace of different media of representation. Overcoming one set of obstacles, for example the delay in communications or the deployment of forces rooted in the frictions of

---

[8] A. Engberg-Pedersen, *Empire of Chance. The Napoleonic Wars and the Disorder of Things*, Cambridge 2015.

time and space by way of instant electronic communications and the relative speed of mechanized transportation, only gives rise to others, so for example the need to respond in real time to events unfolding at multiple sites on the battlefield or theater of operations. The modern technical goal of "total battlefield awareness," or alternatively "battlespace awareness," in which an enormous amount of information of different types is synthesized into a stream of real time analysis, is a clear heir of the Napoleonic legacy of an increasing reliance on the technologies of representation.

Related to this is the increasing importance of games, another thesis of Engeborg-Pedersen's. His emphasis is on the capacity for games, as representations of war on both the level of tactics and strategy, to incorporate the element of chance. The general thesis is that one can interpret the embrace of games of chance by military theorists as evidence of an epistemic shift away from a classic, geometric representation of warfare, to one that seeks to re-create the experience of contingency, or war as that "empire of chance" that had struck military contemporaries as characteristic of recent events.[9] Games can also be credited with the power of modeling the reality of war, in ways that can be more or less exhaustive, or at least sensitive to the myriad complexities that make up the reality of battle or campaign. The more a model can incorporate such complexities, the potentially more powerful an instrument it becomes for the conduct of war.

Which brings us to the problem. Any modeling, in order for it to remain manageable, must be selective. Overload of detail, variations, and factors, however more content laden the representation that results and by that measure more valuable, risks simply mirroring the increasingly unmanageable confusion of mass warfare itself, ironically leading to the same results by replacing a lack of information with too much. Representation is useless if it only amounts to a mere compendium of information; information must be managed in a way that allows for appropriate decisions in the case of the protagonist, and opportunities to emphasize and provide insight in that of the theorist.

It is also worth emphasizing that the need for coherent representation is also a key factor in the inevitable political conduct of any war: the significance of the struggle, the very meaning of victory or defeat is mediated by a symbolism that is ultimately rooted in political discourse, and which must draw in turn from a given store of possible representations. Representation is thus a distinctively multidimensional affair. *How* war is represented—not only

---

[9] Engberg-Pedersen, *Empire of Chance*, esp. Chapter 4.

modelled with regard to its material elements, but determined and managed by way of its symbolic determinations, whether political, moral, or social—is thus not something external to the conduct of war, but an organic function of the same. What is at stake in representation is thus nothing short of the understanding of war itself, an understanding that is always already thoroughly conditioned by both the exigencies of fighting, and the success or failure to represent them.

Thus the challenge to philosophy is to both take account of the essential role played by the technologies of representation in the conduct of war, and in response fix a form of representation that is appropriate for properly philosophical reflection. Again there looms here a potential gulf between the ends of philosophy and those of war. For the selectivity necessary in the philosophical representation of war may turn out to be incompatible with the selectivity necessary for the conduct of war, for what the philosopher needs to see may prove incompatible with what the warrior, in order to fight, has made visible. This is a function of the need for philosophy to be able to determine the *meaning* of what we do in war, in a fashion that is independent of the prevailing standards for success that determine *what* we do in war. The philosophical necessity for a critical perspective on the latter, in order to orchestrate a determination of the former, requires a thoroughgoing liberation of representation, all the more difficult given that representation itself is an organic part of the reality of war, an essential dimension of its mobilization.

4. The problem of violence

A great deal of the activity of war takes the form of preparations—the massing of resources physical and human, the arrangement and selected concentrations of force dispositions, the securing of the battlespace or even its brute cognitive projection—that are often so intricate and energetic that it is often tempting to consider the violence of war as almost an afterthought. Clausewitz had looked with scorn on those who, perhaps inspired by the relatively limited, professional wars of the 18th century, put so much emphasis on the role of maneuver and other tactical devices such as interior lines that the actual use of violence was almost taken to be a sign of failure.[10]

---

[10] Clausewitz, *On War*, 130, 135–136.

This is of course an exaggeration. In a broad sense violence is arguably inscribed in all the activities of war, including its preparations, which after all ultimately serve to position oneself to be able to either strike the enemy, or husband the capacity to withstand a blow. This is as true in offensive preparations as defensive, in a strategy of annihilation as it is in one of attrition, none of which can be understood outside of the horizon of potential violence. It is even true in the case of nuclear confrontation. Even if the actual use of nuclear weapons had come, by the end of the 1960's if not before, to define the failure of nuclear strategy for both the United States and the Soviet Union, that never meant that their potential violence played no role. The race of the Soviets to increase megatonnage exponentially, and the use of these sinister measures of violence in subsequent diplomacy, is a case in point.

What characterizes the violence of war is thus, at least in part, a thoroughgoing grasp of the potentialities of violence, expressed in the form of war preparations and mobilization. Warfare is an art, a technique in which the instrumentalization of violence in all its forms stands at its inalienable core, its inner driving force. This is true of all the arts of war through-out history, from the martial arts in which the individual body is weaponized, to the mass mobilization of nations in the world wars of the past century, in which the social capacity for collective industry and symbolic production was weaponized on a massive scale. The violence of war is thus in this way constituted by a calculative intelligence coupled with an expanding knowledge of the possibilities of destruction that lie at the intersection of our vulnerabilities and our capacity to exert force, whether as individual bodies or collectives.

Yet for all our capacity for calculation and knowledge of how to destroy human beings individually and collectively, violence itself remains elusive. In the end, it is instrumentalized only in an indeterminate, incomplete fashion, for violence is never something that unfolds precisely as predicted, but on the contrary invariably opens up a space of hazard, of chance. "No other human activity," as Clausewitz put it, "is so continuously or universally bound up with chance."[11]

One reason for this is the simple fact that the best preparations and provisions for battle are inevitably subject to the vagaries of chance, to the unforeseen, which constitute what Clausewitz described as *friction*: that drag on action that results from the burdens of the unanticipated, complications in which any move is checked with an inexorable resistance charac-

---

[11] Clausewitz, *On War*, 85.

teristic of the environment of war.[12] War is a constant struggle with conditions: the weather, opportunities met and lost, psychological factors such as morale and courage, unanticipated political events, all the vagaries that dog the willingness to fight, and a chronic lack of adequate information. Thus, to again quote Clausewitz, it may very well be that "everything in war is very simple"—violence, in other words, is stupid—"but the simplest thing is difficult."[13] Thus even if the violence of war is to a very high degree instrumentalized, and that means both conceived and represented in increasingly sophisticated ways, the inevitable contingencies of conflict forgo the possibility of defining any real laws determining the conduct of war, apart from some general principles that are themselves chronically open for revision. War is thus an art, not a science; a discipline, not a body of knowledge that can be systematized.

Another reason that war is so bound up with chance is that the violence specific to war operates precisely in the caesura between the planned and the unanticipated, or that tipping point in which preparations run aground in friction. Violence is precisely an attempt to quicken this encounter, in a bid to shape events by way of distorting the environment in which they unfold in ways that frustrate the capacity of the enemy to retain control. For the act of violence is precisely the refusal to allow anything to be given as fully determinate or determinable, instead positing a radical refusal at the heart of things, an obstacle of mute force aimed directly at denying the attempt of the enemy to inhabit the field, or in general be in any predictable control of space or time. As a kind of willful anarchy, the violence of war is chronically blunt, risking the unraveling its own organization the moment it is deployed, in a gamble with an unknown that risks the one who wields it just as much as the one who resists. In this way the violence of war takes the form of a kind of planned confusion and exception, an orchestration of chaos aimed at the very capacity to field violence itself, namely the fighting capacity of the enemy who has entered the scene prepared to do the same. This means that the violence of war can never be reliably directed by any art of war, for the violent act initiates a breakdown the consequences of which cannot be determined in advance, only subjected to a shifting assessment of probability and the opportunistic instincts of the gambler. For this reason, the psychological or subjective dimension of war is of great importance for Clause-

---

[12] Clausewitz, *On War*, 119–121.
[13] Clausewitz, *On War*, 119.

witz, for it is on this level, not of understanding and technique but the more elusive "moral" dimension of character and will, that much of the drama is ultimately played out.[14]

We might also, in reference to the reflections of another thinker of violence, Jean-Paul Sartre, emphasize that the horizon of war violence is not only opened by the collision of an anticipation of a probable outcome and the anarchic moment of chance quickened by violence, but also the past legacies of violence that serve to shape, and often distort subjective comportment itself. The legacies of past wars, inscribed into what Sartre describes as the domain of the practico-inert, condition the reality of any war, perhaps to an even greater degree than the actual technologies of destruction deployed.[15] The *praxis* of past violence saturates the present, embedding itself deep in our psychology, giving a particular shape to the whole of our social relations. What we fear, what we are willing to risk, even what we can imagine to be possible, is a direct consequence of the history of destruction of which we are the troubled heirs.

This allows us to supplement in an important way the Clausewitzean emphasis on psychological factors: the point is not so much to catalogue the spiritual characteristics of an individual or collective (which often gets bogged down in empty speculation regarding the "warlike" or "unwarlike" character of a given society or individual), but instead to understand the historical context as the product of a confrontation between the realities of the past and the possibilities of the present. And it is here that the excesses of past violence stand out as poignant, but also ambiguous. Awareness of the violence of the past may lead either to a recoil of horror, giving rise to a desire to arrange the world in a way such that the crimes committed in the past will never again be possible. Yet it can lead equally to a reckless impulse to push forward even further, throwing the world into an ever greater chaos in an ever more costly gamble. Here perhaps we have an indication of the imaginative sources for the obscenity of war, its inherent tendency towards abomination, the breakdown of the very conditions of morality. Ironically, the same sources also yield an equally inherent tendency for wars to be limited affairs, falling well short of potential violence in the face of an instinct for self-preservation awakened by the memory of past suffering.

---

[14] Clausewitz, *On War*, 85–86.

[15] J.-P. Sartre, *Critique of Dialectical Reason, Volume One: Theory of Practical Ensembles*, trans. A. Sheridan-Smith, London 1991, "Book I: From Individual Praxis to the Practico-Inert".

Here lies the problem for philosophy. If anything, it is in its violence that something like the "essence of war" can be formulated, since violence appears to provide a key to the fundamental movement of war taken as a whole. Yet at the same time violence invariably points to the specter of an utter nihilism at the core of war, and with that at the core of any human situation that would count war past and present as one of its formative elements. There can be no philosophy of war, in other words, without a philosophy of nihilism. The problems of a philosophy of nihilism are copious, but with regard to the problems of war the issue boils down to one: is a philosophy of nihilism possible in any other form than as an *overcoming* of nihilism, a movement *beyond* nihilism? Or does the reality of an irreducible nihilism, whether in general or that of war itself, precisely the point at which philosophy is rendered impossible?

5. The problem of peace

The legacies of past violence, the practico-inert that arises from the distortions of past destruction, form a series of fundamental conditions constraining the very possibility of peace. Coupled with the character of war as prepared violence, any time of peace is fraught with the double distortion of past and anticipated violence: there is no peace that is neither a preparation for war, nor the failure to do so. The more humans are conscious of history, and with that the more they live historically, the more axiomatic this constraint.

Yet for all that it would be a mistake to conclude that peace lacks autonomy, that it is reducible to a tense truce that occasionally interrupts the reality of universal war, or that it merely represents war fought by other means. Something similar is the case with politics: Foucault's widely cited inversion of Clausewitz, that politics is war pursued by other means (because politics is power, and power an exercise of force), overlooks the core of Clausewitz's thesis, namely that war can never be an end in itself, but is always in the service of a greater political logic.[16] And the ultimate end of politics at play in war is not war, not power as an exercise of force, but an advantageous peace. For Clausewitz this implied a capacity for policy to judge appropriately the possible course, by means of either military action or diplomacy (or a combination of the two), towards the cessation of hostilities and a resumption of an agreed upon peace. Likewise that other popular attempt to replace Clausewitz's dictum, name-

---

[16] M. Foucault, "*Society Must Be Defended.*" *Lectures at the Collège de France 1975–76*, trans. D. Macey New York 2003, 15–16.

ly the riposte that war is not politics pursued with other means but the failure of politics, misses the point equally. There are of course plenty of cases where a failed policy results in a ruinous war, but bringing any war to an end is ultimately a political endeavor, so at some point the primacy of politics must reassert itself for the sake of peace, and it can do so only by again shouldering the war in order to conduct it to its conclusion.

In the end, the Clausewitzean insight is that war is never a complete *substitute* for politics, nor can it function independently from politics. A corollary might be that war is never a substitute for peace either, that however temporally brief, however threatened by the prospects of war, peace remains as the logical touchstone for any war, whereas the converse is not the case. To drive war and warfare beyond the confines of the logic of peace renders each incomprehensible, unmoored, effectively meaningless. Even a militarism that would seek to dress all of political discourse in the symbolic forms of war remains at least implicitly dependent upon peace for its own ultimate sense—otherwise it is madness.

Of course to claim something to be madness is not equivalent to demonstrating its impossibility. On the contrary. If anything, the legacy of the 20th century would seem to have affirmed at least the possibility of something like a "total war," a war that not only absorbs all of the resources of society but absorbs all of its symbolic activity, including politics, as well. Just as for Clausewitz the experience of the Napoleonic Wars seemed to have made the otherwise abstract concept of absolute war, or war driven inherently by an unmitigated escalation of possible violence, a reality, so too the long period of conflict between 1914 and 1945 seemed to have made the even more terrible specter of total war a reality as well.

Yet it remains a question whether or not this is just an appearance, whether or not the global conflicts of the last century are at bottom only conceivable in terms of a dialectic of war and peace that, however different it may be from the 19th (or any other) century, nevertheless remains valid. This seems to be the conclusion of Raymond Aron who, after his intensive study of Clausewitz, attempts to apply Clausewitzean principles in an analysis of the post-1945 world.

Aron's conclusion however runs up against a difficulty, one that I would argue is intrinsically philosophical. For it is difficult to judge just to what extent war and peace form a dialectic that can be meaningfully reconstructed in conceptual terms. There is good reason to doubt that there is a coherent perspective from which this could be accomplished. For each, war and peace, is grounded in an experience that seems to entail the unreality of the other, as if each exercised a kind of magical suspension that in and of itself does not necessarily open the horizon of its own modification. We do not necessarily return to war after a peace thanks to which war means something different, more rich in content or determinacy; nor do we necessarily return to a peace after war to discover a condition that is any more resilient, as if tempered by the experience of war. We are more likely to be haunted by the unreality of the halcyone times of peace during war, and vice versa by the nightmare of war during peace, as if each represented an existential breach of the other that belies any claim that war and peace are two parts of a common, integrated whole. There may very well be developments, even dialectical in nature, that we can trace in the history of war as a human activity, but the idea of a dialectic between war and peace themselves, to the extent to which such a dialectic would entail some logic of unity, is at the very least an open question.

But for all that war and peace are clearly inseparable, even if, from the position of either, they seem to be absolutely, or perhaps fatefully separable: each reveals, in very concrete ways, the unreality of the other, and in this sense threatens a kind of contradiction without resolution. Here again we are perhaps faced with the need to recognize the place of nihilism. Here also lies the fundamental problem of peace for philosophy, which is at the same time just the problem of war itself: how to think each in terms of its other, and not emerge as a naive partisan of peace for whom war is a false reality ripe for eradicating from the world, nor a cynical partisan of war seeking to reveal the utter bankruptcy of peace.

6. Conclusion

Yet can philosophy be anything but a partisan of peace? Essaying the contrary would risk exposing ourselves to the ire of Rousseau—for would not anything short of defending the idea of peace amount to simple barbarism?

One might answer in the affirmative, at least if one were convinced that the conditions of peace are fundamental for the very possibility of philosophy itself. Our discussion of the first three problems above perhaps provides some support for this intuition. Philosophy falters when forced into serving the political ends of the moment at the expense of its autonomy; it also falters if it fails to liberate its representations from collusion in the conduct of war; and finally it falters if it is compelled to cede to nihilism a centrality in human affairs, at least without first putting up a robust, critical resistance. Are not all of these factors together pointing to an overriding necessity of peace for philosophy? Is it not only in the condition of peace that philosophy enjoys the requisite critical distance for any proper reflection on war and its violence—or any proper reflection at all?

It is difficult to avoid the conclusion that the fourth problem, that of peace, is the essential problem for philosophy, standing in the background of the other three, and any others that we might essay. An understanding of peace thus has the potential to provide the fulcrum for the entire endeavor of a "philosophy of war."

And here again doubts arise with regard to the very possibility of philosophy, even as a defender of the peace on which it seems to rely. For the problem of peace raises the essential question whether becoming a partisan of peace, in order not to become a lackey of war, does not itself risk a loss of autonomy, and with that the loss of a properly philosophical perspective. It is essential that we ask, as does Levinas in the first pages of *Totality and Infinity*, whether or not we have become the dupes of peace and its morality. "The moral consciousness," Levinas tells us, "can sustain the mocking gaze of the political man only if the certitude of peace dominates the evidence of war."[17] It is all too clear that such certitude often betrays a naïveté that is just as much an anathema to philosophy as its submission to the putative evidence of war and the politics that direct it.

In sum, any future philosophy of war must come to critical terms with its own conditions of possibility, which are discernible only in the complex relation between war and peace. For the ultimate problem of philosophy is but one expression of what is at stake in this relation: the human capacity not only to understand, but also to shape the world from out of this understanding, for better or for ill.

Prof. Dr. James Dodd, Department of Philosophy,
New School for Social Research, oddj[at]newschool.edu

---

[17] E. Levinas, *Totality and Infinity. An Essay on Exteriority*, trans. A. Lingus, The Hague 1979, 22.

DEBRA BERGOFFEN (Fairfax)

War-like Violence:
Violating the Ontological Contract

Abstract

Examining the continuities and differences between war and war-like violence, focusing on the war like violence of racism and rape through the lens of Sartre's ontology of "The Look", Merleau-Ponty's concept of a body schema, and Beauvoir's analysis of women as "the sex", I argue that war-like violence deploys the affect perceptions of shame, degradation, humiliation and disgust to violate the ontological contract of intersubjectivity and mutual vulnerability.

Keywords: racism, rape, vulnerability, affect-perceptions, the body

1. The Provocation of a Phrase

The phrase war-like violence is provocative. In suggesting that some forms of violence are like war while others are not it raises such questions as: What is the difference between war-violence and war-like violence? What ties them to each other? What distinguishes war-like violence from non-war-like violence? Does this distinction matter? Why?

At the most general level what distinguishes war-like violence from other forms of violence is that like the war-violence that violates the humanity of enemies by legitimating their murder, war-like violence degrades the humanity of its victims, not by murder (though this is often one of the effects of its ideology and practices) but by policies of internal exclusion (segregation, for example) and/or marginalization (the subordination of women for example). Like the violence of war, the machinery of war-like violence is state enabled. As a violence embedded in a peace time community, however, it is also activated less formally, but no less effectively, in social, cultural and religious norms and practices (shunning, shaming, silencing, for example).

The targets of war-like violence are not external enemies who carry the threat of invasion. They are an integral part of a social order that depends on and is stabilized by their inferior status. Where war violence secures the social order by destroying those strangers who threaten it, war-like violence sustains an exploitative social order by degrading the humanity of familiar faces within its midst. This degradation is aimed at convincing those victimized by war-like violence that their sub-human status is legitimate and at assuring perpetuators of this violence that their policies are justified. The idea that delegitimating the humanity of some for the "protection" of others is both justified and legitimate is one way to note the continuity between war and war-like violence.

Fleshing out these generalities, I examine the continuity between war and war-like violence through the historical work of Martin Shaw and the ontological reflections of Jean-Paul Sartre. Where Shaw's work indicates that war-like violence is a legacy of the degenerate and genocidal wars that characterize our times, Sartre provides the ontological resources both for understanding the meaning of this degeneration and for critiquing the politics of its war-like violence bequest. I bring Sartre's ontology to phenomenological life through Frantz Fanon's descriptions of living in a world structured by racist war-like violence[1], and the *War Crimes Tribunal Witness 1 France,* Linda Alcoff's, Susan Brison's, Susan Brownmiller's, Louise Du Toit's and Susan Griffin's accounts of sexist war-like violence.[2] Their testimonies deepen our understanding of this violence by showing how it operates and how its tactics undermine the humanity of those caught in its vice. Where the body of this paper uses historical, ontological and phenomenological resources to detail the distinctive ways war-like violence has operated in the past and continues to work in the present, its last section looks to its future. Noting that those victimized by war-like violence and their allies has shown that understanding its mechanisms is essential to jamming them, it asks about the enduring power of this jamming. Like everything else about the future, the section that closes this paper opens it to the undecidability of time.

---

[1] F. Fanon, *Black Skin, White Masks*, transl. V. C. Lam Markmann, New York 1967.
[2] L. M. Alcoff, *Rape and Resistance*, Medford, 2018; S. Brison, *Aftermath: The Making and Remaking of a Self,* Princeton 2003; S. Brownmiller, *Against Our Will: Men, Women and Rape*, New York 1996; L. Du Toit, *A Philosophical Investigation of Rape: The Making and Unmaking of the Feminine Self*, New York, 2009; S. Griffin, *Rape: The Politics of Consciousness*, New York 1979.

2. From Degenerate Wars to War-like Violence

Martin Shaw's account of the devolution of war from a form of violence governed by rules of military engagement to the degenerate and genocidal wars that characterize our times where violence is directed at a people for who they are, rather than at enemy armies for what they do or can do[3], provides one way of accounting for continuity and difference between war-time and war-like violence. According to Shaw, today's wars obliterate the traditional distinction between civilians and combatants. Wars of the past limited legitimate targets of violence to combatants, agents of enemy governments. Civilians, considered innocent by-standers, were not considered enemies. Attacking them violated the rules of war. In today's degenerate wars no one is innocent. There are, strictly speaking, no civilians. Anyone may be treated as an enemy. Military violence seeps into peoples' everyday lives. They are stalked by drones, their homes are invaded, they are stopped and searched at random. According to Shaw, the degeneration of war does not end here. As traditional wars became degenerate wars, degenerate wars became genocidal wars. The degenerate war denial of civilian innocence devolved into the genocidal war denial of a peoples' humanity.

In traditional and degenerate wars, violence is directed at military personnel and/or civilians because of what they do or can do – fire a grenade, throw a bomb. In genocidal wars it is not what a person does or could do that subjects them to attack, but rather their identity – their "who". The who of being Jewish. The who of being Bosnian-Muslim. The who of being Tutsi. The who of being Armenian. The difference between the "what a person does or could do" and their *identity* is crucial, for insofar as one's status as an enemy is defined by what one does or could do, it is transient; the violence can be limited and ended through peace treaties and other forms of reconciliation. Yesterday's enemy can become today's collaborator. Germany, the World War II enemy of the allied nations of Europe, is now a member of the European Union. Insofar as the who of a person defines them, however, nothing can limit the violence. Thus the principle of final solutions that characterize genocidal wars.

In genocidal wars, a person's who is aligned with their religious, ethnic and/or social markers. As so marked, certain groups of people are said to be a threat to the integrity of the body politic – a threat that must be destroyed. Like the violence of genocidal wars, the war-like violence of peace time worlds targets people for who they are. It does not, however, call

---

[3] On this definition see M. Shaw, *War and Genocide*, Cambridge: Polity Press 2003, Ch. 2.

for their destruction. As the principle of the "who" constitutes the continuity between geno-cidal wars and war-like violence, the separation of the principle of the "who" from the princi-ple of annihilation marks the difference between them. In war-like violence it is not a matter of removing a group of people from the social body but of situating them within it as margin-alized, stigmatized and humiliated so that they can be exploited for the profit of others – either the material profit of their labor or the psychological profit of securing the position of those who are not so marked as superior human beings. These profits, though distinct, are inter-twined, for it is in their claim to be superior human beings that some people legitimate their right to undermine the humanity of others.

Lying at the heart of war-like violence, this declaration of human superiority is an assertion of absolute and invulnerable subjectivity. It is an attempt to escape the ontological condition of the human situation – a condition that embeds our subjectivity within an inter-subjectivity marked by the risks of vulnerability. Those who claim the status of the absolute subject – a subjectivity that escapes the risks of intersubjectivity – are making an impossible ontological claim. They are attempting to re-write the ontological conditions of intersubjectiv-ity by dividing humanity into two types of phantasmatic subjects, absolute subjects immune from the risks of intersubjectivity and vulnerable subjects, condemned to live these risks without appeal. The prevalence of racist and sexist materializations of these phantasmatic subjectivities show that the terms of the conditions of intersubjectivity can be existentially re-written. Those who rebel against the existential corruption of these conditions show, however, that though the ontological conditions of intersubjectivity can be cracked they cannot be de-stroyed.

3. The Ontology of Intersubjectivity
that Sets the Conditions of the Ontological Contract

Sartre's vignette *The Look*[4] depicts the ontological conditions of intersubjectivity through an account of a park encounter where one person passes by another seated on a bench. By point-ing to the role the body plays in this encounter it provides insights into the ways that the ra-cialized and sexualized body becomes the target of war-like violence.

---

[4] J.-P. Sartre, *Being and Nothingness: A Phenomenological Essay on Ontology*, H. E. Barnes, transl., New York 1956, 340–363.

There is nothing about either person in this park scene that appears to be threatening. Yet a threat is present, for according to Sartre, the person on the bench simply by looking at the person walking by negates the walker's status as a subject. As looked at the walker becomes an object in the bench sitter's world – evicted from their place as a subject in a world of their making. This eviction is not, however, permanent. As described by Sartre, the Look inserts the walker and the bench sitter into an intersubjective, ongoing, and indecisive dialectic of vulnerability. By looking at the stroller in the park, the person sitting on the bench incorporates him into their world. By returning the Look the stroller inserts the bench sitter into their world. Because the person on the bench and the stroller engage in mutual thievery neither of their worlds are irrevocably destroyed. As vulnerable to each other's assertion of subjectivity, neither the bench sitter nor the stroller is permanently objectified by the other. Neither can rob the other of their subjectivity or eradicate their world forever. Neither can escape their vulnerability to the other's impending theft.

What will become significant in the racist and sexist war-like violence that upends of the ontology of mutual vulnerability, is that by virtue of being a perceivable body each person in the park is at risk before the other. As set by The Look embodiment is the source of our intersubjective vulnerability.

The stroller in the park and the person on the bench are now subjects and then objects. They are neither one nor the other. They are both. This ambiguity sets the terms of the ontological contract that flows from the ontology of intersubjectivity, for insofar as we each can situate others as objects in our world we are obliged to remember that the objectified human being, unlike other objects before us, is also a subject who can objectify us. Guided by The Look, the subject emerges as a world constituting activity who, in living among other subjects, confronts the fact that the world they constitute is one among many world possibilities. War-like violence may be read as the power of the illusion of absolute subjectivity to convince a person and groups of people that those caught by their gaze are fated to be permanently objectified as bodies alienated from their world making capacities – the illusion that there is only one possible world and only one form of legitimate humanity. The power of this illusion may be read as a willful forgetfulness that disremembers the difference between perceivable human bodies and other perceived material objects.

As an ontological account of the human condition, Sartre's Look tells us that though as perceivable objects we seem to be like other material things, in fact we are not. The human body object is the only object that can undo our subjectivity. Ontologically, this danger, though unresolvable, is livable insofar as its dynamic of reversibility preserves the humanity of the one who is objectified. What I am calling the ontological contract moves this "is" of our ontological condition to an existential "ought" that requires us to structure human worlds such that they preserve the humanity of objectifiable human bodies. This contract, in translating the ontological principles of intersubjectivity into existential obligations requires remembering that the difference between objects and objectifiable human beings concerns the dignity of the subject as a lived body whose vulnerability is part of its life blood.

Directed by the ontology of The Look, and the ontological contract it entails, I identify war-like violence with those policies and practices that, like the violence of war and especially the violence that characterizes the degenerate and genocidal wars of our times, violate the dialectic of subject-object ambiguity and intersubjective vulnerability. These institutions and practices, however different they seem, share this: they make it impossible to return The Look. This impossibility characterizes colonialist institutions that situate European Whites as absolute subjects who may legitimately situate Brown and Black bodies as permanent objects in their world. It is at work in the sexist ideologies that signify women as sexed body objects to be used in accordance with men's desire.

4. The War-Like Violence of the Racist Contract

Speaking ontologically, Sartre gives no existential account of the body of the person on the park bench or the person passing by. These are merely perceivable bodies whose only difference is that of being in the fluid place of a perceived or a perceiver – a difference that makes no difference insofar as one can, by returning the Look, become the other of the one who is looked at. Once Sartre's ontological bodies are figured as existential human bodies with their perceivably distinctive markers, their differences, caught up in the human environment of imagination, consciousness, desire and culture, begin to shape their perceptions. Differences of sex, race, ethnicity, for example, transform simply perceivable bodies into bodies that are affectively perceived as dangerous, disgusting and/or degraded. Once these bodily distinctions become triggers of emotionally charged affective perceptions, the *Look-world* of ontological mutual vulnerability disappears. It becomes an existential world where certain people are situated as subjects who look and others are permanently positioned as their objects. It becomes a world where violating the rules that distinguish those who have the right to look from those who do not can be deadly. In this world, Emmett Till, a fourteen year old Black boy in 1955 Mississippi will be lynched for looking at a White woman.

In this world Eric Garner in 2014 New York city and George Floyd in 2019 Minneapolis, will die in choke holds for attempting to flee The Look of a White police officer.

Frantz Fanon, a Black man living in the French Colony of Martinique was not murdered for being Black. He lived by remembering his place – a place where White colonists, institutionalizing their flight from the dialectic of mutual vulnerability, made it impossible for a colonized Black man to return the Look.[5] As a Black body he became a looked at body frozen into an objectified existence. In this world, the Look looks quite different.

Where Sartre creates an imaginary park scene to describe the Look, Fanon describes an actual train scene where he accosted by the words of a little White boy. "Look mama a Negro. I'm frightened." Though now it is a matter of words, not stares, what is critical is that Fanon cannot return the gesture. The possibility of reclaiming his body as non-threatening is foreclosed. He cannot say to the boy, "There's nothing to fear."

The little boy who greets Fanon with "Mama see the Negro. I'm frightened" is sitting beside his mother. Like the rest of us, he learned how to perceive the differences of others in the early intimacies of family life. His mother's silent presence, or at least in Fanon's account we do not hear her saying that there is nothing to fear from the Negro, is a confirming in several respects: she approves of his fear; her White maternal body will protect him; he is safe so long as he remains near her ideologically. The little boy will grow up to be a White colonist man whose sense of absolute subjectivity is as intimately incorporated into his body as Fanon's place as an objectified body is incorporated into his. Here war-like violence takes the form of privilege. Material advantages hide its distortions of the oppressors' humanity. Noting their presence, my focus here is on Fanon, a speaking subject who, in belatedly defying being silenced by the boy's outburst, tells us how the boy's fear was inscribed in/on his body.

Fanon begins by describing how, long before his encounter on the train his body schema is overridden by a racial epidermal schema. As a body schema, Fanon exists in "a manner of expressing that my body is in and toward the world as a posture toward a certain task"[6]. As a body schema oriented to the task of smoking, it is a matter of the taken for

---

[5] For an extensive discussion of this flight see D. Bergoffen, "The Flight from Vulnerability", in: *Dem Erleben auf der Spur: Feminismus und die Philosophie des Leibes*, ed. H. Landweer, & I. Marcinski, Bielefeld 2016, 137–152.

[6] M. Merleau-Ponty, *Phenomenology of Perception*, London 2012 102–3, 142.

granted gesture of removing a cigarette from a pack and lighting it with ease.[7] In a racist world, this corporal schema, lived with ease and oriented toward his projects, such as wanting to smoke a cigarette is fragile. It is overrun by historical-racial forces.[8] It crumbles under the weight of a racial epidermal schema that orients him to the projects of the White colonist.[9]

More than a substitution of projects is involved. His body's tactile navigation of the world is also, and perhaps more fundamentally, coopted by "the white man who had woven me out of a thousand details, anecdotes, stories."[10] These stories will set the boundaries of his life and of others whose bodies are Black like his. "In America Negros are segregated. In South America Negros are whipped in the streets and Negro strikers are cut down by machine guns. In West Africa the Negro is an animal."[11] In Martinique, Fanon is given back to himself as a bad, mean and ugly animal.[12] Why is the little boy afraid? The animal will eat him up.[13] As an animal among civilized people, he must be put in and stay in his place—the place of an animal among civilized people, caged.

Once Fanon "picks up the catch phrases strewn over the surface of things – nigger underwear smells of nigger [...]" he has "the Negro's *sui generis* odor" he knows that he will be kept in his place by disgust.[14] The fear of getting too close to a mean, ugly animal is energized by an affect that throws White bodies into recoil in his presence. The recoil effect of disgust boomerangs. It returns to Fanon to contaminate him. The white disgust at his stinking body becomes his "Shame and self-contempt. Nausea."[15] When Fanon describes himself as walled in, we need to feel the space within which he is confined as permeated by the repugnant smells that keep others away from him and make him nauseous to himself. They are disgusted by him. He is disgusting to himself.

---

[7] Fanon, *Black Skin White Masks*, 11.
[8] Ibid., 111.
[9] Ibid., 112. For a reading of Fanon's account of his body-schema as a critique of Merleau-Ponty's account see A. Murphy, H. Landweer, I. Marcinski, "Feminism and Race Theory", in: *Merleau-Ponty: Key Concepts*, eds. R. Diprose and J. Reynolds New York 2014, 197–206.
[10] Fanon, *Black Skin White Masks,* 111.
[11] Ibid., 113.
[12] Ibid.
[13] Ibid. 114.
[14] Ibid. 116, 129.
[15] Ibid. 116.

This disgust neutralizes the fear that as an animal Fanon might attack those who set the boundaries of his life. It reveals that though a little White boy might be afraid that the animal would eat him up, a grown White man will experience the danger of the Black body differently. He will fear coming too close to the smell of a disgusting, repulsive body whose odor might stick to him.

Fanon is clear: what is at stake in confining him to a despicable body is his status as a person. While the bloody violence of racist regimes may make Black people afraid to return the Look, Fanon's self-disgust serves the war-like violence of racism by giving him back to himself as someone who has no right to Look. Yet Fanon writes. Racist disgust does not have the last word.

5. The War-like Violence of the Sexual Contract

Sartre gives us a park scene that sets the terms of the ontological contract. Fanon recounts a train scene where the racist contract upends these terms. Witness 1 (a woman named "France"), testifying at the International Tribunal on Crimes Against Women, accosts us with a rape scene that depicts the war-like violence violation of the sexual contract. She tells the Tribunal, "the look in his eyes completely negated my existence as a human being. I was no longer a person I was only an object, his object."[16]

Her rapist's look is neither the look of a mere perceiver nor that of a frightened little boy. It is a look that exposes the possibilities of aggression inherent in the position of the perceiver and the threat embedded in the little boy's fear. This rapist's look, like the racist colonist look, is the look of the absolute subject. Both invoke the power of their fantasy subjectivity to evict others from their humanity. As often as not the racist, colonialist, and sexist looks collide and fortify each other. Though similar in their de-humanizing intent, however, they deploy distinct tactics. Tracking their differences gives us a way of seeing where and how they intersect and of undermining the exploitation of the intersectionality of lived bodies that are never just a sex or a race but are always sexed and raced among other things.

Simone de Beauvoir's *The Second Sex*, in identifying the terms of the sexual contract, reveals the role Witness 1 France's rapist and others like him play in enforcing it.

---

[16] D. E. H. Russell, N. Van de Ved, eds. *The Proceedings of the International Tribunal on Crimes Against Women*, East Palo Alto 1976, 113.

Beauvoir opens *The Second Sex* with a question: "What is a woman?" Though none of the proposed answers satisfy her, she finds one derogatory expression notable. Women are called the sex.[17] Identifying women as the sex is a particularly apt short-hand for the war-like violence that defines the sexual contract. It captures the fact that a woman's sex will objectify her as a perceivable body whose existence as a perceiving subject is erased. Where Fanon's corporeal schema was overridden by a racial schema that foreclosed the possibility of returning the Look, here the dialectic of intersubjectivity is corrupted by the sexual difference where a woman's corporeal body schema disappears in her designation as the sex.

Beauvoir's detailed analysis of how a person born female becomes the sex, provides the long-hand, philosophically packed version of the sexist truth captured by this epithet. Deploying the concepts of the other, the inessential other, and the subject, Beauvoir describes how woman as the sex is not positioned as an Other who carries the threat of becoming a subject, but as an inessential other, the one whose potential subjectivity is defanged.[18]

One cannot imagine a scene where a little boy would say to his mother, "Look mama, a woman. I'm afraid." Its laughable message is clear. There is nothing to fear from an inessential other. Women, unlike enemy or racialized men others, pose no threat to the social order. They are the weaker sex, the second sex, the sex whose nature directs them to accept their subordination to the stronger, first sex, man.

In accepting herself as the inessential other a woman will be validated as an honored member of her community. An ironic, diabolical bargain is struck. Accept your subordination as an inessential other and receive in exchange the recognition that your sexed birthing body is essential to your community's future and that your gendered caring body is essential to its current wellbeing. You will be revered as the sex that, though powerless, holds the social order together.

The nursery rhyme "Peter, Peter pumpkin eater had a wife but could not keep her. Put her in a pumpkin shell and there he kept her very well" exposes the violence that sustains this bargain. Kept in a pumpkin shell by a pumpkin eating husband, the fear of being eaten guarantees her fidelity as his wife. Here the designation of woman as the inessential

---

[17] S. de Beauvoir, *The Second Sex*, transl. C. Borde and S. Malovany-Chevallier, New York 2010, 6.
[18] Cf. ibid., 6.

othered sex is institutionalized in marriages that are defined by the submission of a wife to her husband.

In a patriarchal world inhabited by men who are not pumpkin eaters the violence that defines women as the inessential othered sex and sustains the sexual contract is rape.[19] As epidemic, there is nothing hidden about this violence. That it is a necessary part of the patriarchal order indicates that like the pumpkin eater's wife, not all women will be seduced by the idea that there is something honorable in being subjected to the rule of men. Not all women will accept being defined as sexed bodies who, as the sex, have no right to claim their right as a subject to Look. For these women and women who might be tempted to entertain such thoughts, rape, the violence that objectifies women as the sex, will make it clear that the price of refusing the patriarchal bargain that honors them as the sex, will be their humiliation and degradation as the sex.

Witness 1 France describes her denigration in terms of the devasting look of her rapist. This Look, however, needs to be distinguished from the Look in Sartre's park scene. The distance between the bench sitter and the walker is closed. It is not just the rapist's eyes that objectify Witness 1 France. It is his body on/in hers that robs her of her right to be in a world of her making. Whether she sees him looking at her or whether he blindfolds her, it is his body entering hers, that makes her into the sex that can and will be used as a thing.

Where Witness 1 France speaks of her rape as transforming her into an object body, Susan Brison speaks of her rape as transforming her body into an enemy body.[20] For her, it was not a matter of being objectified, but of becoming an intensely vulnerable body whose vulnerability makes it an enemy to herself. This enemy body poses no danger to others. It only threatens her. Louise de Toit describes the body transformed by rape into an enemy body as treacherous. She writes, "For the duration of the rape, the body with its pain and humiliation, and the body as a thing causing that suffering becomes the victim's only experience of herself…With trauma enhanced clarity a new despicable treacherous version of herself is burned into her consciousness."[21] Here the thing body is not just an object. It is a despicable, treacherous object. That this experience of herself as contemptable is not an accidental effect

---

[19] For a detailed discussion of how as the sex women bodies are signified as rapeable see D. Bergoffen, "Why Rape? Lessons from *The Second Sex*", in: *A Companion to Simone de Beauvoir*, ed. L. Hengehold, & N. Bauer, New Jersey 2017, 311–324.

[20] Brison, *Aftermath,* 44.

[21] Du Toit, *A Philosophical Investigation of Rape*, 85.

of rape but is one of its intended consequences is evidenced by the fact that rape is often accompanied by gratuitous acts of defilement aimed at degrading the woman as dirty and disgusting to herself.[22]

Linda Alcoff attributes this degradation to the repulsiveness of the intrusive and unwanted touch. This touch alters her subjectivity. Saying this, she stops us from thinking of rape exclusively as an affair of sex organs and of slipping into the trap of mind-body dualism. One's subjectivity is lived with/in one's body. What happens to my body happens to me. In the same way that understanding the effects of rape requires us to note the intertwining of the subject and the body, it also confronts us with the way that rape is situated within a culture that enables and legitimates it. Rape, an attack on a woman's subjectively infused body though profoundly intimate is neither particularly personal nor spontaneous, it is structural and institutional. Susan Griffin makes this clear when distinguishing rape from robbery. She finds that though in both one is forced and injured, in rape, "[…] the very odor of the body of the rapist, his gestures of brutality, the menace of his threats echo back into centuries of debasement […]."[23]

Using the words treacherous, despicable, dirty, disgusting, repulsive, these descriptions of rape's transformation of women's relationship to their bodies echo Fanon's experience of his body schema being overridden by a racial schema that makes him repugnant to others and offensive to himself. This echo is not accidental. It speaks to the fact that as Sartre's perceivable bodies need to be materialized through the differences that characterize human bodies, his neutral perceptions need to be existentialized in the affectively saturated perceptions of war-like violence.

The affect perception of the Black body as repugnant is as immediate as the perception of pain in the hand on the hot stove. It infiltrates the Black body and lines the nostrils of the White colonist. More powerful than arguments against the humanity of the Black body, these affect disgust perceptions are visceral testaments to its racial inferiority. Fanon, in quoting some of the racists' words gives us a sense of how the disgust that energized their racism infiltrated him. Witness 1 France, Alcoff, Brison, Brownmiller, Du Toit, and Griffin tell us what disgust does to them. They do not say how or if it operates in the rapist. We can surmise from Witness 1 France that the rapist perceived her as an object, but what sort of object he perceived her to be is left unsaid. From what Witness 1 France and the other women do say,

---

[22] Brownmiller, *Against Our Will,* 215, 281.
[23] Griffin, *Rape,* 43.

however, we know that rape does its degrading work by turning the perceivability of their bodies into affect perceptions of themselves as disgusting. The odor of the rapist's body, the repulsiveness of his unwanted touch sears itself into her with intense immediacy. Whether her self disgust is expressed as an experience of an objectified body, an intensely vulnerable body, or a treacherous body, the raped woman's disgust is not an argument that legitimates her designation as the sex, it is an irrefutable experience of her degradation as the sex.

Yet women are refuting it. They are refusing to be undone by the disgust impact of rape. They are rejecting their designation as the sex—the vulnerable inessential other who absolves men, the invulnerable subject, of the risks and obligations of intersubjectivity. In speaking out, they speak to the fact that though the terms of the ontological contract can be fractured they cannot be destroyed.

6. The Future of War-like Violence

Those broken by war-like violence do not always break. They act up. They speak out. They rebel. They resist. They generate what John Lewis called, "Good Trouble". They do not give their humiliated humanity the last word. Speaking for the ontological contract that sets the terms of existential justice they refute the flight from vulnerability that creates the fantasy of the absolute subject and the realities of its attendant war-like violence. They return vulnerability to its place in the dialectic of intersubjectivity. Accepting its risks, they do not allow the equation vulnerability = victimization to take hold.

Deciphering the mechanisms of war-like violence to better understand its impacts and effects, the question concerns its future. Can understanding the machinery of racist and sexist war-like violence lead to its dismantling? The stories of those who have endured this violence and resisted it, show us that the machinery can be jammed. They do not, and cannot, tell us whether it will be jammed. The history, ontology and phenomenology of war-like violence, in fleshing out its meanings, tells us this: whether or not war-like violence becomes the matrix of our lives will depend on whether our commitment to accept the risks of vulnerability inscribed in the ontological contract – risks that in ensuring the humanity of others, guarantees ours as well – can outmaneuver the desires to flee them.

Prof. Dr. Debra Bergoffen, Philosophy Department, George Mason University,
dbergoff[at]gmu.edu

PETAR BOJANIĆ (Belgrade/ Rijeka)

What Is 'Victory' in the Orthodox Christian Ethics of War?

Abstract

The text reconstructs the protocol of 'victory' as part of the interruption of enmity and establishment of temporary peace. Different understandings of the enemy and enmity imply that victory in war and cessation of conflict can essentially determine the way war is conducted, and that they follow rules of war. Victory is supposed to be a crucial moment that characterizes the ethics of war. Particular testimonies and thematizations of victory in the Orthodox Christian tradition can provide an intro-duction into a potential ethics of war that could ensure a new relationship towards the enemy and killing the enemy.

Keywords: ethics of war, victory, peace, enemy, interruption of enmity

To begin to explain the title of this attempt to determine 'victory' (in war) and reconstruct the various protocols that constitute it, consider a rather new and vague phrase: "the Ortho-dox or Eastern Christian ethics of war" (the "ethics of war," constructed in January 1915 by Bertrand Russell[1] and quite current in the last fifty years, is developed in the direction of uncovering decisive and necessary arguments for the use of violence). I find that the vari-ous justifications of force and violence, as well as the diverse reflections of justification of war made in imperial Russia, and then also partially in the Soviet Union, along with occa-sional attempts at explaining violence and war in other predominantly Orthodox Christian states (Serbia, Greece, Bulgaria), could be ascribed to an "ethics of war" substantively de-termined by this Christian faith. However, ethics of war is at present not taught in Russian military academies, nor can it be found in ethics or political theory syllabi (or agendas).

---

[1] Cf. B. Russell, "The Ethics of War," in: *The International Journal of Ethics*, Vol. 25, n. 2, January 1915.

Even among themselves, intellectuals, that is, philosophers, do not debate the justification of war in contemporary conditions, nor do they thematize military interventions the Russian military conducts concomitantly with NATO forces and the American military. Even though Russian philosophers have written about war since at least the mid-19th century (one author even uses the contemporary phrase "phenomenology of war" [*fenomenologija vojni*]), since war presents a huge dilemma and test both with regard to their religion and Russia's generally ambitious imperial aspirations, victory in World War II and post-war socialism have meant that war is not spoken, written, or thought about; use of violence by the state and military actions are discussed only within the Politburo, without the presence of public intellectuals. Although the Soviet army conducted several military interventions after WWII, the number of which is unclear, and led a long and draining war in Afghanistan, yet war experiences have not translated into various ethical problems – most important among them the distinction between just and unjust wars.

Given that today Russia shares all major problems of the West and Western democracies (members of the European Union and candidate countries) and the world in general – a shift in the concept of safety and theory of security grounded in ethical principles, the fight against terrorism, new technologies in the use of force and their justification, virtual crime and war, the relationship to the civilian population, collateral damage, etc. – public discourse about these problems are the task and duty of the critical intellectual. His task is to address the public with his reflections regarding old and new problems of use of force and violence in service of the political and military leadership, enabling it to make the right decisions, while at the same time limiting their military might by placing them before public scrutiny and judgment.

By introducing the phrase "the Orthodox Christian ethics of war,"[2] my idea can be hypothetically explained in several steps: first, I seek to show that within the Russian tradi-

---

[2] Angeliki Laiou's "The Just War of Eastern Christians and the Holy War of the Crusaders" (*The Ethics of War. Shared Problems in Different Traditions*, eds. R. Sorabji & D. Rodin, Oxford 2006, 30–43), which was supposed to be a contribution to the understanding of war among Orthodox Christians within an overall and general "ethics of war" (close or in common to all world religions), insufficiently or inappropriately advances a true construction of understanding and justifying the use of force that might be called orthodox. Cf. P. Bojanic, "Violence and 'Counter-Violence. On Correct Rejection. A Sketch of a Possible Russian Ethics of War Considered through the Understanding of Violence in Tolstoy and in Petar II Petrovic Njegos," in: *RUDN Journal of Philosophy*, Vol. 24, n. 2, 657–658.

tion, in the Russian language, there already was a living, theoretically viable, and active current of war thematization in the first half of the 20th century (until World War II), within the Soviet Union, as well as in emigration. Reflections on war, reconstructions of pacifism, incredibly lively debates about the justification of the use of force against violence of the aggressor are in moments far ahead of the arguments and various theories their colleagues, concomitantly writing in other European languages, are putting forth. An ideal task is to identify all the most important texts and books from this period (again, in emigration and the Soviet Union) in philosophy, law, politics, and literature. Above all, it is necessary to pay particular attention to the study of the relation of force (violence) and law, and the reconstruction of two crucial ideas: a) that force or violence has nothing to do with right, and b) that right or justice or some institutional order cannot be produced without the use of force.

The second step refers to the various intellectual problems of the period – belonging to different ideologies, living in the Soviet Union or abroad – write about, attempting to "connect" with and "incorporate" the extremely sparse information about the military operations of the Soviet army after the Second World War in countries of Eastern Europe and Asia. It is very important to uncover and formulate a potential doctrine of Russian warfare and limit to use of force (the source of which are Marxism-Leninism, the theory of use of force in Orthodox Christianity, thematization of force in civil war, peoples' defense, and brutal imperial-colonial rule in countries of Eastern Europe). Such a doctrine would certainly imply a reconstruction of various ethical problems that appear in various forms of warfare and use of force.

The third point would concern the comparison and juxtaposition of these results with contemporary "just war" theories and "ethics of war," which have been formulated above all in the Anglophone world from the period of the Vietnam war to the wars against terrorism. Since there are no texts that explicate the Russian, Soviet or Orthodox Christian conduct of war, this will be an opportunity to draw a precise distinction between two "war ethics."

My intention is to provide, in a few steps, a preliminary explanation of the nature of victory: what is to win or lose, and the various meanings of these words. Further, I want to know how this protocol functions in different competitive practices, in battle, in the ethics of war and in the ethics of war's end (that is, the transfer from *ius victoriae* to *ius post bellum*). 'Victory', and all the moments and layers tied to this complex term, could potentially reveal that the idea of victory as cessation and end of war and violence are of substantive importance for an Orthodox ethics of war; the term 'victory' can be the basis of construction of differentiation from Western versions of ethics of war and battle.

Victory is the cessation or interruption of violence, but always temporarily ended. Still, when interrupted, how is it interrupted, what are the conditions for its interruption? How is the cessation of violence announced and what gives it validity? (Certainly, one of the conditions for it is a declaration accepted by not only the victor and the defeated, but also 'the third'; since it is documented – e.g., capitulation, written acknowledgment, agreement of reparation, etc. – victory or defeat is a "social fact" or "institutional fact.")

Always difficult to define in simple terms,[3] the following is a set of unconditional conditions of victory (and analogously, but not necessarily, defeat), which will help us reconstruct the characteristic of victory that would potentially allow violence and damage to be significantly reduced and not recur. Victory is determined above all by the relation to or treatment of the enemy or foe. Explicitly or implicitly, the relation towards the enemy conditions a few other characteristics of victory: the first is the institution of help in arriving at victory and all the variants of support given (or obstruction) to the victor, as "victory is never mine alone" or "I have won (or lost) thanks to some other" (friend, ally, God, guardian angel, witch, etc.); the second characteristic of victory concerns the way in which it is achieved – whether victory is necessarily immoral, meaning that its achievement requires the use of means and acts outside the rules of a fair duel.

I would like to ascribe the last two characteristics of victory (*de facto* the fourth and fifth step determining any potential victory) to what could with a great deal of reservation be called "Православна этика войны:" the first of these two refers to regret of victory or a manifestation of grief that the one defeated is "better" or "stronger" than the victory, and has been "unjustly" beaten. The second of these two refers to the negation of victory by removing agency or authorship and entitlement ("I have won because I conquered myself,"

---

[3] The origin of the word 'victory' is the Latin *victoria*, from *vinco*, or *victus*, meaning 'to conquer'. According to the Oxford English Dictionary, 'victory' is '[t]he position or state of having overcome an enemy or adversary in combat, battle, or war; supremacy or superiority achieved as the result of armed conflict'. *The Oxford English Dictionary* (2nd ed, 1989), xix, 610. In English, the word 'victory' first appeared in the 14th century, complementing pre-existing terms, such as 'success' or 'vindication of rights'. The particular meaning of victory in any specific military campaign obviously depends on how the goals of that campaign are defined. Although commonly thought of as the campaigner of total wars, the great Prussian strategist, Carl von Clausewitz, observed: "In war many roads lead to success, and … they do not all involve the opponent's outright defeat. They range from the destruction of the enemy's forces, the conquest of his territory, to a temporary occupation or invasion, to projects with an immediate political purpose, and finally to passively awaiting the enemy's attacks." Cf. G. Blum, "The Fog of Victory," 3.

or "God was victorious, not me; I am merely His instrument"). The function of this shift in position or fictional symbiosis with another who becomes the substantive victor and thus erases any notion of defeat is the prevention of retribution and extreme violence against the enemy (a fiction that helps to hold back); ultimately, it is meant to convert the enemy into a friend.

Enemy

The change in meaning of the term 'victory' and the evolution of various protocols referring to victory have to do above all with the changes in the relation towards the enemy. If Thucydides considered victory the complete annihilation of the enemy and the enemy city (*Peloponnesian Wars*),[4] later, after the Crusades of the 13th century, the victor is limited not only to not being allowed to kill, but also from destroying the holy sites of the defeated. After the Peace of Westphalia in 1648, the victor's authority is significantly limited: his right (*ius victoriae*) reaches only to the extent of correcting the damage inflicted upon him before the conflict or war began.[5] This means that the right of the victor is not limited by his power and strength to do whatever he can to the defeated, but exclusively by the right to remedy the reason the war began in the first place. Still, the idea of the destruction of the enemy (their property, remains, body – Clausewitz mentions something he calls a destroying battle, *Vernichungsschlacht*) is deeply set in the histories of Judeo-Christianity.[6] Two

---

[4] "The object taken violently by means of conquest become the property (*oikeia kekteisthai*) of the victorious party." Cf. A. Chaniotis, "Victory' Verdict: The Violent Occupation of Territory in Hellenistic Interstate Relations", in: J.-M. Bertrand, ed, *La violence dans les mondes grec et romain*, Paris 2005, 456.

[5] Cf. J. Q. Whitman, *The Verdict of Battle. The Law of Victory and the Making of Modern War*, Boston, London 2012, Introduction, 1–24.

[6] "What is our aim? . . . . Victory, victory at all costs, victory in spite of all terror; victory, however long and hard the road may be; for without victory, there is no survival." W. Churchill, *Speeches to Parliament*, "An Address to the House of Commons" (13 May 1940), reprinted in D. Cannadine (ed.), *Blood, Toil, Tears and Sweat: The Speeches of Winston Churchill* (1989), at 149. We encounter this same passion for victory in General Alexander Suvorov: *Идешь бить неприятеля, умножай войска, опорожняй посты, снимай коммуникации. Победивши, обновляй по обстоятельствам, но гони его до сокрушения. Преследуй денно и нощно, пока истреблен не будет... Недорубленный лес вновь вырастает. Коли быть перипатетиком, то лучше не быть солдатом... Победа все покрывает*" (When you are preparing to beat the enemy, enlarge your troops, vacate the guard posts, remove communication. Once you have won, you can fix as needed,

arguments regarding limits and the significance of the idea of destruction of the enemy are mentioned at the beginning of the last century. In "Ethics of War," and specifically in "Wars of Colonization," Bertrand Russell speaks of English fantasies of the destruction of Germany: "When the present war began, many people in England imagined that if the Allies were victorious Germany would cease to exist: Germany was to be "destroyed" or "smashed", and since these phrases sounded vigorous and cheering, people failed to see that they were totally devoid of meaning. There are some seventy million Germans; with great good fortune, we might, in a successful war, succeed in killing two millions of them. There would then still be sixty-eight million Germans, and in a few years the loss of population due to the war would be made good. Germany is not merely a State, but a nation, bound together by a common language, common traditions, and common ideals. Whatever the outcome of the war, this nation will still exist at the end of it, and its strength cannot be permanently impaired. But imagination is what pertains to war is still dominated by Homer and the Old Testament."[7]

Since destruction is impossible, it is problematic to see what Georg Simmel is thinking when he thematizes "complete or utter victory" (*vollständiger Sieg*). Complete victory or destruction of the enemy can call into question the existence of freedom, as well as the existence and cohesion of the victorious group: "Consequently complete victory over its foe is not always, in a sociological sense, a fortunate event for a group, because the energy that guarantees its cohesiveness thereby declines, and the disintegrative forces that are always at

---

but make sure to chase the enemy down to annihilation. Pursue his day and night, until he is completely routed... A forest that has not been uprooted will grow again. Even if you are peripatetic in your philosophy, you must never be so in your military endeavors... Victory covers everything). A. Suvorov, *Наука побеждать генералиссимуса Суворова,* Moskva, Ripol, 2021, 253. A famous passage from a sermon by St. Philaret of Moscow is often cited in a various versions; however, the sentence "Гнушайтесь убо врагами Божиими, поражайте врагов отечества, любите враги ваша" (Despise the enemy of God, defeat the enemy of the homeland, love thy enemies" (Sveti Filaret, "Слова в неделю 19 по Пятидесятнице," *Сочинения Филарета,* Митрополита Московского, Moskva,1873, 264) is bastardized in later citations and interpretations into "Люби врагов своих, сокрушай врагов отечества, гнушайся врагами Божиими" (Love thy enemies, crush the enemies of the homeland, despise enemies of God"). The imperative "поражайте врагов отечества" (defeat the enemies of the homeland) would seem to be synonymous to "beat the enemies of the homeland," but is weaker in intensity, turning 'defeating' the enemy into cut off, exclude, strike off, marginalize.
[7] B. Russell, "The Ethics of War," 135.

work gain ground. The collapse of the Roman-Latin Federation in the fifth century BCE has been accounted for by the fact that the common foe was then overcome."[8]

Two or three fragments which I am about to quote, extracted from so-called marginal, pseudo-texts (archives, correspondences, interviews, etc.) could show, above all, that peace or victory (the beginning or termination of war) is always decided upon by the other (the adversary or enemy). The difficulty with peace and pacifism, really with the beginning or termination of war, is always about the fiction of the ultimate enemy and our total destruction at his hand.[9] In 1965, Julien Freund, friend, student, and translator of Carl Schmitt, was defending his doctoral thesis, *L'Essence du politique* (*The Essence of the Political*), before a committee including Raymond Aron, his mentor, as well as Raymond Polin, Paul Ricœur, and Jean Hyppolite. Freund writes about the debate with Hyppolite in his 1991 book of interviews: "Thus arrives the moment of Hyppolite's intervention. He had acknowledged my work by adopting Aron's arms; he found me too severe against Kelsen but then settled on our fundamental difference, the source of his refusal. *'Reste la catégorie de l'ami-ennemi définissant la politique. Si vous avez vraiment raison, a-t-il affirmé, il ne me reste plus qu'à cultiver mon jardin.'* ('There remains the category of friend-foe, politically defined. If you are truly correct, he said, nothing is left for me but gardening.') To which I said: 'Listen, Mr. Hyppolite, you have said two or three times recently that you were wrong about Kelsen. I believe you are about to make another mistake, because, like all pacifists, you think that it is up to you to designate the enemy (*car vous pensez que c'est vous qui désignez l'ennemi, comme tous les pacifistes*). But, you see, the moment we no longer wish to have enemies, we will not have them. (*Du moment que nous ne voulons pas d'ennemis, nous n'en aurons pas, raisonnez-vous*). Rather, it is the enemy who designates you as such. (*Or c'est l'ennemi qui vous désigne.*) And if he wishes to be your enemy, you can treat him as friendly as you like. From the moment he wishes you to be his enemy, you indeed are such. And he will even prevent you from gardening.' (*Et s'il veut que vous soyez son ennemi, vous pouvez lui faire les plus belles protestations d'amitié. Du moment qu'il veut que vous soyez l'ennemi, vous l'êtes. Et il vous*

---

[8] G. Simmel, "Conflict", *Sociology. Inquiries into the Construction of Social Forms* (1908), Leiden, Boston 2009, 287. "*Darum ist der vollständige Sieg einer Gruppe über ihre Feinde nicht immer ein Glück im soziologischen Sinne; denn damit sinkt die Energie, die ihren Zusammenhalt garantiert, und die auflösenden Kräfte, die immer an der Arbeit sind, gewinnen an Boden*".

[9] "Enmity is the total negation of another being in its complete life action." (*Feindschaft ist die totale Negation des anderen Seins in allen seinen Lebensbetätigungen*), E. Husserl, *E III 8*, 1934, 12.

empêchera même de cultiver votre jardin). To tragic effect (*Tragique même*), because Hyppolite retorted: 'In which case, there is nothing for me to do but commit suicide.' ('*Résultat : il ne me reste plus qu'à me suicider*')."[10]

Franz Rosenzweig's original contribution to histories of war and pacifism, but also win-win ethics, can be found at the end of a letter to his parents from January 6, 1917. Imminently after the official offer of peace by Wilhelm II (on December 12, 1916), Rosenzweig writes that only then was it clear to him what pacifism was: "Pacifism is in fact – this has become clear to me in the past days, since the 12th – necessary equipment of war (*notwendiges Zubehör des Krieges*). So, war is not lead in order to *force* (*zwingen*) the enemy (*Gegner*) – it would be impossible for that to last long – but to *subjugate* (*unterwerfen*), to impose (*aufzuzwingen*) on him one's own will, to *replace* (*ersetzen*) his will with mine. The victor does not wish to make a *tool* (*Werkzeug*) of the vanquished (because he *cannot* persevere in it), but rather his slave. The goal of the victor is not the *destruction* of the enemy (*Vernichtung des Feindes*), but the basing of a new *contract*. But this supposes that in the enemy there is a shred of a "desire for peace," (*Friedenssehnsucht*) which has fallen asleep, and the mission of the war is to awaken this desire. If this desire for 'peace at all cost' (*Frieden um jeden Preis*) becomes stronger than the ability to suffer (Heroism), then the hour of peace has struck. All this of course applies to two victors as it does to one. Therefore, pacifism is 'as old as' war (namely, *human*, slave-directed war (*auf Versklavung gerichteter Krieg*); animals only know a war of destruction (*Vernichtungskrieg*), and hence have no pacifism."[11]

The third fragment comes from Heidegger's *Schwarze Hefte* (1939–1941), and was probably written in 1939, at the time of Germany's initial war victories. Usually, the defeat needs to be accounted for, with the defeated producing sundry justification for his failure. In this text, Heidegger justifies the power of the victor. In contrast to Alberto Gentili and other founders of international law, Heidegger subordinates law to life and victory, substantively binding the two, seeking to find a place for victory outside law. Victory thus becomes everything and to the victor belongs all.[12]

---

[10] J. Freund, *L'aventure du politique*, Paris 1991, 45.
[11] "F. Rosenzweig an die Eltern," 6. 1. 1917, F. Rosenzweig, *Der Mensch und sein Werk, 1. Briefe und Tagebücher*, Haag 1979. Cf. P. Bojanic, "Pacifism: Equipment or Accessory of War?," in: *Philosophia*, Vol. 41, n. 3, 1038–1040.
[12] The 1980s pop song "The Winner Takes it All," by Abba is a remake of various Christian texts. Thus, the last line of Nikolaj Velimirović's (or St. Nikolaj the Serb) famous text "Azbuka Pobede"

Victory over an enemy (*der Sieg über den Feind*) still does not prove that the victor is in the right (*im Recht ist*). However, this "truth" is no longer relevant, if law is interpreted as that which is not only confirmed and substantiated (*bestätigt und bekräftigt*) by victory, but above all and primarily established and made (*gesetzt und gemacht*): right is the power of the victor (*Recht ist dann die Macht des Siegers*), the power of overlordship (*die Macht der Übermacht*). Such law resists "codification" (*kodifizieren*), since due to its character of power and position of victory, it presents new legal reach, interpreted as the "right" to the very "life" of the victor.[13]

Although rather diverse, the three fragments are also typical in histories of enmity and constituting the figure of the enemy in the West. The determination of the enemy is substantively theological, since his intention is to destroy or disrupt the existing order (C. Schmitt, J. Freund). The response to the enemy's enmity is theologically oriented: he must be destroyed or else a truce must be made if the enemy abandons his destructive intentions (F. Rosenzweig). Of course, peace with a former enemy is always asymmetrical, unfolding within the victor's right of power over the enemy (F. Rosenzweig), power of domination (M. Heidegger) that celebrates life. However, how to win in the first place, and what means does the victor use to reduce the destructive power of the enemy?

"Coda: Can the Good Guys Win? Revision of a Question or Two"

Borrowing the title of a text by Michael Walzer from a few years ago: "Coda: Can the Good Guys Win?,"[14] I would like to briefly problematize two close, but sufficiently different questions, and then attempt to sketch a potentially justified answer. How does the victor achieve victory? And, can a man or soldier in war, who acts and evaluates his own actions, remain good (a good man), despite all the evil (the inhumanity) that surrounds him? As it stands, however, the question in the subheading is not clear because it begs the question why anyone would remain good in war or after it? Is there sufficient reason to refer to an individual man or all men individually in war, which is foremost a group or institutional activity? Walzer's ques-

---

[Alphabet of Victory] from the mid-twentieth century, can be translated as "the winner takes it all" [Ko pobijedi, dobice sve].
[13] M. Heidegger, *Überlegungen XII–XV*, vol. 96, Frankfurt am Main 2018, 15–16.
[14] M. Walzer, "Coda: Can the Good Guys Win?," in: *The European Journal of International Law*, 2013, Vol. 24, No. 1, 433–444.

tion is more precise: coda is used in music to indicate an ending of a section or movement, it can be a final dilemma or addition to a piece. Thus, Walzer's 'coda' is the consideration whether a group of men ('guys') can win by remaining good? What does it mean 'to be good'? This difference in number – man, singular, who must remain good (imperative) and a team, a crew, a group of people who together must remain good – determines the different ethical stance of the Orthodox and *Western* understanding of the ethics of just war.[15] In the former case, some man or any man must survive the war and preserve his humanity despite the situation around him; in the latter case, a group of people ought to first of all win, and the only question is whether this will be done by breaking the rules of just war or not.

The word 'win' (or 'victory') is an entirely vague protocol (or procedure) that determines the substantive difference between the two questions I am considering. There is indeed no doubt that Walzer's dilemma is entirely rooted in a tradition of Western thought where winning is one form of resolution of conflict, entirely opposite to compromise (Simmel) and that "victorious war is a social ideal" (Kaufmann).[16] Yet, even if the concept is not fully clear, it is certain that victory more or less aggressively destroys, perhaps subdues, excludes or entirely marginalizes the opponent or the other. On the other hand, it is very complicated to speak of victory in the context of an Orthodox ethics of war for many different reasons.[17] One of the most basic would be that, paradoxically, defeat in war could better preserve the faith and religious being of a people. (For example, the "Kosovo Covenant" is the very substance of Serbian statehood potential, emerging from a military defeat of the medieval Serbian army by the Ottomans; to the Serbs in that battle, so the myth goes, admittance into the kingdom of heaven was of far greater importance than victory in war and holding earthly power.) Further, it is the Lord who determines the victor, not the strength of people or arms. God is also often a

---

[15] The word 'Western' is imprecise, but provisionally covers very different concepts of war ethics, above all the Jewish and western Christian.

[16] "*Nicht die 'Gemeinschaft frei wollender Menschen', sondern der siegreiche Krieg ist das soziale Ideal: der siegreiche Krieg als das letzte Mittel zu jenem obersten Ziel. Im Kriege offenbart sich der Staat in seinem wahren Wesen, er ist seine höchste Leistung, in dem seine Eigenart zur vollsten Entfaltung kommt.*" (It is not the "community of free-willed people" [of free-willing people] that is the social ideal, but victorious war: victorious war as the final means for the ultimate aim. In war, the state manifests in its true being, it is its greatest achievement, and in war its particularity is fully developed.) E. Kaufmann, *Das Wesen des Volkerrechts*, Tűbingen 1911, 140.

[17] The etymology and origin of the Slavic word '*pobeda*' (victory) is certainly the first problem. In Max Fassmer's etymological dictionary, '*pobeda*' is also defeat, disaster, containing the word '*beda*' (misery).

direct participant in the war, just as a war is lost because the actors are unbelievers (St. John of Kronstadt).[18] This *de facto* absence of thematization of victory in war and various techniques that construct it carries two crucial consequences for the use of violence and the handling of amount of violence. In his "The Science of Victory," Suvorov is explicit in prohibiting unjustified killing, since a soldier is simply not a criminal ("and God does not aid criminals"). Interestingly, Russian and then Soviet military leaders principally repeat a fairly univocal repertoire of an Orthodox understanding of justified violence. At this point, there is no difference between Michael Walzer's attempt to secure the conditions for the good guys to truly have a chance at ultimate victory. In the conclusion of his text, Walzer writes: "Soldiers have to be trained to fight justly, and their officers have to be taught the best ways of doing that. It is incompetence, above all, that breeds brutality. There is plenty of spontaneous brutality in war, especially 'in the heat of the battle'; I do not mean to ignore that. But well-trained and well-disciplined armies are less brutal – and their officers and soldiers are less likely to think that brutality is necessary for victory."[19]

It seems to me that the phrase or institution of so-called "defensive killing," in use in the last ten years across various texts having to do with just war theory, is a good explanation how to regulate brutality of violent acts. Still, the problem does not only lie with violence done in affect ('in the heat of the battle'), whether individual or group, but the level-headed and strategic production of brutal violence and the violation of the rules of war to some end (or to achieve victory).[20]

---

[18] In Missionary Letter 277, Nikolaj Velimirović addresses a writer from Zagreb on war: "You ask: if God allows such misery to happen to people, where is the soothing wisdom of the Savior? On paper. On paper of those who in their peacetime wicked deeds cause war. Were the soothing wisdom of the Savior in human hearts, people would live in perpetual peace." [Vi pitate: Kad Bog dopusta takvu nesrecu na ljude, gde je onda blaga nauka Spasiteljeva? Na hartiji. Na hartiji kod onih koji nedelima svojim u miru izazivaju rat. A kad bi ta blaga nauka Spasiteljeva bila u srcima ljudskim, ljudi bi ziveli u trajnome miru.] https://svetosavlje.org/misionarska-pisma/

[19] M. Walzer, "Coda: Can the Good Guys Win?," 442.

[20] Walzer's dilemma originates in a 1973 text, "The Problem of Dirty Hands," published in *Philosophy & Public Affairs*, Vol. 2, No.2, 1973, 160–180. The problem is actually quotidian. Walzer writes: "He wants to win the election, someone says, but he doesn't want to get his hands dirty." Walzer is evoking Machiavelli's famous conclusion that the ruler or commander must learn "how not to be good," since the world contains "so many who are not good." This is the first condition of victory and social success. "Any man who tries to be good all the time is bound to come to ruin among the great number who are not good. Hence a prince who wants to keep his authority must learn how not to be good (*potere essere*

The second consequence of introducing or not introducing the institution of victory refers to the distinction between individual and group violence. War is not an individual matter, and individuals mostly do not determine the outcome of war. A clear beginning and aim of conflict, as well as ritual of victory at the end of war can protect from exclusion those individuals who 'successfully' and 'efficiently' use brutal violence.[21] Not only this: victory implies legitimizing of jointly breaking just war rules or an individual's 'inhuman acts', indeed *incorporating* them as necessary for the survival of the group as such. If it is victorious, which means if it still exists, a group is never built on unjust principles. Victory is then a condition for a group not to dissolve and vice versa: only a group still in existence after certain collective acts by its members or by the group as a whole (can a group be an agent?) has fulfilled the social ideal of victory.

The significance of Walzer's dilemma regarding dirty hands is later transformed into much more complicated protocols of supreme emergency and asymmetric warfare.[22] What is important for us is to affirm the difficulty, even impossibility of strictly following the rules in unpredictable conflicts and contexts. Yet, they are our only reality today. I suggest a sketch of a few variations of answers to the first two questions from the beginning: it is not possible to remain human while participating in (or being responsible for) situations below the humane threshold; victory conceals the brutality of individuals, while at the same time necessarily implying the existence of a certain amount of "bad acts" it accumulates and archives; good guys can win because the bad acts of individuals actually sometimes have a crucial role in victory and the existence of a group.

---

non buono), and use that knowledge, or refrain from using it, as necessity requires." N. Machiavelli, *The Prince*, ch. 15, 57; N. Machiavelli, *Il Principe*, Roma, Enciclopedia Italiana, 2013, 115.

[21] In the 1973 text, Walzer quotes Basil the Great: "Killing in war was differentiated by our fathers from murder… nevertheless, perhaps it would be well that those whose hands are unclean abstain from communion for three years." *Ibid*, 167.

[22] Walzer is disturbed by real problems faced by soldiers and citizens. For example, The New York Times in 2010 reports of a soldier complaining about the rules of engagement in Afghanistan, specifically the difficulties in winning the war. M Walzer, "Coda: Can the Good Guys Win?", 433. In a 2015 interview, Walzer explicitly talks about the problem of asymmetric warfare and victory: "It is possible to win asymmetric wars, as the Sri Lankans proved against the Tamil Tiger rebels, but only if you are prepared to kill high numbers of civilians and the world isn't watching. But you can't win if you are trying to fight according to the moral rules of engagement. That is the general problem of asymmetric warfare." M. Walzer, "Interview," in: *Journal of Political Thought*, Vol. 1, No. 1 (2015), 61.

"To slay or defeat a better man"

In *Ex Captivitate Salus*, published immediately upon his 1946 interrogation in Nürnberg, Carl Schmitt recalls: "In the autumn of 1940, as France lay defeated on the ground, I had a discussion with a Yugoslavian, the Serbian poet Ivo Andrić, whom I love very much. We had met in a shared connoisseurship (*in einer gemeinsamen Kennerschaft*) and in the veneration of Léon Bloy. The Serb told me the following story from the mythology of his people: Marko Kraljević, the hero of the Serbian saga, fought for an entire day with a powerful Turk and laid him out after a hard struggle. As he killed the defeated enemy (*den besiegten Feind*), a serpent that had been sleeping upon the heart of the dead man awoke and spoke to Marko: You were lucky that I slept through your battle. Then the hero cried out: Woe is me! I killed a man who was stronger than me! (*Weh mir, ich habe einen Mann getötet, der stärker war als ich!*) I retold this story to some friends and acquaintances at the time and also to Ernst Jünger, who was stationed as an officer of the army of occupation in Paris. We were all deeply impressed. (*Wir waren alle tief beeindruckt.*) But it was clear to us that the victors of today do not allow themselves to be impressed (*nicht beeindrucken lassen*) by such medieval stories. This, too, belongs to your great prognosis, poor, defeated Tocqueville!"[23]

Speaking to Schmitt, Ivo Andrić, then ambassador of Yugoslavia in Berlin and later winner of the Nobel Prize for Literature, describes Marko Kraljević, perhaps the greatest Serbian hero and "victor," responsible for the construction of the "authentically traditional" (mythological or "Serbian"). Almost certainly in the presence of Schmitt's wife, Duška Todorović (who often recited and translated Serbian poems to Schmitt), Andrić evokes one of the most famous epic poems in the Serbian cannon ("Marko Kralyevich and Musa the Highwayman"), reconstructing an entirely dubitable victory of Marko over the 'Turkish' knight Musa Kesedžija (Musa the Highwayman). The epilogue is described faithfully, with the conclusion and Schmitt's strong impression certainly justified:

> When Marko Kralyevich saw this, he wept
> And bitter tears flowed down upon his face.
> "Dear God!" he cried, "Have a mercy on my soul!

---

[23] C. Schmitt, *Ex Captivitate Salus*, ed. A. Kalyvas & F. Finchelstein, Cambridge 2017, 30–31; C. Schmitt, *Ex Captivitate Salus*, Köln 1950, 32–33.

(*Jaoh mene do boga miloga*)
For I have slain a better man than me!"[24]

Today's victors could certainly and perhaps would have to follow the "science of victory," which we might inscribe into an ideal register of an Orthodox war ethics. In it, the victor is earnestly remorseful for breaking certain rules of the duel or war, he addresses the Lord seeking absolution, and perhaps even promises that he will be gracious in the future, that is, will not behave as the cruel victors of today (this is Schmitt's point). Marko the hero avows that his enemy did not break the rules of engagement like he himself did, nor asked for the help of others. This story of victory is a construction of a stylized Orthodox viewpoint, and contains a few elements that it is necessary to briefly list: a) the idea of help – victory is always with another, with an additional: God,[25] guardian angel, snake, material means, secret ally, secret weapon; b) victory has multiple authors or is composed of multiple actors who share responsibility, while the ultimate decision is made by God, the supreme being; c) the science of victory or science how to win is in the victor's self-effacement.

The glorious example of a negative hero or negative victor, Marko, does not have to necessarily be devalued by everything we find in the aforementioned poem itself, in the sections before or after the verses evoked here, that is, by Andrić and Schmitt. Finally, why is the Serbian hero so distressed? Is it that the poem only vaguely shows the actual enmity between Marko and Musa – who is the real Serb, and who a Turkish vassal? Who is who here, and what is the nature of their enmity? The Romantic principle emphasized by Andrić (Schmitt) is seen in a different light when we consider the "facts" that Marko was "lost" and nearly defeated, that the battle took place on a Sunday, that he killed Musa with a hidden knife, that he deployed secret, rogue means (in contrast to his enemy), that he sought help not of God, but of his guardian angel, etc. Here, then, is how the poem ends, that is, what follows after Marko's remorse, his tears and prayer to God.

---

[24] *The Serbian Epic Ballads. An Anthology*, trans. G. N. W. Locke, Belgrade 1997, 201.
[25] "Adhere to Him, and with thoughts of victory step boldly forward. God in you will be victorious in your stead. To Him ascribe your victories, for yourself preserve joy." Sveti Nikolaj Srpski, "Alphabet of Victory." https://svetosavlje.org/azbuka-pobede/. Emperor Constantine's victory over Maxentius in 312 CE is preceded by Constantine's mystical experience in which the stars in the sky made a cross brighter than the Sun, and inscribed with the Greek words "*touto nika*" (in this sign is victory).

He cut off Musa's head and put it in
Sharats' (his horse) nosebag. He mounted then, and rode
Back to the shining city of Stambol (Istanbul).

He threw the head of Musa down before
The Sultan's feet – who started up in dread.
Said Marko: "My lord Sultan, do not fear!
Think how you would have welcomed him alive,
When you do flinch to see his face in death!"

The Sultan gave him three great sacks of gold.
Marko returned to Prilep, that fair town (Serbia).
Musa remained alone at Kachanik.[26]

The poem ends with the one defeated still present, immortal in a sense, still lying where he was slain. The idea of the impossibility of complete destruction and annihilation of the enemy or injustice implies that complete victory is actually impossible, even despite the willingness of the victor to first produce unjust acts and at the same time seek remorse for them. It would seem that such protocols are something entirely new in complicated histories of justice and victory.

*Prof. Dr. Petar Bojanić, Institute for Philosophy and Social Theory, Belgrade /
Center for Advanced Studies – South East Europe, Rijeka,
bojanicp[at]gmail.com*

----

[26] Ibid.

BURKHARD LIEBSCH (Bochum)

Kriege und fatale Illusionen der Besiegbarkeit als Bedrohung. Metatheoretische Beobachtungen und Desiderate gegenwärtiger Philosophie kriegerischer Gewalt

**Wars and Fatal Illusions of Defeatability as a Threat.
Metatheoretical Observations and Desiderata of a Contemporary Philosophy of Martial Violence**

Abstract

This essay deals with the question how war threatens us even when peace seems to reign. Refering to Heraklit, Kant, and recent theories of war, the author takes answers to this question into account especially with respect to the problem if it is possible to keep in check illusions which make us believe that one can get rid of enmity by way of 'final solutions'.

Keywords: war, proximity of violence, peace, threat, illusions

> *Leiden schaffen – sich selber **und Anderen** –
> um sie zum höchsten Leben, dem des Siegers
> zu befähigen – wäre mein Ziel. -* Friedrich Nietzsche[1]
>
> *.... unseren grauenhaften Siegen widerstehen ...* - Imre Kertész[2]
>
> *Wer so denkt, ist im voraus besiegt [...].* - Manès Sperber[3]

1. Vom bedrohten Leben zum Krieg als Drohung

In seinen *Recherches physiologiques sur la vie et la mort* (1800) hat bekanntlich Xavier Bichat vorgeschlagen, das Leben als das "Ensemble der Funktionen" zu definieren, "die

---

[1] F. Nietzsche, Nachgelassene Fragmente. Juli 1982 bis Herbst 1885, in: *Sämtliche Werke. Bd. 10. Kritische Studienausgabe* (Hg. G. Colli, M. Montinari), München 1980, 9–664, hier: 19.

[2] I. Kertész, *Letzte Einkehr. Ein Tagebuchroman*, Reinbek ²2016, 289.

[3] M. Sperber, *Bis man mir Scherben auf die Augen legt. All das Vergangene... Bd. 3,* Frankfurt/M. 1994, 219.

dem Tod widerstehen".[4] Er konnte dabei an die neuzeitliche Theorie der Selbsterhaltung anknüpfen, die davon ausging, dass kein Lebewesen ohne weiteres am Leben *erhalten wird*, dass jedes vielmehr aus eigener Kraft dem Tod widerstehen muss, der scheinbar ständig droht.[5] Für Neugeborene der Gattung *homo sapiens* gilt das in besonderer Art und Weise: Sie kommen nackt und derart hilflos zur Welt, dass sie allenfalls wenige Stunden überleben könnten, würde nicht von Anderen für ihr Leben gesorgt. Das kann auch derart gut geschehen, dass sich die Betreffenden gar nicht eminent bedroht fühlen und erst spät entdecken, dass (und in welchem Ausmaß) sie verletzbar, verwundbar und vernichtbar sind – als Sterbliche, die von Anfang an irreversibel altern, krank werden können und der tödlichen Macht Anderer ausgesetzt sind oder ausgeliefert werden, die Hobbes' politischer Theorie zufolge "das Größte" vermögen, nämlich ihren Mitmenschen bzw. -bürgern ans Leben zu gehen.[6] Auch diese Theorie wurde im Zeichen der Selbsterhaltung konzipiert. Demnach gilt es, sich nicht nur gegen 'natürlichen', ohnehin drohenden, sondern vor allem gegen gewaltsamen, durch Andere erlittenen Tod zu wappnen; am besten nicht allein, sondern mit Hilfe einer politischen Ordnung, die allgemeine Sicherheit verspricht. Tod droht allerdings weiterhin. Seitdem er sich nicht mehr recht personalisieren und allegorisch darstellen lässt[7], bieten sich dafür impersonale Ausdrücke an: *es droht* jedem bevorstehender Tod. Das heißt indessen keineswegs, dass "es stirbt", wie "es regnet", wie bei Jean-Luc Nancy und René Schérer zu lesen ist[8], werden doch Tod und Sterben von denjenigen, denen beides droht, als sie tödlich Bedrohendes antizipiert; und zwar so, dass es sich niemals auf ein ganz 'natürliches', wie Regen sich von selbst Ereignendes einstufen lässt. Dabei schwankt die Bedeutung dieser Bedrohlichkeit, wie die historische Forschung lehrt.[9] Von bestimmten Umständen menschlicher Sterblichkeit völlig absehend, hat erst die Thanatologie der Moderne diese Bedrohlichkeit als haltlose Angst vor dem

---

[4] X. Bichat, *Recherches physiologiques sur la vie et la mort*, Paris 1800; vgl. J. Starobinski, *Aktion und Reaktion. Leben und Abenteuer eines Begriffspaares*, Frankfurt/M. 2003, 124 f.

[5] H. Ebeling (Hg.), *Subjektivität und Selbsterhaltung. Beiträge zur Diagnose der Moderne*, Frankfurt/M. 1976.

[6] T. Hobbes, *Grundzüge der Philosophie. Zweiter und dritter Teil: Lehre vom Menschen. Lehre vom Bürger*, Leipzig 1949, 80.

[7] P. Ariès, *Studien zur Geschichte des Todes im Abendland*, München 1981; C. L. Hart Nibbrig, *Ästhetik des Todes,* Frankfurt/M., Leipzig 1995.

[8] J.-L. Nancy, René Schérer, *Ouvertüren. Texte zu Gilles Deleuze*, Berlin 2008, 11.

[9] Vgl. C. Lignereux, S. Macé, S. Patzold, K. Ridder (Hg.), *Vulnerabilität / La vulnérabilité*, Tübingen 2020.

Nichts gedeutet und es in einer bestimmten Lesart nahegelegt, dass sich derart geängstigtes Leben um jeden Preis gegen dieses Nichts zu schützen oder vor ihm auszuweichen versucht.[10] Dem steht jedoch der unbestreitbare Befund entgegen, wie sehr die gleiche Zeit massenhaften Tod heraufbeschworen hat.

An der Schwelle zur Neuzeit konnte sich Erasmus von Rotterdam nicht genug darüber wundern, dass zwar offenbar "der Tod alle bedroht", aber "schon die harmloseste Kränkung einen Krieg auslös[en]" kann, wie er in seiner berühmten *Klage des Friedens* (1518) schrieb.[11] Offenbar nehmen sich kränkbare, darüber hinaus eitle, ehrgeizige, machtbewusste, vor allem auf ihren eigenen Vorteil und die Wahrung ihrer sogenannten Interessen bedachte Wesen derart wichtig, dass sie jederzeit bereit sind, bereits für nur vermutete Beeinträchtigung, tatsächliche Verletzung oder drohende Zerstörung ihres Lebens Andere mit deren Untergang zahlen zu lassen, auch wenn sie auf diese Weise ein allgemeines Desaster heraufbeschwören.[12] "Was für ein Chaos löst doch so ein Geschöpfchen aus, das bald wie Rauch verschwinden wird", ruft Erasmus aus. Bis es dazu kommt, ist ein solches Wesen scheinbar bereit, jede ihm zur Verfügung stehende Gewalt gegen Andere zu entfesseln – ohne die geringste Aussicht, auf diese Weise seinerseits dem Tod zu entgehen. Offenbar fungiert keineswegs die Angst vor dem eigenen Tod als oberste Maßgabe des Lebens; vielmehr wird zwischen Geburt und Tod alles dafür getan, sich selbst im Leben zu behaupten, mag das Leben selbst dabei auch zugrundegehen, wenn "alles durch Entzweiung verseucht" ist.[13] Resigniert fragt sich Erasmus, ob es sich hier um "eine schicksalhafte Krankheit des menschlichen Geistes" handelt, "daß er es ohne Kriege schlechterdings nicht aushalten" und nur leben kann, wo der Gedanke des Friedens zu begraben ist.[14] Damit zielt er auf den Krieg als permanente (aber nicht immer akute) Bedrohung, die niemand konkret aussprechen muss, damit sie wirksam wird.

---

[10] H. Ebeling (Hg.), *Der Tod in der Moderne*, Königstein/Ts. 1979.

[11] Erasmus von Rotterdam, *Die Klage des Friedens*, Frankfurt/M., Leipzig 2001, 82.

[12] Mitnichten kann es als schlichte "Tatsache" gelten, dass "die Interessen – die der Selbsterhaltung und der unmittelbaren Befriedigung der Bedürfnisse – immer an erster Stelle kommen", so dass "alles Leben [...] räuberisch und gierig [...] sein muß", wie Hans Jonas meint in: *Dem bösen Ende näher. Gespräche über das Verhältnis des Menschen zur Natur*, Frankfurt/M. 1993, 30. Die derart kryptonormative Ontologie der Selbsterhaltung ist dringend revisionsbedürftig. Deshalb zitiere ich sie hier nur, ohne sie etwa affirmieren zu wollen.

[13] Erasmus von Rotterdam, *Klage des Friedens*, 82, 102.

[14] Ebd., 68, 95.

Genau daran knüpft Kant an, wenn er in seinem Entwurf zum ewigen Frieden (1795) den zwischen den Menschen herrschenden Naturzustand als einen "Zustand des Krieges" definiert, der "wenn gleich nicht immer ein Ausbruch der Feindseligkeiten, doch immerwährende Bedrohung mit denselben" sei.[15] Diese Bedrohung bedeute "durch die Gesetzlosigkeit" jenes Zustands bereits eine Läsion, auch wenn niemand zu Gewalt gegen Andere greift, vor der man, so glaubt Kant, nur aufgrund der Existenz einer politisch-rechtlichen, mit Zwangsmitteln bewehrten Ordnung bzw. "Obrigkeit" relativ sicher sein könne, zu der es allerdings kein welt-staatliches Äquivalent gibt.[16] Abgesehen davon ist Krieg als Drohung weder darauf zu reduzieren, dass jemand 'mit Krieg droht', noch auch auf die Feststellung zu beschränken, 'es' drohe Krieg wie von allein. Das ambivalent Bedrohliche des (noch nicht ausgebrochenen) Krieges bzw. bereits sich anbahnender Feindseligkeiten liegt darin, dass mehr oder weniger 'bedrohlich' wirkende Gewaltmittel bereitstehen, die zwar nicht von allein Krieg erzeugen, ihn aber grundsätzlich jederzeit möglich machen können.[17] Zu manifestem Krieg kommt es Kant zufolge umso eher, wie die Krieg führenden Subjekte nicht selbst in ihn ziehen müssen. Und Krieg wird sich umso eher in die Länge ziehen, wie man sich aus enormen Ressourcen bedienen kann, so dass auch Verluste von Menschenleben kaum ins Gewicht fallen. Dann kann ein schier endloser Krieg drohen, dem allerdings logistisch, propagandistisch und nicht zuletzt in der Form von Personal, das zu töten bereit ist und sich der Gefahr aussetzt, selbst getötet zu werden, ständig neue Nahrung zugeführt werden muss. So spekulierte Stalin während des Koreakrieges mit einer möglichst lang anhaltenden "Ausblutung" der Amerikaner unter Einsatz von Menschenleben, von denen man (auf chinesischer und nordkoreanischer Seite) ja "genug" habe, wie er meinte.[18] Wie wir heute wissen, zogen die Amerikaner, allen voran der in Korea befehlshabende General Douglas MacArthur (später dann auch der amerikanische

---

[15] I. Kant, "Zum ewigen Frieden. Ein philosophischer Entwurf", in: *Werkausgabe Bd. XI* (Hg. W. Weischedel), Frankfurt/M. 1977, 191–251, hier: 203.

[16] Ebd., Anm. Davon, dass Feindseligkeiten auch anders als in der Form eines Krieges ausbrechen können, und von der Frage, ob allein der bürgerliche Rechtsstaat Abhilfe verspricht, sehe ich im Folgenden ab.

[17] Das gilt heute erst recht, seitdem man Vorwarnungen vor anfliegenden Raketen etwa Computern anvertraut hat, die wie im Fall des NATO-Großmanövers *Able Archer* im Herbst des Jahres 1983 allenfalls noch wenige Minuten für menschlichen Entscheidungsspielraum lassen.

[18] T. Kohlmann, "Amerikas vergessener Krieg"; https://www.dw.com/de/amerikas-vergessener-krieg/a-16951696

Präsident Dwight D. Eisenhower[19]), den Einsatz von über 30 Atombomben in Betracht, um die verfahrene Lage zum eigenen Vorteil zu wenden.

Kant dagegen sprach zwar bereits von einem "Ausrottungskrieg" (*bellum internecinum*), hatte aber derartige Perspektiven der Verlängerung, Eskalation und Terminierung von Kriegen noch nicht vor Augen. Als er Krieg als Bedrohung beschrieb, dachte er nur an die *Permanenz einer Läsion*, die bereits dadurch eintritt, dass Krieg im Prinzip jederzeit 'ausbrechen' oder 'erklärt' werden *kann*. In dieser Eventualität aber liegen weitergehende, aus ihr hervorgehende, insofern *sekundäre Bedrohungen*: vor allem die einer raum-zeitlichen *Ausweitung* und *Intensivierung* des Krieges sowie die einer *Eskalation*, an deren Ende die wirkliche oder vermeintlich *'endgültige' Vernichtung* Anderer und sogar aller Beteiligten stehen kann. Man spricht heute von einem Holozid, zu dem es infolge eines großen nuklearen *showdowns* kommen könnte, nach dem wohl die Erde, aber keine allein durch Menschen und ihre 'zwischenmenschlichen' Verhältnisse mögliche *Welt* mehr bestehen würde.[20]

Diesseits eines solchen suizidalen "Gattungstodes", der zeitweise durch die ambivalente Doktrin der *mutually assured destruction* (MAD) ebenso heraufbeschworen wurde wie er durch sie abgewendet werden sollte[21], sucht man nun aber den Krieg zu "retten", wie vor Jahrzehnten bereits Raymond Aron feststellte.[22] Denn *wenn Krieg derart permanent und fatal droht, kann schließlich niemand mehr mit ihm drohen* (was Aron zu bedauern schien). Bestand zeitweise infolge dieser Doktrin die Hoffnung, der Krieg, der längst alle bedroht, werde sich infolgedessen selbst abschaffen, so müssen wir heute ernüchtert feststellen, dass man alles daran setzt, ihn weiterhin als kalkulierbares Mittel gewaltsamer Konfrontationen in der Hand zu behalten.[23] Das Gefährliche liegt in dieser Lage gerade darin, dass man energisch daran festzuhalten gewillt ist, mit Krieg drohen zu können, ohne infolgedessen die eigene

---

[19] B. Gwertzman, "U.S. Papers tell of '53 policy to use a-bomp in Korea"; https://www.nytimes.com/1984/06/08/world/us-papers-tell-of-53-policy-to-use-a-bomb-in-korea.html
[20] Zu diesem Weltbegriff vgl. Vf., *Unaufhebbare Gewalt. Umrisse einer Anti-Geschichte des Politischen. Leipziger Vorlesungen zur Politischen Theorie und Sozialphilosophie*, Weilerswist 2015.
[21] D. Pick, *War Machine. The Rationalisation of Slaugther in the Modern Age,* New Haven, London 1993, 10.
[22] R. Aron, *Frieden und Krieg. Eine Theorie der Staatenwelt*, Frankfurt/M. 1986, 737; S. D. Beebe, M. Kaldor, *Unsere beste Waffe ist keine Waffe. Konfliktlösungen für das 21. Jahrhundert*, Berlin 2012, 196.
[23] Ich knüpfe hier an frühere Überlegungen an, die aus 2018/9 geführten Dialogen hervorgegangen sind; vgl. B. H. F. Taureck, B. Liebsch, *Drohung Krieg. Sechs philosophische Dialoge zur Gewalt der Gegenwart*, Wien, Berlin 2020.

Vernichtung gleich mit zu besiegeln. Auf diese Weise *wird negiert, der Krieg bedrohe unvermeidlich alle.* Zugleich wird die Aussicht durchkreuzt, man könne sich gerade deshalb gemeinsam gegen ihn verbünden und vielleicht eines Tages loswerden.[24] Zur impliziten allgemeinen Bedrohung, die in jener von Kant beschriebenen, aus der 'feindseligen' Struktur der menschlichen Verhältnisse hervorgehenden Läsion liegt, und zur expliziten Drohung mit Krieg, wie sie von einzelnen Subjekten ausgestoßen werden kann, gesellt sich nun also eine Bedrohung durch diejenigen, die Krieg auch auf dem avanciertesten Niveau der Waffentechnologie nicht für eine allgemeine Bedrohung halten wollen und *nichts mehr zu fürchten scheinen, als dass sie eines Tages auf Krieg verzichten müssten.* Im Gegensatz zu denjenigen, die im Krieg selbst eine unbedingt abzuwendende Bedrohung und, wie Erasmus, eine Krankheit sehen (wenn auch nicht eine unheilbare), wollen oder können die Verteidiger des Krieges nicht ohne ihn auskommen und verwahren sich dagegen, dies zu pathologisieren. Sie wollen sich offenbar weder das *Bedrohtwerden durch Krieg* (seitens Anderer) noch ihr eigenes *Drohenkönnen mit Krieg* ausreden lassen. Dafür wird es viele unterschiedliche Gründe geben (neben einem dogmatischen politisch-historischen "Realismus", der jede andere Position unter Hinweis auf die geschichtliche 'Wirklichkeit' für abwegig hält, nicht zuletzt die ökonomischen und ideologischen Vorteile, die man davon hat, Krieg als drohenden heraufzubeschwören und als Krieg zugleich als probates Gegenmittel zu empfehlen). Die folgenden Überlegungen dienen nicht dem Ziel, alle diese Gründe zurückzuweisen. Vielmehr sollen sie auf einen vergleichsweise wenig beachteten Aspekt des Festhaltens an Krieg als Drohung und Bedrohung aufmerksam machen: auf *Phantasmen der Besiegbarkeit Anderer*, die mit 'endgültigen' Lösungen, sogenannten Endlösungen, liebäugeln und ironischerweise ebenfalls einen Weg zum Frieden suchen – zu einem Frieden allerdings, an dem Feinde keinen Anteil haben sollen und der insofern nur um den Preis der Zerstörung einer politischen Welt denkbar wäre, in der auch Feinde noch am Leben bleiben dürften.

Ich nähere mich diesen abschließenden Fragen ausgehend von einer Kritik an genereller (auch bei Kant anzutreffender) Rede von Krieg mit bestimmtem Artikel, die, anscheinend pessimistisch, unterstellt, 'der' Krieg herrsche auch dort noch, wo er durch scheinbare Friedenszeiten unterbrochen wird (2.).[25] Gegen diese These hat man sich unter Hinweis auf eine

---

[24] "Die totale Bedrohung erzeugt die totale Rettung", glaubte Karl Jaspers, *Die Atombombe und die Zukunft des Menschen* [1957], München 1961, 15, 17, 332.
[25] Genau so spricht Kant denn auch von einem Kriegszustand, wie gleich deutlich werden wird. Bei genauem Lesen zeigt sich allerdings, dass Kant wo immer möglich den bestimmten Artikel weglässt.

Vielzahl diverser Kriege gewandt, die nicht wie 'der' Krieg formlos bleiben, sondern relativ gut unterscheidbare Formen annehmen und nicht direkt miteinander zusammenhängen müssen. Insofern erscheint es verfehlt, behaupten zu wollen, 'der' Krieg bedrohe uns. Doch die entsprechende Gegenthese verleitet dazu, die Bedrohung durch immer neu entstehende, potenziell kriegerische Gewalt zu unterschätzen, deren Beseitigung Kant zum Maßstab wirklichen ("ewigen") Friedens gemacht hatte (3.). Dass das kein überspannter eschatologischer Maßstab ist, von dem man sich (als innerweltlich ohnehin nicht einlösbarem) leichten Herzens verabschieden könnte, wird anschließend gezeigt: Begibt man sich wirklich in die *Nähe* kriegerischer Gewalt, erscheint sie unmittelbar als *das schlechterdings Entsetzliche*. In dieser 'pathologischen' Nähe ist allererst zu realisieren, womit Krieg droht und was man Anderen im Fall des Krieges androht: grenzenlose, in völliges Entsetzen stürzende Gewalt nämlich, zu der man sich niemals indifferent verhalten kann. *Im Entsetzen stößt vielmehr die Gewalt des Krieges diejenigen, die ihr nahe genug gekommen sind, bedingungslos zurück:* Sie können schlechterdings nicht wollen, ihr ausgesetzt zu sein oder ihr Andere auszusetzen.[26] In der fraglichen Nähe stößt uns die Gewalt des Krieges so zurück, dass sie *niemals* als Teil unseres Lebens hinzunehmen, zu akzeptieren, zu billigen oder zu rechtfertigen ist (4.). Das aber bedeutet, dass sie im Grunde ein für alle Male auszuschließen wäre und impliziert insofern einen *eschatologischen Überschuss* in der Kritik dieser Gewalt. Dass man sich solcher, alles Entsetzliche heraufbeschwörenden Gewalt gleichwohl 'bedienen' kann, um nach entsprechender Ausschaltung der jeweiligen Feinde wieder ein friedliches Leben zu führen, gehört zu den vielleicht gefährlichsten Illusionen, die mit der Vorstellung verbunden sind, sie 'endgültig' besiegen zu können (5.). So gesehen liegt die Drohung, um die es im Folgenden geht, weniger im Krieg selbst als vielmehr in denjenigen, die infolge fataler Illusionen glauben (und Andere glauben machen), sich durch ihn von aller Feindschaft befreien zu können (6.).

2. Formlose Herrschaft 'des' Krieges?

Krieg, so sagt man, droht, steht unmittelbar bevor, bricht aus, herrscht und endet oder wird beendet – sei es durch vereinbarten Waffenstillstand, sei es durch einseitige Kapitulation oder

---

[26] Vorweg sei unumwunden eingestanden, dass dies eine höchst anfechtbare Hypothese ist, die keinerlei Gewissheit abwirft. Die (durchaus zu bedenkende) Alternative wäre allerdings, anzunehmen, dass die besagte Nähe nichts Verallgemeinerbares darüber lehrt, was es bedeutet, kriegerischer Gewalt ausgeliefert zu werden.

infolge allseitiger Erschöpfung. Historische Erfahrung aber scheint zu beweisen, dass stets höchstens *ein* Krieg so oder so zum Ende kommt, dass aber Nachkriegs- und Vorkriegszeiten zusammenfallen. Denn "nach dem Krieg ist vor dem Krieg", wie es in zahlreichen Beiträgen zur Kriegsgeschichte heißt. Dem vorläufig letzten wird mit Sicherheit früher oder später der nächste Krieg folgen, wo auch immer. Zwischen aufeinander folgenden Kriegen herrschen demnach nur trügerische Zwischenkriegszeiten, die niemand mit 'wirklichem' Frieden verwechseln sollte, denn aus ihnen wird der nächste Krieg hervorgehen (wie aus dem Ersten Weltkrieg der Zweite hervorging). Stets geht so gesehen allenfalls *ein* Krieg zu Ende, nicht aber *der* Krieg als solcher. Nicht umsonst hat man ja auch den Ersten und den Zweiten Weltkrieg zu einem einzigen (zweiten Dreißigjährigen) Krieg zusammengezogen[27], dem dann wiederum kein Friede, sondern ein Kalter Krieg folgte, der, wie wir heute wissen, deutlich vor 1945 einsetzte, bereits im Koreakrieg wieder 'heiß' zu werden und in einen Dritten Weltkrieg zu münden drohte. Nicht der Zweite Weltkrieg, wohl aber *der Krieg* ging demnach bis zur Auflösung des Warschauer Pakts und darüber hinaus weiter, wie auch immer er seither das Schema der Ost-West-Konfrontation unterlaufen und seine Erscheinungsformen (etwa im Hinblick auf China) in der Zwischenzeit gewandelt haben mag, ohne dass schon klar wäre, ob, wie und wann er unter Umständen in einen Dritten Weltkrieg münden könnte, dessen Anfänge manche bereits in virtueller und digitaler Hinsicht ausgemacht haben wollen.

Verhielt es sich im Grunde immer schon so, dass auf einen Krieg eine scheinbare Friedenszeit und dann ein neuer Krieg folgte, währenddessen 'der' Krieg weiterhin herrschte, nicht nur lokal, sondern global? Und wird es dabei bleiben – auch wenn es zwischenzeitlich den Anschein haben mag, als gehe der nächste, von einem destruktiven 'Frieden' oft nur schwer zu unterscheidende Krieg[28] keineswegs *direkt* aus einem früheren hervor, sondern folge nur ohne erkennbare ursächliche Verknüpfung?

Genau das legte Kant nahe: Krieg herrscht solange, wie sich daran nichts *radikal* ändert, dass auf Kriege scheinbare Friedenszeiten und auf diese wiederum neue Kriege folgen.

---

[27] D. Losurdo, *Kampf um die Geschichte. Der historische Revisionismus und seine Mythen – Nolte, Furet und die anderen*, Köln ²2009; vgl. dagegen S. Haffner, "Zum Septemberkrieg von 1939", in: ders., *Im Schatten der Geschichte*, Stuttgart ⁶1985, 160–173.

[28] Das betont Taureck: In Zeiten destruktiver Friedensnutzung fällt die Rückkehr des Krieges gar nicht auf, wenn der Unterschied zwischen Krieg und Frieden ohnehin bereits weitgehend "verschliffen" wurde; B. H. F. Taureck, *Drei Wurzeln des Kriegs, und warum nur eine nicht ins Verderben führt. Philosophische Linien in der Gewaltgeschichte des Abendlandes*, Zug 2019, 32, 38, 348 (=DW).

Für jenen Status, der alle Kriege und die zwischen ihnen sich erstreckenden Zeiten scheinbaren Friedens umfasst, verwandte er den Terminus *Kriegszustand* (der dem *status naturalis* bei Hobbes zum Verwechseln ähnlich sieht).[29] Mit einem Wort seines Zeitgenossen Johann C. Lichtenberg könnte man von *Polemokratie* sprechen, in der *der* (nicht bloß *ein*) Krieg herrscht[30]; und zwar jederzeit und überall, nur in wechselnden Erscheinungsformen. Dies wiederum lässt an Heraklit denken, der bekanntlich erklärt hatte, der Krieg (*pólemos*) sei der Vater und König aller Dinge.[31] Der Krieg hat demnach alles gezeugt und wird fortan nichts aus seiner Herrschaft entlassen. Alles, was ist und geschieht, ist so gesehen der 'substanziellen' Herrschaft des Krieges unterworfen.[32] Mehr noch: das Sein *ist* Krieg, wie Ontologen daraus meinten schließen zu können.[33] Doch wenn das Sein und der Krieg derart in jenem Zustand zusammenfallen, dann beherrscht er es nicht. Herrschendes und Beherrschtes fielen dann nämlich zusammen und wären nicht unterscheidbar. Entweder Krieg umgreift bzw. durchdringt alles, kann dann aber nicht herrschen; oder aber er herrscht über Anderes, das ihm zwar unterworfen ist, aber nicht restlos in ihm aufgehen kann. Dann wäre wiederum der Krieg nicht 'alles'. Sollte das Sein mit seinem Herrschaftsgebiet hingegen zusammenfallen, so ergäbe sich als Konsequenz, dass ihm keinerlei Form zukommen könnte, denn er wäre dann nicht als von Anderem unterschieden erkennbar.

---

[29] R. Tuck, *The Rights of War and Peace. Political Thought and the International Order From Grotius to Kant*, Oxford 2002, 126, 135; Vf., *Gastlichkeit und Freiheit. Polemische Konturen europäischer Kultur*, Weilerswist 2005 (s. das Lemma dort).

[30] G. C. Lichtenberg, *Schriften und Briefe I*, München, Wien 1968, S. 819 [1181]; E. Krippendorff, *Staat und Krieg. Die historische Logik politischer Unvernunft*, Frankfurt/M. 1985, 329.

[31] J. Mansfeld (Hg.), *Die Vorsokratiker* (griech./dt.), Stuttgart 1987, S. 259; vgl. die nüchternen Untersuchungen zu Heraklits Diktum von J.-E. Pleines, *Heraklit. Anfängliches Philosophieren*, Hildesheim 2002; sowie P. Weitmann, "Heraklits Elongationen des ALLs. 'Krieg' als ewiges Erscheinen, ewige Verfeuerung als 'Friede'", in: B. Liebsch (Hg.), *Radikalität und Zukunft des Krieges. Im interdisziplinären Gespräch mit Bernhard H. F. Taureck*, Baden-Baden 2021, 57–69.

[32] Mit Blick auf Heraklit spricht Taureck denn auch vom Krieg als "Substanz" in pessimistischen Theorien, die ihn nicht zu begründen vermögen – im Gegensatz zur ursächlich zu erforschenden Vielzahl verschiedener Kriege in optimistischen Theorien, die den Krieg derart in unterschiedliche Phänomene auffächern (DW, 28), dass kaum mehr verständlich wird, wie wir der schier unaufhörlichen Wiederkehr kriegerischer Gewalt 'verfallen' sind, um ein Wort Jan Patočkas aufzugreifen.

[33] So Eugen Fink unter Berufung auf Martin Heidegger, ohne freilich den Krieg als 'innerweltliches', 'ontisches' Geschehen einfach affirmieren zu wollen.

Wie es scheint, müssen Ontologen des Krieges[34] große Schwierigkeiten damit haben, (a) geltend zu machen, dass Krieg *ausnahmslos über alle(s) und jederzeit* herrscht, und (b) ihn gleichwohl *als eine Form* von Herrschaft zu beschreiben. Wenn 'der' Krieg alles rückhaltlos erfasst, kann es anscheinend nichts mehr geben, was als ihm entzogen zu denken wäre. Folglich bräuchte er gar nicht zu herrschen und dabei eine bestimmte Form anzunehmen. Dazu passt, dass der Krieg ontologisch vielfach in weitgehend unbestimmter Form beschrieben wurde[35], etwa als "gegenstrebige Fügung" bzw. "Widerstreit" von Verschiedenem[36], als "Auseinandersetzung" oder "wesenhafter Streit" (*eris*)[37] bzw. Kampf[38] und als "ursprüngliche Feindschaft"[39]. Anknüpfend an solche schwankenden ontologischen Bestimmungen hat noch Derrida statuiert, "der Ökonomie des Krieges entrinnt man nie".[40] Andere fassten die Herrschaft des Krieges ontisch als eine Art Gesetz auf, welches alle Wesen dazu verurteilt, miteinander von Natur aus verfeindet zu existieren. Wenn nicht "fressen oder gefressen werden", so doch *survival of the fittest* im unaufhörlichen, notfalls zu allen Mitteln greifenden Kampf gegeneinander sei das Gesetz, dem sie ausnahmslos und unbedingt unterworfen seien. Das ist nicht nur eine Fehlinterpretation der Evolutionstheorie[41], die keineswegs unterstellen muss, alle Lebewesen würden sich 'aus Feindschaft' zueinander verhalten, sondern auch ein anthro-

---

[34] J. Patočka, *Ketzerische Essays zur Philosophie der Geschichte*, Stuttgart 1988/Berlin 2010; K. Held, *Heraklit, Parmenides und der Anfang von Philosophie und Wissenschaft*, Berlin 1980, 137, 197; E.-W. Böckenförde, *Geschichte der Rechts- und Staatsphilosophie. Antike und Mittelalter,* Tübingen 2002, 40.

[35] Auch bei Erasmus gehen Streit, Zwietracht, Kampf und Krieg durcheinander (*Klage des Friedens,* 28).

[36] E. Cassirer, *Versuch über den Menschen*, Hamburg 2007, 337; J. Taubes, *Gegenstrebige Fügung*, Berlin 1987; N. Loraux, "Das Band der Teilung", in: J. Vogl (Hg.), *Gemeinschaften. Positionen zu einer Philosophie des Politischen*, Frankfurt/M. 1994, 31–64, hier: 35.

[37] M. Heidegger, *Hölderlins Hymnen 'Germanien' und 'Der Rhein'*, Frankfurt/M. 1980, 123 ff., 126 f.; ders., *Heraklit*, Frankfurt/M. ²1987, 26.

[38] Womit Heidegger ebd. (125) den *pólemos* übersetzt. Streit, Kampf und Krieg gehen so durcheinander, ohne hier auf 'Ontisches' gemünzt zu sein – was Heidegger aber nicht daran gehindert hat, auf dieser ontologischen Folie eine Apologie 'völkischen' Kampfes im "Sturm" anzustimmen, der sich dann als Weltkrieg entpuppt hat (M. Heidegger, *Reden und andere Zeugnisse eines Lebensweges 1910–1976,* Frankfurt/M. 2000, 116 f.).

[39] J. Derrida, *Politik der Freundschaft*, Frankfurt/M. 2002, 489, 492.

[40] J. Derrida, *Die Schrift und die Differenz*, Frankfurt/M. 1976, 227.

[41] Der allerdings selbst Charles Darwin aufgesessen zu sein scheint, der am Schluss von *The Origin of Species* (1859) wie auch andere seinerzeit von einem *war of nature* schreibt; vgl. Pick, *War Machine,* ch. 8.

pomorphes Vorurteil, das man zum Naturgesetz erhoben und so interpretiert hat, dass ihm auch sämtliche menschlichen Lebensformen, einschließlich des Staates[42], scheinen gehorchen zu müssen. Was angeblich unerbittlich, seit jeher und für alle Zeiten herrscht, verdankt sich so gesehen einer *Inthronisierung durch unsere Vorstellungen* vom Sein, von der Natur und von evolutionärem Leben, die uns in einem nicht enden wollenden Kampf oder Krieg ohnmächtig erscheinen lassen.

Bei allen Varianten, die den aus 'ursprünglichem' Widerstreit, aus Streit, Feindschaft oder Kampf hervorgehenden Krieg als 'im Sein' herrschenden oder 'das Leben', 'die Natur' oder auch (wie bei Nietzsche; DW, 25) 'die Geschichte' beherrschenden charakterisieren, fällt auf, dass sie ihn nicht seiner Form nach bestimmen.[43] Sein und Krieg, Natur und Krieg, Leben und Krieg, Geschichte und Krieg – ist etwa das alles dasselbe? Manifestiert sich all das in einem durchgängig herrschenden Krieg, der lediglich wie ein Chamäleon seine Erscheinungsweise wechselt, sich dabei aber im Grunde gleich bleibt, sei es als Substanz, sei es als Zustand oder Gesetz?[44] Wie aber sollte man unter solchen Voraussetzungen je den Krieg forschend ergründen können? Steht der Begriff nicht jedesmal für ein unabwendbares Verhängnis?

3. Kriege als Ausweg – statt Krieg? Erinnerung an Kants radikale Kritik

Vor dem skizzierten Hintergrund ist es verständlich, dass die Erforschung des Krieges derartige Gleichsetzungen zu vermeiden und stets mittels diverser Unterscheidungen seiner Formen voranzukommen suchte. Wenn sich bestimmte Kriege formal unterscheiden lassen von anderen Kriegen und von dem, was nicht Krieg ist bzw. seiner angeblichen Herrschaft nicht unterworfen ist, besteht nicht nur dann auch Aussicht darauf, ihn nicht länger als derartiges Verhängnis auffassen zu müssen? Muss 'der' Krieg dann nicht auf diverse raum-zeitlich bestimmte, vorübergehende Erscheinungsweisen von Gewalt[45] zusammenschrumpfen, so dass

---

[42] R. Kjellén, *Der Staat als Lebensform*, Leipzig 1917; ders., *Die Ideen von 1914*, Leipzig 1918.

[43] Das gilt selbst für Michel Foucault noch: *Vom Licht des Krieges zur Geburt der Geschichte*, Berlin 1986, der 'den' Krieg 'unterhalb' des (juridischen) Gesetzes, aller diskursiven Rationalität und politischer Auseinandersetzungen als "Motor" jeglicher Ordnung ansetzt (ebd., 12).

[44] C. v. Clausewitz, *Vom Kriege*, Frankfurt/M., Berlin 1994, 36.

[45] Führt man so den Begriff der Gewalt ein, droht man sich allerdings in die gleichen Schwierigkeiten zu verstricken: Gewalt herrscht scheinbar als ein ständiger Zustand, der sich nur verschieden zeigt,

seine angebliche 'Herrschaft' bereits begrifflich als entmachtet gelten kann? Löst sich 'der' Krieg am Ende in einer Vielzahl verschiedener, unterschiedlich entstehender, verlaufender und zu Ende gehender Kriege auf? Dann gäbe es weder 'den' Krieg noch auch seine angebliche Herrschaft, sondern allenfalls Anlässe, Motive, Gründe, Voraussetzungen und Umstände, die Kriege von bestimmter Form wie den Bürgerkrieg oder einen Verteidigungs-, Eroberungs-, Raub-, Luft-, Boden-, See-, *Cyber-* oder Vernichtungskrieg gegen fremde Feinde aus Gier und Habsucht, Beutemotiven, unersättlichem Machtwillen oder gegenseitigen Projektionen ausbrechen, vorübergehend herrschen und schließlich wieder verschwinden lassen. So wären Kriege mit Rücksicht auf ihre Ursachen, Quellen und Motive, Anlässe und Anfänge, organisatorische und logistische Vorbereitung, Arten der Mobilisierung (durch Verfeindung), Waffen, Verlaufsformen, Modalitäten und jeweils verfolgte Ziele und Endzustände zu unterscheiden und formal hinsichtlich dieser Aspekte auch begrenzt zu denken – wie auch immer sie bereits vor ihrem 'Ausbruch' und noch nach ihrer Terminierung durch Erschöpfung, Waffenstillstand oder Friedensschluss die Menschen innerlich darüber hinaus beschäftigen mögen. Abgesehen von dieser Frage, wäre so gesehen vor allem die historische und politikwissenschaftliche Forschung für die Untersuchung von Kriegen mit ihren diversen Erscheinungsformen zuständig, die 'den' Krieg in einer Vielzahl empirischer Kriege auflöst, seine angebliche Herrschaft begrifflich entmystifiziert und uns glauben macht, so sei kriegerische Gewalt nicht nur konzeptuell, sondern auch praktisch als stets raum-zeitlich zu spezifizierende in den Griff zu bekommen.

So wäre allerdings die radikale Frage Kants nicht zu beantworten, ob Krieg nicht selbst dann weiterhin droht, wenn Frieden unter inneren Vorbehalten geschlossen wird (über die man sich möglicherweise nicht einmal selbst klar wird, wenn man sie "geheim" hegt, wie Kant schreibt). Bleibt man so nicht bereit dazu, bei nächster Gelegenheit wieder 'zu den Waffen zu greifen' – vorausgesetzt, sie stehen zur Verfügung? Kant stellte rigorose Anforderungen an einen Begriff des Friedens, der seinen Namen wirklich verdient und nicht in sich bereits die Anlage zu neuem Krieg enthält. Und damit warnte er seine Leser unmissverständlich davor, sich nur mit Typologien verschiedener Kriege aufzuhalten, die der Form nach gut unterscheidbar und voneinander abgrenzbar sein mögen, uns aber vollkommen im Unklaren darüber lassen, ob nach ihrer Beendigung 'der' Krieg wirklich aufhört, den Kant als einen

---

u.a. in diversen Formen von Krieg. 'Der' Gewalt wäre allerdings nicht zu entkommen, die in einem solchen Ansatz jegliches begriffliche Profil einzubüßen droht.

fortwährenden Zustand beschrieb, der seines Erachtens allein dadurch schon anhält, *dass man einander weiterhin bedroht – wenn auch nur dadurch, dass man im Besitz von Waffen (gleich welcher Art) bleibt,* mit denen Feindseligkeiten gewaltsam und kollektiv organisiert auszutragen wären. 'Der' Krieg wäre demnach erst dann zu Ende, wenn man *allseits ganz und gar entwaffnet* wäre und nicht nur auf jegliche *explizite Drohung* verzichten, sondern auch jede Art *impliziter Bedrohung* aus der Welt schaffen würde, die, wie wir heute wissen, bereits darin liegen kann, dass man an Ort und Stelle existiert und allein dadurch schon die Lebensmöglichkeiten Anderer infragestellt, mit oder ohne Absicht.[46]

Hier liegt der Einwand nahe, ein solcher Ansatz müsse den Begriff des Friedens ins Utopische oder Eschatologische verlegen und lasse ihn 'innerweltlich' als schlechterdings unrealisierbar erscheinen – ironischerweise mit der Folge, die 'Herrschaft des Krieges' als unabänderlich zu affirmieren. Paradox: je strenger man den Frieden fasst, in desto weitere, schließlich unerreichbare Ferne muss er rücken und desto eher scheint es, als müsse weiterhin Krieg herrschen, sei es in unübersehbar manifesten, sei es in schwer zu erkennenden Formen. Je geringer dagegen die Anforderungen, die man an Frieden stellt, desto eher läuft man Gefahr, Zustände unter diesem Namen durchgehen zu lassen, die bereits Keime zu künftigen Kriegen enthalten, sei es auch nur dadurch, dass man zu Frieden nur unter Vorbehalten bereit war.

So läuft allerdings jede Philosophie des Krieges, die strengste Anforderungen an einen Frieden stellt, der sich radikal der Herrschaft des Krieges widersetzen und ihn womöglich 'endgültig' abzuschaffen verspricht, Gefahr, sich selbst zu innerweltlicher Unfruchtbarkeit zu verurteilen. Der Friede, den sie letztlich als einzig wahren verteidigen würde, wäre derjenige, den Kant den "ewigen" nennt und der, wenn überhaupt, nur im Anderen der Zeit[47], niemals aber in der Zeit der Menschen erreichbar scheint. Umgekehrt läuft jede Kriegstheorie, die sich nicht auf jenen von Kant gemeinten Kriegszustand bezieht, sondern Krieg nur in manifesten, organisierten Formen bewaffneter Gewalt etwa erkennt, Gefahr, bereits als Frieden oder we-

---

[46] P. Levi, *Die Untergegangenen und die Geretteten*, München, Wien 1990, S. 86. Es genügt, "daß man nichts sieht, nichts hört, nichts unternimmt", um "unendliches Leid hervorzurufen", heißt es hier. Dem entsprechend wären Schuldregister zu erstellen, wie sie die Dichterin Marie L. Kaschnitz beschreibt: "Schuld unsre erste: Blindheit. (Wir übersahen das Kommende.). Schuld unsre zweite: Taubheit (Wir überhörten die Warnung). Schuld unsre dritte: Stummheit (Wir verschwiegen, was gesagt werden mußte)." *Überallnie. Gedichte*, München 1969, 202.
[47] M. Theunissen, *Negative Theologie der Zeit*, Frankfurt/M. 1991.

nigstens als Nicht-Krieg auszugeben, was tatsächlich Krieg als permanente Drohung unerkannt fortsetzt und nur sein erneutes Ausbrechen auf später vertagt. Der wahre, eschatologische Friede scheint in der Welt unerreichbar zu sein und sie der Herrschaft eines ubiquitär drohenden, aber formlosen Krieges zu überlassen; jeder Versuch dagegen, Krieg formal zu bestimmen im Hinblick auf begrenzte und unterscheidbare Kriege, um den Blick für dasjenige zu öffnen, was vielleicht nicht der Herrschaft drohenden Krieges unterworfen sein muss, läuft Gefahr, unerkannt weitergehenden Krieg als Nicht-Krieg oder sogar als Frieden auszugeben, also Etikettenschwindel zu betreiben.[48] Der reine und starke Begriff eines Friedens, der seinen Namen verdienen würde, weil aus ihm definitiv kein Krieg mehr hervorgehen und auf ihn keiner mehr folgen dürfte, macht uns hoffnungslos, indem er innerweltlich alles der Drohung 'des' Krieges ausgeliefert erscheinen lässt. Ein weniger anspruchsvoller Begriff des Friedens, der mit formell zu unterscheidenden und wenigstens vorübergehend auch zu beendenden Kriegen zu verknüpfen wäre, droht dagegen auf schiere Selbsttäuschung hinauszulaufen und verleitet dazu, sich mit einem Status zufriedenzugeben, in dem sich tatsächlich bereits der nächste Krieg anbahnt.

Dahin tendiert in der Tat eine weitgehend in Disziplinen wie die Geschichte, Militärwissenschaft, *peace studies*, Politikwissenschaft, Soziologie und Psychologie abgewanderte Forschung, die Philosophen allenfalls noch die Aufgabe anvertraut, idealtypisch Formen von Krieg zu sortieren[49], also analytische Begriffsarbeit zu betreiben, die zum Verständnis empirischer Prozesse hilfreich sein könnte (so wie es etwa Max Weber in der Soziologie vorgemacht hat). Allerdings halten sich viele Philosophen nicht an solche Vorgaben. An ihren Grünen Tischen, in der Regel weit, weit entfernt von jeglichem Kriegsgeschehen, ventilieren sie vielmehr wieder uralte, seit Cicero und Augustinus bekannte Fragen nach gerechtem Krieg, nach guten und legitimen Gründen, Krieg zu führen (wenn auch unter neuen Titeln wie dem der "humanitären Intervention"), nach einem zeitgemäßen *jus ad bellum*, einem *jus in bello* und sogar nach einer "Moral des Krieges", der zwar "die Hölle" sein mag, wie Michael Walzer mit dem amerikanischen General William T. Sherman sagt, aber doch nichtsdestotrotz unter Umständen als gerecht und legitim bezeichnet zu werden verdiene. Seit Walzers Buch

---

[48] Vgl. G. Marcel, "Der Abstraktionsgeist als Kriegsfaktor", in: *Die Erniedrigung des Menschen,* Frankfurt/M. 1975, 168–178, hier: 177.

[49] H. Münkler, "Über einige notwendige Differenzierungen im Begriff des Krieges. Ein politiktheoretischer Einwand gegen den Ansatz von Bernhard Taureck", in: B. Liebsch (Hg.), *Radikalität und Zukunft des Krieges*, 107–125.

Just and Unjust Wars (1977) feiern *New Just War Theories* denn auch fröhliche Urständ, in denen die zuvor bereits mehrfach für tot erklärte Möglichkeit, Krieg zu rechtfertigen, eine ungeahnte Renaissance erfährt.[50] Dabei geraten Philosophen, die sich nicht damit begnügen wollen, nur verschiedene Kriege typologisch voneinander zu unterscheiden, nicht selten auf Abwege einer Affirmation des Krieges, die allen Versuchen, ihn abzuschaffen bzw. endgültig zu überwinden, Hohn sprechen. Während die einen erklären, "the understanding of war and the possible ways of its abolition [...] is on the agenda of our time"[51], fallen die Rechtfertiger und moralischen Affirmierer des Krieges diesen Aussichten in den Rücken – und reklamieren dabei nicht selten einen "Realismus" für sich, der die Frage nach einem Frieden, aus dem nicht wieder Krieg hervorgehen würde, gar nicht erst aufwirft, für derart 'klar' hält man es offenbar, dass 'der' Krieg nicht abzuschaffen ist, sondern allenfalls bestimmte Kriege unter speziellen Voraussetzungen vernünftig zu begründen, zu führen und gegebenenfalls bis auf weiteres zu beenden (andere dagegen effektiv zu delegitimieren) sind. Hatte es zunächst den Anschein, als lasse dieser Realismus den 'Pessimismus' einer Ontologie des Krieges, die ihn als 'substanziell' das Sein, die Natur, das Leben oder die Geschichte beherrschenden inthronisierte, endgültig hinter sich, um den Blick für eine empirische Vielzahl diverser, nicht auf fatale Weise miteinander verknüpfter Kriege zu öffnen, so erweckt dieser Realismus nun den Eindruck, sich mit Krieg weitgehend zu arrangieren, ohne überhaupt noch (wie Kant) radikal nach einem Frieden zu fragen, der ihn zu überwinden versprechen könnte.

Demgegenüber ist zu bedenken, ob man sich diese Frage nicht unweigerlich, gewissermaßen pathologisch, zuzieht, sobald man wirklich in die Nähe kriegerischer Gewalt gerät. Ist diese überhaupt erfahrbar, narrativ, bildlich etc. darstellbar und theoretisierbar, *ohne* die Frage aufzuwerfen, wie sie umgehend einzustellen, künftig zu verhüten und womöglich 'endgültig' abzuschaffen wäre? Solche Gewalt tut Anderen doch mit brutalsten Mitteln, in entsetzlichen, extremen Ausmaßen und mit desaströsen Folgen das Äußerste an Verletzung, Verwundung und Vernichtung an, ohne darin je eine definitive Grenze zu kennen (vgl. DW, 41, 43, 118). Sie ignoriert bzw. überschreitet jedes moralische Gebot, jede Grenze des normalerweise Zulässigen und auch jedes Recht, von dem man geglaubt hat, es könne dazu beitragen, dass

---

[50] M. Walzer, *Just and Unjust Wars*, New York ⁴2006; E. Schockenhoff, *Kein Ende der Gewalt? Friedensethik für eine globalisierte Welt*, Freiburg, Basel, Wien 2019.
[51] H.-G. Ehrhart (Hg.), *Krieg im 21. Jahrhundert. Konzepte, Akteure, Herausforderungen*, Baden-Baden 2017, 7.

Krieg 'menschlicher' geführt wird.[52] Überschreitet kriegerische Gewalt aber jegliche überhaupt vorstellbare moralische, ethische und rechtliche Grenze, ist sie überhaupt nur als *sich selbst entgrenzende* bzw. *grenzenlose* Gewalt 'verständlich', wie sollte es dann je möglich sein, sie von diesseits einer imaginären Grenze aus ohne Rücksicht auf jene Frage – und das heißt: indifferent – zu erfahren, darzustellen und theoretisch zu traktieren?

Vom genauen Gegenteil wird im Folgenden ausgegangen. Das bedeutet, dass jene pessimistische Ontologie 'substanzieller' Herrschaft des Krieges nicht zugunsten eines indifferenten Realismus aufgegeben werden sollte, der uns glauben macht, als sei man die Herrschaft 'des' Krieges durch dessen Auflösung in eine Vielzahl von mehr oder weniger begrenzten Kriegen bereits los und könne sich mit deren Pluralität ohne weiteres arrangieren, zumal differenzierte Analyse (ihrer Anlässe, Voraussetzungen, Motive etc.) Anlass zu der optimistischen Erwartung gibt, sie könne dazu beitragen, künftige Kriege zunehmend in den Griff zu bekommen. So einfach ist Kants radikale Frage nach einer Zukunft, in der Krieg nicht mehr drohen würde, nicht abzugelten. Dass man es sich mit ihr zu leicht macht, mag auch daran liegen, dass man die befremdliche Nähe kriegerischer Gewalt nicht sucht, in der es evident sein müsste, dass sie Anderen unbegrenzt das Schlimmste antut, und zwar so, dass es künftigen Frieden für alle Zeiten unmöglich zu machen droht, wie Kant befürchtete[53] (worin ihm Karl Jaspers, Hannah Arendt und andere beipflichteten). Bedeutet das aber nicht, dass diese Gewalt unbedingt, unter allen Umständen und auf der Stelle unterbunden werden müsste?

4. In der Nähe kriegerischer Gewalt

Über Platitüden wie den knappen Bescheid Shermans hinausgehend, *war is hell*, werfen jüngere philosophische Theorien des Krieges die Frage, wie die Gewalt des Krieges erfahren, erinnert, erzählt und öffentlich repräsentiert wird, kaum je auf.[54] Krieg mag denjenigen, die in ihn ziehen oder die er heimsucht, schrecklich widerfahren, man rechtfertigt ihn trotzdem.

---

[52] G. W. F. Hegel, *Grundlinien der Philosophie des Rechts, Werke 7* (Hg. E. Moldenhauer, K. M. Michel), Frankfurt/M. 1986, 502 (§ 338).

[53] Kant, "Zum ewigen Frieden", 200; *Die Metaphysik der Sitten. Werkausgabe Bd. VIII*, 471 (§ 57).

[54] Vgl. D. Meßelken, *Gerechte Gewalt? Zum Begriff interpersonaler Gewalt und ihrer moralischen Bewertung*, Paderborn 2012; S. C. T. Schneider, *"Krieg?" Philosophische Reflexionen über den Kriegsbegriff im 21. Jahrhundert*, Münster 2017; L. May (ed.), *The Cambridge Handbook of The Just War*, Cambridge 2018.

Selbstverständlich von der Warte Unbetroffener aus, an deren Arbeitsplätzen nicht zu erwarten ist, dass rechts und links jederzeit Granaten und Bomben mit Giftgas oder anderer "schmutziger" Munition einschlagen – was einen zwingen könnte, sofort die Flucht zu ergreifen, falls möglich, um dem Krieg nicht zum Opfer zu fallen. Wie es scheint, theoretisieren über Krieg Autoren, die sich nicht in einer Lage befinden (und vielleicht nie befunden haben oder damit rechnen müssen, in eine solche Lage zu geraten), *in der es evident wäre, dass die Gewalt auf der Stelle aufzuhören hätte, gleich wen sie trifft*. Diese 'pathologische', aus dem Erleiden kriegerischer Gewalt hervorgehende, allerdings anfechtbare[55] Evidenz verblasst oder wird erst gar nicht bewusst, wenn die Frage, *von wo aus* man über Krieg theoretisiert – vor einem Krieg, angesichts eines Krieges, im Krieg oder nach einem Krieg – nicht aufgeworfen wird. Infolgedessen verschwindet auch das Problem aus dem Horizont der philosophischen Aufmerksamkeit, ob man es hier mit einem theoretischen Gegenstand wie jedem anderen zu tun hat, oder ob man dem Krieg zuvor bereits ausgesetzt und womöglich ausgeliefert ist und wie davon gegebenenfalls das Kriegsdenken selbst affiziert wird.[56]

Muss ein Kriegsdenken, das nur *von* der Gewalt des Krieges handelt, aber ihr niemals ausgesetzt war und insofern auch nicht *aus* ihr heraus erfolgt, nicht in gewisser Weise ahnungslos von seinem 'Gegenstand' bleiben?[57] Die gleiche Frage ließe sich allerdings auch gegen jeden Versuch wenden, pathologisch, aus der Erfahrung von Krieg heraus, zu theoretischen Einsichten über ihn zu gelangen. Denn wer dem Krieg, gleich in welcher Form, *zu nahe* kommt, kommt in ihm um oder überlebt ihn allenfalls derart traumatisiert, dass kaum mehr plausibel zu machen ist, wie das im Krieg Erfahrene als solches 'angemessen' bzw. 'unverdrängt' sollte zur Sprache kommen können. Lässt nicht gerade der Krieg buchstäblich 'Hören und Sehen vergehen', ob 'in Angst und Schrecken', im Trommelfeuer zwischen Schützengräben, unter andauerndem Bombardement, infolge der Vergiftung durch Gas oder durch atomare Verstrahlung? Und muss nicht jede Erzählung von Krieg, jede Kriegsgeschichte etwas von diesem 'Vergehen' auf ihre Leser oder Hörer übertragen, die Krieg nur vom Hörensagen kennen?[58]

---

[55] S. o. Anm. 25.
[56] Vgl. aber B. Paskins, M. Dockrill, *The Ethics of War,* London 1979, 1, 47, 184, 226, 260.
[57] Zweifellos, wenn ein phänomenologischer Erfahrungsbegriff zugrundegelegt wird, der genau das unabdingbar macht: *aus* Erfahrung *von* ihr zu handeln, ohne dass zu erwarten wäre, dass beides je zur Deckung kommen könnte.
[58] P. Ricœur, *Gedächtnis, Geschichte, Vergessen,* München 2004, 339.

Allenfalls wird man eine gewisse, wie auch immer vermittelte, *Nähe* zum Krieg[59] suchen können, die vor jener Ahnungslosigkeit bewahrt, aber dabei nicht Gefahr läuft, am Ende
sprachlos zu bleiben. So sehr Krieg alle, die er angeht, damit bedroht, ihm sprachlos zum
Opfer zu fallen (auch dann, wenn man ihn überlebt), man muss versuchen, die verschiedenen
Formen von Gewalt, in denen er in Erscheinung tritt, zum Ausdruck zu bringen, ihre Beschreibung an Andere zu adressieren und infolgedessen einen Diskurs zu eröffnen, in dem es
unvermeidlich auch darum gehen muss, wie man sich *zu ihm* verhalten kann und will. Die
Gewalt des Krieges ist nie nur Widerfahrnis (*páthos*), Heimsuchung, Trauma, sondern stets
auch *in diesem Sinne* radikale Infragestellung der Subjektivität von denjenigen, die er verletzt,
verwundet oder vernichtet, sei es physisch, sei es psychisch, sozial, kulturell, politisch, rechtlich, sei es einzeln, sei es in Massen bis hin zu genozidaler Gewalt, sei es direkt, sei es indirekt, indem man von all dem erfährt.

So oder so unter Krieg leidenden Subjekten mag er gelegentlich überwältigend wie ein
Naturereignis vorkommen[60]; aber was 'wie' ein solches Ereignis erscheint, *ist* nichts bloß
Natürliches. Kriegerische Gewalt ist je nur gewissermaßen mit dem Anfangsverdacht erfahr-
bar, dass an ihrem Zustandekommen, ihrer Entfesselung und Vollstreckung 'bis zum bitteren
Ende' Anderer wesentlich Menschen *mitbeteiligt* sind, wenn sie nicht gar allein Verantwor-
tung für diese Gewalt tragen. (Das gilt auch für Kriege noch, die aus großer Distanz mittels
Drohnen geführt werden.) Zumindest sind Menschen an Kriegen gleich welcher Form im
Maße ihrer wesentlichen Mitbeteiligung auch für sie *mitverantwortlich*. Und in der Analyse
mitverantwortlicher Beteiligung liegt möglicherweise die einzige Chance, die aporetisch
erscheinende Ausgangslage der Alternative zu überwinden, die da lautet, dass wir entweder
einer 'ursprünglichen' und unabwendbaren, formlosen Herrschaft des Krieges unterworfen

---

[59] Auch hier handelt es sich um ein Desiderat, das zu klären bleibt. Keinesfalls lehrt ja die 'Nähe'
eines sog. Fronterlebnisses, worum es im Folgenden geht. Vielfach ist das Gegenteil der Fall. Zwar
hat sich ein seriöser Philosoph wie Jan Patočka auf ein solches Erlebnis berufen, doch wie jene Nähe
so möglich werden kann, dass verletzende, verwundende und vernichtende kriegerische Gewalt nicht
noch beschönigt wird, kann nicht als geklärt gelten. Vgl. Pick, *War Machine*, 10, 269; H.-H. Müller,
H. Segeberg (Hg.), *Ernst Jünger im 20. Jahrhundert*, München 1995; A. Gestrich (Hg.), *Gewalt im
Krieg: Ausübung, Erfahrung und Verweigerung von Gewalt in Kriegen des 20. Jahrhunderts*, Münster 1996. Das Gleiche gilt für Beschreibungen und Erzählungen von jener Gewalt, die längst im Verdacht steht, nur Moralismen und Klischees zu bedienen; vgl. N. Gstrein, *Das Handwerk des Tötens*,
Frankfurt/M. 2005, 57–61.
[60] Vgl. die Beschreibungen in dem Roman von Yan Mo, *Das rote Kornfeld*, Zürich 2007.

sind (wie auch immer zwischenzeitlich scheinbare Friedenszeiten darüber hinwegtäuschen mögen, solange kein eschatologischer Friede eintritt), oder dass wir es vermeintlich nur mit unzusammenhängenden Kriegen zu tun haben, die zu unterschätzen verleiten, wie zwischenzeitlicher Nicht-Krieg den nächsten Krieg vorbereitet, so dass er bereits 'droht', selbst wenn noch niemand entsprechende Drohungen explizit ausgestoßen hat. Von entscheidender Bedeutung dürfte so gesehen die Frage sein, wie wir uns als am Zustandekommen von Krieg wesentlich Mitbeteiligte zu diesem 'Drohen' verhalten, das niemals nur als ein Naturereignis über diejenigen kommt, die sich bedroht erfahren.

Die zwischen sprachlosem Untergang im Krieg einerseits und distanzierter Ignoranz andererseits zu suchende Nähe zum Krieg lehrt *prima facie*, dass er schlimmste, entsetzliche Gewalt in allen nur denkbaren Formen heraufbeschwört, sie Wirklichkeit werden lässt oder zumindest mit ihnen droht. Bevor Krieg als theoretischer Gegenstand zu denken ist, muss er in diesem Zwischenbereich wenigstens als drohender bzw. als bedrohlicher erfahren worden sein. Andernfalls weiß man nicht, womit man es unter diesem Begriff überhaupt zu tun hat. Krieg, der nicht in der einen oder anderen Weise droht und das Äußerste heraufbeschwört, ist keiner. Und als (Be-)Drohung muss Krieg das Denken herausgefordert haben, soll es überhaupt in die Nähe des Krieges geraten sein, um wenigstens in erster Näherung zu erfassen, worum es sich dabei handelt. So führt vom *páthos* (Widerfahrnis) drohenden Krieges ein Weg zum *lógos* einer Kriegstheorie oder Polemologie[61], die dieses chamäleonhafte Phänomen intelligibel zu machen versucht, indem sie fragt, woher es rührt, wie es sich darstellt (bzw. worum es sich handelt) und wohin es führt. Das sind die Leitfragen einer *Archäologie, Phänomenologie und Teleologie des Krieges,* die, wenn sie theoretisch erwogen werden, zumindest voraussetzen, dass Krieg als drohender und bedrohlicher erfasst wurde. Andernfalls würde es sich um einen beliebigen theoretischen Gegenstand von rein intellektuellem Interesse handeln, dem man endlose Abhandlungen über seine Rechtfertigung, Legitimation und 'Moral' widmen kann, ohne dabei selbst sonderlich involviert zu sein. Solche längst zahlreich vorliegenden Abhandlungen setzen allemal voraus, dass Krieg überhaupt zu rechtfertigen, zu legitimieren und moralisch zu qualifizieren ist. Kann das aber als unproblematische Voraussetzung gelten?[62]

---

[61] G. Bouthoul, *Les Guerres. Eléments de polémologie*, Paris 1951.
[62] Immerhin hat u.a. Hannah Arendt die Legitimierbarkeit von Gewalt generell in Abrede gestellt.

Vielfach wird nicht einmal diese Frage aufgeworfen, Krieg stattdessen als etwas irgendwie Bekanntes vorausgesetzt und dann sogleich zu intellektuellen Fragen der Rechtfertigung und Legitimation übergegangen, die Krieg in verschiedenen Formen *als eine Option*
erscheinen lassen, zu der man unter bestimmten Umständen greifen kann. Dabei gerät freilich
die Bedrohlichkeit des Krieges weitgehend aus dem Blick. Und man kann sich des Eindrucks
kaum erwehren, gerade das sei die Voraussetzung aller Erörterungen von Krieg als eines
Mittels, dessen man sich unter Umständen bedienen darf, wenn es sich denn rechtfertigen und
legitimieren lässt. In theoretischen Erörterungen lesen wir (besonders seit Clausewitz) von
Taktiken und Friktionen, Strategien und Schlachten in einem gleichsam sterilisierten Vokabu-
lar, das selbst bei Schlachten kaum mehr an entsprechende konkrete Tätigkeiten denken
lässt.[63] Deren konkrete Bedrohlichkeit kommt erst wieder zum Vorschein, wenn man die
Theorie praktisch werden lässt, wo Krieg führende Subjekte Andere in den Krieg schicken,
den viele von ihnen nicht überleben, oder wenn, dann mehr oder weniger schwer verletzt,
verwundet, traumatisiert und innerlich vernichtet. Letztere aber, die in den Krieg Geschickten,
werden kaum je zur Angelegenheit von Kriegstheorien selbst, die infolgedessen einen großen
Mantel des Schweigens über das Elend breiten, das Krieg tatsächlich für diejenigen bedeutet,
die ihm so oder so zum Opfer fallen, tot oder lebendig, mehr oder weniger versehrt, verstüm-
melt, verletzt.

Gibt es dazu aber überhaupt eine Alternative? Ließe sich etwa eine Philosophie des
Krieges denken, in der dieser als Drohung auch im Modus des Theoretischen stets gegenwärtig bliebe? Und könnte man davon erwarten, dass Krieg *nicht* länger als eine bloße Frage

---

[63] C. v. Clausewitz, *Vom Kriege*, Frankfurt/M., Berlin, Wien [4]1994, 32. Zwar soll die Kriegstheorie
"auch das Menschliche berücksichtigen", heißt es hier; aber es gehört zu den auffällig-unauffälligen
Eigentümlichkeiten dieses Werkes, dass es das durch Krieg verursachte Leiden so gut wie gar nicht
kennt. Dabei ist es in philosophischen Kriegstheorien im Wesentlichen bis heute geblieben. Vgl. H.
Kesting, *Geschichtsphilosophie und Weltbürgerkrieg. Deutungen der Geschichte von der Französischen Revolution bis zum Ost-West-Konflikt,* Heidelberg 1959; P. Kondylis, *Theorie des Krieges.
Clausewitz – Marx – Engels – Lenin,* Stuttgart 1988; D. Henrich, *Ethik zum nuklearen Frieden,*
Frankfurt/M. 1990; S. Mansfield, *The Rites of War. An Analysis of Institutionalized Warfare,* London
1991; I. Morris, *War. What is it good for? The Role of Conflict in Civilisation, from Primates to Ro-
bots,* London 2014; R. B. Manning, *War and Peace in the Western Political Imagination. From clas-
sical Antiquity to the Age of Reason,* London, New York 2017; J. Bartelson, *War in International
Thought,* Cambridge 2018; W. Hinsch, *Die Moral des Krieges,* München, Berlin, Zürich 2017; M.
Hampe (Gasthrsg.), "Über den Krieg. Ontologie, Moral und Psychologie." Themenschwerpunkt der
Allg. Zeitschrift f. Philosophie, Heft Nr. 2 (2018).

von Optionen diskutiert wird, die Krieg führenden, aber in der Regel nicht direkt in ihn involvierten Subjekten zur Verfügung stehen, denen man mit Rechtfertigungen, Legitimationen und bescheinigter 'Moral' auch noch zu Hilfe kommt, statt sich des Terrors der Bedrohung durch das Entsetzliche bewusst zu bleiben, das Krieg in mehr oder weniger allen seinen Formen heraufbeschwört? Wäre, wenn man sich dessen bewusst bliebe, womöglich jeder Weg der Rechtfertigung und Legitimation von Krieg verbaut?

Mit diesen Fragen seien vorläufig lediglich Fluchtpunkte der nachfolgenden Überlegungen markiert, die sich darauf beschränken, zunächst so weit wie möglich zu präzisieren, inwiefern *Krieg als Drohung* aufzufassen ist, der man als solcher auch im Modus des Theoretischen gewärtig sein sollte, um zu vermeiden, dass Krieg als ein steriles theoretisches Objekt traktiert und auf diese Weise gedanklich derart entschärft wird, dass man ihn als eine bloße Frage praktischer und technischer Optionen diskutieren kann, wie es persönlich offenbar wenig tangierte Strategen in den gegenwärtig reichlich vorhandenen *thinktanks* und Denkfabriken ja auch tun, die serienmäßig kriegstheoretische Literatur hervorbringen, vom Krieg aber anscheinend kein Jota weiter entfernen. Eben deshalb stehen sie im Verdacht, die bedrohliche Gegenwart des Krieges nur zu beschönigen, ohne je radikal versucht zu haben, ihn als das Schlimmste, Grausamste und Äußerste heraufbeschwörenden unbedingt abwenden zu wollen. Radikale Pazifismen, in denen das versucht wurde, werden jedenfalls kaum mehr ernsthaft diskutiert. Sie gelten als schlechthin 'weltfremd' und insofern selbst dem Krieg verfallen, gegen den sie anscheinend überhaupt nichts ausrichten.

5. Quellen des Entsetzlichen.
Phantasmen von Endlösungen, Feindbeseitigungen, Siegen

Dass wir den Krieg bislang als fortwährende Drohung nicht haben abwenden können und dass wir laut Bernhard Taureck allen Grund zu der "furchtbare[n] Vermutung" haben, über den *pólemos,* der vor fast 2.500 Jahren im vorsokratischen Griechenland [...] in das Zentrum der Sorgen" getreten ist, noch nicht hinausgekommen zu sein (DW, 12), mag auch daran liegen, dass wir es hier mit Entsetzlichem (*miarón*) und Ungeheuerlichem (*deinón*) zu tun haben.[64] Beides hat sich angesichts seiner hyperbolischen, unauslotbaren Dimensionen als in keiner Weise adäquat darstellbar, erzählbar oder denkbar erwiesen (DW, 255). Angesichts des

---

[64] Aristoteles, *Poetik*, 1452b 34; 1453a 1; vgl. DW, 88.

Entsetzlichen scheint auch das Denken zu versagen[65], so dass es allenfalls indirekt von ihm zeugen kann. Hier gilt *besonders*, was Lyotard allgemein vom "Los des Denkens" sagt: Es könne sein, dass es "darin besteht, von dem zu zeugen, was ihm inkommensurabel ist", so dass wir über kaum mehr als Spuren dessen verfügen, woran das Denken in diesen Fällen scheitert.[66] Dabei hat es zu gewärtigen, wie denkende Subjekte Krieg führen können, die ihrerseits im Verdacht stehen, das Ungeheure bzw. das Ungeheuerlichste heraufzube-schwören, ohne sich von ihrem kriegerischen Tun überhaupt eine angemessene Vorstellung zu machen oder auch nur machen zu können, verweist doch das Entsetzliche stets auf noch Entsetzlicheres, ohne je als Entsetzlichstes identifizierbar zu werden.

Was sie – bzw. einige von ihnen – getan haben, "zeigt den Menschen als das Ungeheu-erlichste vor sich selbst", wie Bernhard Taureck schreibt, der mit Blick auf Georg Simmel allerdings davor warnt, sich hier mit "überflüssigem Tiefsinn" lange aufzuhalten. Ist Krieg nicht in Wahrheit auf "die verbrecherische Frivolität ganz weniger Menschen" (DW, 228) zurückzuführen, die buchstäblich nicht wissen, was sie tun bzw. was sie Anderen antun? Muss man unbedingt 'den' Menschen für 'den' Krieg verantwortlich machen – noch dazu so, dass er als ein unabänderlicher Bestandteil der *conditio humana* erscheint, an der infolge-dessen *alle* irgendwie mitschuldig zu werden drohen, selbst anscheinend vollkommen 'harm-lose' Mitmenschen, die "keiner Fliege" und niemandem je etwas zuleide tun wollen bzw. können? Würde es nicht genügen, sich auf diejenigen zu konzentrieren, die Krieg führen wollen, um sie möglichst rechtzeitig zu erkennen und unschädlich zu machen? Allerdings gelingt es letzteren regelmäßig, Gefolgsleute, Waffen, Logistik etc. zu mobilisieren, ohne die ein organisierter Krieg gar nicht zu führen wäre. Und es gelingt ihnen sogar, Krieg als eine angeblich nicht nur unumgängliche, sondern auch anziehende, ja faszinierende Sache erschei-nen zu lassen, die idealiter das Größte verspricht, was Menschen überhaupt erreichen können:

---

[65] Nietzsche hätte das gewiss abgestritten, hielt er es doch für möglich, dem Entsetzlichen ästhetisch beizukommen. Bei der Lektüre seiner programmatischen Erklärung der "Geburt der Tragödie aus dem Geist der Musik" kann man sich des Eindrucks allerdings nicht erwehren, dass das Entsetzliche hier *von vornherein* nur als bereits Ästhetisiertes in Betracht kommt, nicht als Widerfahrnis, dem man selbst rückhaltlos ausgesetzt ist. Daran ändert die Berufung auf William Shakespeare und Arthur Schopenhauer als Kronzeugen gar nichts, bestätigt im Gegenteil diese Einschätzung. Vgl. F. Nietzsche, "Die Geburt der Tragödie", in: *Sämtliche Werke, Bd. 1,* 9–156, hier: 56 f., 118. Schopen-hauer soll sich "mit unbewegtem Blicke dem Gesammtbilde [!] der Welt" zugewandt und daraus seine pessimistischen Schlüsse gezogen haben.
[66] J.-F. Lyotard, *Das Inhumane*, Wien ³2006, 223.

nicht nur Beute und Kriegsgewinn, sondern endgültigen, in Zukunft unanfechtbaren Sieg über ihre Feinde, diese Inkarnationen all dessen, was *deren Feinde* anscheinend an einem ungefährdeten, guten, uneingeschränkten, idealen Leben hindert.

Kriege versprechen in diesem Sinne ideale Lösungen, sogenannte *Endlösungen* – und wären so gesehen nur dann abzuschaffen, wenn man sich auch von allen Phantasmen idealer Lösungen verabschieden würde, die angeblich nur auf Kosten des Lebens von Feinden zu erreichen sind. Was Taureck als "Philosophie-Bankrott vor dem Krieg als Übel" bezeichnet (DW, 247), könnte so gesehen auch darin seinen Grund haben, dass es Philosophen bislang nicht gelungen ist (bzw. dass sie es noch gar nicht konsequent genug versucht haben[67]), den Zauber finaler Lösungen und die mit ihnen verknüpften, tatsächlich leeren, niemals einzulösenden Versprechungen als das zu entlarven, was sie sind: höchst gewaltträchtige Illusionen, die diejenigen, die ihnen anhängen, glauben machen, man müsse nur eine gewisse Anzahl von Feinden (notfalls auch deren Kinder) beseitigen, um zum Ziel zu kommen – zum Ziel endgültiger Lösungen, die fortan überhaupt keine weiteren kriegerischen Anstrengungen mehr erfordern würden, wenn die Feinde erst einmal 'beseitigt' wären. Unter dieser Voraussetzung würde anscheinend Frieden herrschen können. Und zwar für immer. Wäre die endgültige Vernichtung der Feinde nicht – im Vergleich mit Kants Friedensschrift – der kürzeste Weg zum ewigen Frieden?

Dagegen mag zumal historisch zwar alles sprechen. Selbst dort, wo Völkermorde und Ausrottungskriege weitgehend 'gelungen' zu sein scheinen, so dass die Opfer nicht nur allesamt umgekommen, sondern auch in Vergessenheit geraten sind, sahen sich die vorübergehenden Sieger ihrerseits einer Geschichte überantwortet, die immer wieder neue Feindschaften und Kriege heraufbeschworen hat. Ein anscheinend finaler, die aktuellen Feinde vernichtender Sieg ist noch lange keine 'Endlösung' für das Problem des Krieges selbst. Nach jedem Krieg und nach jeder Nicht-Kriegs-Zeit oder scheinbaren Friedenszeit wird früher oder später ein neuer Krieg folgen, mögen die früheren Feinde auch längst dahin sein. Ungeachtet dessen liebäugelt man immer wieder mit Krieg als einer Endlösung, die, wenn nicht 'für immer', so doch auf absehbare Zeit für Ruhe vor den Feinden zu sorgen verspricht[68], zumindest

---

[67] Aller bekannten Utopie-Kritik zum Trotz, die vielfach vorliegt.

[68] Speziell hier scheint zu gelten, was Nietzsche allgemein in einem anderen Zusammenhang (nämlich mit Blick auf den Trost) feststellt: dass "die grösste Krankheit der Menschen [...] aus der Bekämpfung ihrer Krankheiten entstanden" ist. (Nietzsche, "Morgenröthe", in: *Sämtliche Werke. Bd. 3*, 9–332,

für eine Art Friedhofsruhe, wie sie auch Kant für die Zukunft der menschlichen Gattung in Aussicht stellte, sollte sie der Drohung, die im Krieg selbst liegt, auf Dauer nichts entgegenzusetzen haben.

Wenn Krieg bis heute "als die am meisten bedrohliche Tatsache" gelten muss, die sich zugleich "am wenigsten erklären lässt", wie Taureck im Anschluss an Erasmus schreibt (DW, 24), so liegt das in der skizzierten Perspektive nicht zuletzt an dem, *was man sich vom Krieg verspricht:* abgesehen von reicher Beute, neuen Besitztümern, Machterweiterung, Ruhm etc. eine finale Lösung, die die jeweiligen Feinde 'für immer' erledigen bzw. beseitigen soll. Ihnen muss man zuvor, um daran glauben zu können, quasi manichäisch[69], allerdings 'alles Üble' zuschreiben, das Üble wirklich für ausrottbar halten und an eine darauf folgende Zeit glauben, in der es nicht wiederkehren dürfte. Andernfalls müsste das Spiel mit dem Krieg von vorn beginnen, wenn auch Andere es fortzusetzen hätten, die womöglich den gleichen Illusionen zum Opfer fallen würden.

Gefordert scheint dagegen eine Art *antimanichäische Trauerarbeit,* die sich eingesteht, dass es auf der Welt und in der von Menschen zu gestaltenden Zeit *überhaupt keine finale Beseitigung Anderen zuzuschreibenden 'Übels' und in diesem Sinne keine Endlösungen* geben kann; dass es insbesondere keinen finalen Sieg über jetzige oder gar künftige Feinde geben kann; dass man also mit ihnen wird leben müssen, statt nach Lösungen zu suchen, die nur um den Preis zu erreichen wären, dass die Feinde nicht überleben können. Die Suche nach derartigen Lösungen wäre nicht als Fortsetzung von Politik "mit anderen Mitteln", sondern nur als *nicht eingestandenes, vor sich selbst kaschiertes Scheitern des Politischen selbst* zu verstehen.

Die im Politischen liegende zentrale Frage lautet so gesehen: wie ist mit der Existenz von Feinden auf Dauer zu leben, d.h. wenigstens so, dass es nicht deren Leben kostet? Das wiederum dürfte nur gelingen, wo eine *Politisierung der Feindschaft* selbst vermieden oder revoziert wird, die letztere (typischerweise im Namen der eigenen, unvermeidlich auf Kosten Anderer erfolgenden Selbsterhaltung) affirmiert[70] und dazu aufruft, sich gegen Feinde zu

---

hier: 56.) Was Krieg und Feindschaft anbetrifft, so ist es allerdings ausgeschlossen, sich einfach mit beidem abzufinden. Offenbar kommt es auf das 'Wie' der Bekämpfung entscheidend an.

[69] Vgl. Vf., "Widerstreit, Gewalt und die 'manichäische Versuchung'", in: *Zerbrechliche Lebensformen. Widerstreit – Differenz – Gewalt,* Berlin 2001, Teil III, Kap. 9.

[70] Keineswegs wird sich jegliche politische Feindschaft vermeiden oder umgehen lassen; wohl aber, dass sie als affirmierte zur letzten Maßgabe des Politischen wird.

verbünden, zu organisieren, zu bewaffnen und schließlich mit allen Mitteln gegen sie vorzugehen, auch mit den schlimmsten und im Grunde hinsichtlich ihrer Wirkung unvorstellbaren. Wo das geschieht, werden am Ende nicht nur Feinde vernichtet; *vernichtet wird auch das Politische selbst*, das dazu verhelfen sollte, sich vor der Bedrohlichkeit finaler Lösungen, die nur auf Kosten des Lebens Anderer zu erreichen sind, in Schutz zu nehmen. Dabei geht es nicht allein darum, die Hypertrophie von politischen Gegnerschaften in radikalen Feindschaften zu verhüten[71], sondern auch darum, jene Illusionen zu zerstören, die auf Endlösungen setzen. Im Politischen gibt es keine abschließenden Lösungen – allenfalls Lösungen bis auf Weiteres angesichts des Fehlens finaler Lösungen. Paradox gesagt: *das Politische ist die Lösung, wo es keine Lösungen gibt*, jedenfalls keine endgültigen, irreversiblen. Tatsächlich 'ist' es keine fertig bereitliegende Lösung, sondern muss sich in gewaltträchtigen Konflikten stets aufs Neue darin bewähren, deren polemogene Eskalation zu unterbinden und Besseres möglich zu machen.

Dabei wird sich das Politische gegen immer wieder aufkeimendes Liebäugeln mit finalen Lösungen behaupten müssen, das umso näher liegt, wie das Entsetzliche und Ungeheure, das sie heraufbeschwören, ohnehin nicht adäquat darstellbar, erinnerbar und denkbar erscheint, so dass es paradoxerweise allenfalls in bestimmten Modi des Vergessens noch gegenwärtig sein kann.[72] Zwar lesen und hören schon Schüler im Geschichtsunterricht von den 'Schrecken' des Krieges. Aber so, wie sie erinnert werden, sind sie offenbar kaum geeignet, irgendjemanden effektiv abzuschrecken, d.h. kriegerische Gewalt gänzlich zu verwerfen. Das Wort 'Schrecken' ist (wie auch 'Verwüstung', 'Politik der verbrannten Erde', 'Desaster' und was sonst noch mehr oder weniger stereotyp zur gängigen Beschreibung solcher Gewalt herhalten muss) kaum mehr als eine Spur von Verletzungen, Verwundungen, Vernichtungen und Weltuntergängen, aus denen niemand je zurückkehrt, um davon zu berichten. Auch diejenigen, die Anderen Endlösungen androhen und damit Entsetzlich-Ungeheures heraufbeschwören, wissen niemals genau, was es damit auf sich hat. Dazu müsste man letzterem wie gesagt derart nahe gekommen sein, dass man Gefahr läuft, in ihm umzukommen oder nur schwer verwundet oder traumatisiert und sprachlos zu überleben. Diejenigen, die dem Entsetzlich-Ungeheuren scheinbar 'nahe genug' gekommen sind und doch überlebt haben, bezeugten regelmäßig, sofern sie ihrer Sprache überhaupt noch mächtig waren, dass man nicht angemes-

---

[71] Ein beliebter Topos in der politischen Theorie der Gegenwart.
[72] Taureck, Liebsch, *Drohung Krieg*, 19.

sen von ihm erzählen, sich kein adäquates Bild von ihm machen und es denkend nicht verge-
genwärtigen könne. Es sei schlechterdings 'unaussprechlich', 'unsäglich', 'undarstellbar' und
'unvorstellbar', hören wir – und dürfen das nicht für bloße Topoi oder abgegriffene Redewei-
sen halten.[73]

Wer Anderen Endlösungen androht, wird kaum dazu in der Lage sein, das infolgedessen Bedrohliche als solches zu begreifen – noch weit weniger als jene Überlebenden, die
immerhin noch dementieren konnten, das Entsetzlich-Ungeheure überhaupt adäquat bezeugen
zu können, um es uns wenigstens so zu denken zu geben. Das Bedrohliche bedroht zunächst stets Andere, indem es ihnen das Schlimmste, das Äußerste bis hin zu mehrfacher,
auf jeden Fall aber 'endgültiger' Vernichtung verheißt. Allenfalls erfahren *Andere* das Ärgs-
te, das Extremste, Grausamste (sofern es *überhaupt* als 'erfahrbar' gelten kann) – bis hin dazu,
dass es schließlich jede Möglichkeit der Erfahrung selbst zerstört. Dann lässt es Subjekte der
Erfahrung nicht bestehen, die angemessen bezeugen könnten, worum es sich handelt. Wer
Anderen Krieg androht, bedroht sie mit etwas, wovon er sich selbst keine angemessene Vorstellung machen kann. Darin liegt wiederum eine Bedrohlichkeit eigener Art: Es ist offenbar
möglich, Anderen auf eine Weise mit dem Schlimmsten zu drohen, ohne recht zu wissen, was
man dabei tut. Vielleicht ist es sogar *nur so* möglich (und bereits vielfach geschehen), Anderen ihren Untergang im Krieg anzudrohen und die 'eigenen Leute' dafür zu mobilisieren – und
zwar auf der Basis der Illusion, man beschwöre auf diese Weise nicht auch den eigenen Untergang herauf. Wo Andere untergehen können, kann man jedoch auch selbst untergehen. Der
Welt, in der Anderen Bombardierungen, Verbrennungen und Verstrahlungen einschließlich
nicht enden wollender Qual angedroht werden können, gehört man schließlich selbst an.

Würde ein Krieg führendes Subjekt, das Andere für sich in den Krieg schicken möchte, diesen wirklich vorher 'klar machen', was sie zu tun haben, nämlich auf die grausamste,
schlimmste, extremste, 'unvorstellbarste' Art und Weise Feinden (auch Alten, Frauen und
Kindern, vollkommen Wehrlosen) Gewalt anzutun und sich solcher Gewalt selbst auszusetzen, würde dieses Subjekt dann nicht riskieren, keine Gefolgschaft mobilisieren zu können?
Diejenigen, die für einen Krieg plädieren, machen im Vorhinein regelmäßig geltend, nur zu
gerechtfertigter (Gegen-)Gewalt greifen und sich an die Regeln den Kriegsrechts halten zu

---

[73] Vgl. J. Winter, E. Sivan (Hg.), *War and Remembrance in the Twentieth Century*, Cambridge 1999;
G. Didi-Huberman, *Wenn die Bilder Position beziehen*, München 2011; S. Biernoff, *Portraits of
Violence. War and the Aesthetics of Disfigurement*, Ann Arbor 2017, 8; M. Mayer, *Melancholie und
Medium. Das schwache Subjekt, die Toten und die ununterbrochene Trauerarbeit*, Wien 2019, 96.

wollen. So gut wie nie geben sie im Vorhinein zu, 'unter Umständen', 'nötigenfalls' oder auch nach eigenem Belieben Anderen 'alles' nur denkbare Mögliche anzutun, auch schlechterdings nicht zu Rechtfertigendes (das manche als 'Böses' eingestuft haben[74]). Würden sie, wenn sie zugäben, dazu bereit zu sein, sich nicht als bloße Mordgesellen *outen*? Und liegt nicht erfahrungsgemäß denjenigen, die Kriege rechtfertigen und begründen, alles daran, *auf keinen Fall* so dazustehen – wie fadenscheinig oder ideologisch ihre Argumente auch immer sein mögen?

Dabei wurden erfahrene Theoretiker des Krieges nicht müde, genau davor zu warnen: sich der Illusion hinzugeben, durch Krieg werde es nicht zum Äußersten kommen. Wer sich keine Illusionen macht, sich aber von dieser Aussicht nicht abschrecken lässt, müsste selbst dazu bereit sein, 'es zum Äußersten kommen' zu lassen und dürfte der ihm zur Verfügung stehenden Gewalt keinesfalls von vornherein irgendwelche Grenzen setzen. Diese Theoretiker wussten, dass man sich auch im angeblich "gehegten", "ordentlich" geführten Krieg[75] niemals bloß mit einer Niederwerfung des Gegners zufrieden gibt, um ihn dem eigenen Willen zu unterwerfen. 'Bei Bedarf' (und oft genug auch ohne jeglichen Grund) tut man ihm alles erdenkliche Üble an, unter Missachtung aller Konventionen und Regularien, und setzt sich so über Kants Kriterium indifferent hinweg, demzufolge im Krieg auf keinen Fall etwas vorfallen darf, was künftigen Frieden definitiv unmöglich zu machen droht.[76] "All restrictions, all the international agreements made during peacetime are fated to be swept away like dried leaves in the winds of war", stellte schon Giulio Douhet fest, neben Basil Liddell Hart einer der ehemaligen Berater Winston Churchills in militärischen Angelegenheiten.[77]

Wer sich auf Krieg einlässt, riskiert vollständige Auslieferung an eine unbekannte Zukunft der Gewalt, die er womöglich in der irrigen Auffassung in Betracht zieht, sie jederzeit wie ein Mittel gebrauchen und kontrollieren zu können. Tatsächlich ist es im Krieg nach aller Erfahrung "impossible for the moral agent to know what he is doing"[78]. Schon Clausewitz warnte "menschenfreundliche Seelen" unter seinen Lesern vor dem kapitalen Irrtum, "es gebe ein künstliches Entwaffnen oder Niederwerfen des Gegners, ohne zuviel Wunden zu

---

[74] So Ricœur mit Jean Nabert: *Gedächtnis, Geschichte, Vergessen*, 707 f., 718. Dem bereits zitierten General MacArthur wird allerdings die Aussage zugeschrieben, im Krieg zähle nur der Sieg und nichts anderes. Und das rechtfertige auch den Einsatz von Atomwaffen.

[75] Eine anachronistische Lieblingsvorstellung Carl Schmitts.

[76] Kant, "Zum ewigen Frieden", 6. Präliminarartikel.

[77] Zit. n. Paskins, Dockrill, *The Ethics of War,* 9.

[78] Ebd., 162.

verursachen, und das sei die wahre Tendenz der Kriegskunst. Wie gut sich das auch aus-nimmt, so muß man doch diesen Irrtum zerstören, denn in so gefährlichen Dingen, wie der Krieg eins ist, sind *die* Irrtümer, welche aus Gutmütigkeit entstehen, gerade die schlimmsten." Derjenige, "welcher sich dieser Gewalt rücksichtslos, ohne Schonung des Blutes bedient, [muss] ein Übergewicht bekommen, wenn der Gegner es nicht tut. Dadurch gibt einer dem anderen das Gesetz, und so steigern sich beide bis zum äußersten […]." Dem entsprechend kenne auch die "Philosophie des Krieges [...] kein Prinzip der Ermäßigung" der Gewalt.[79]

Demnach wäre *von vornherein* in Rechnung zu stellen, was jegliches 'Rechnen' durch-kreuzt, nämlich dass es prinzipiell keine Begrenzung dieser Gewalt geben kann und dass die Kriegsführung aller Parteien darum wissen muss. So müssen alle grundsätzlich und paradox-erweise mit dem eigentlich unvorstellbaren Äußersten rechnen (auch wenn es laut Clause-witz' Friktionslehre im Einzelfall keineswegs dazu kommen muss). Deshalb hielt es der Kriegshistoriker Hans Delbrück generell für den "wahren kriegerischen Geist" höchst gefähr-lich und "verderblich", sich oder andere "vor dem Äußersten bewahren" zu wollen und das "Vernichtungsprinzip" zu vergessen.[80] Mit Krieg zu drohen und ihn 'führen' zu wollen, bedeu-tet eben, sich dem Äußersten bzw. "äußerster Intensität" des Krieges auszuliefern, zu der er sich steigern kann.[81] Und Gerhard Ritter betonte, der "Idee" nach sei der Krieg dem entspre-chend seit jeher ein "absoluter" und gerade insofern auch das "Maß" des politischen Denkens gewesen.[82] Gleichwohl fehlen *worst case*-Szenarien in den Planungen der Militärs vielfach.[83] Was sie Politikern vorschlagen, kaschiert deshalb regelmäßig, worauf man sich einlässt.

6. Fatale Illusionen

Infolgedessen kommt es zu mehrfachen, ihrerseits gewaltträchtigen Illusionen bzw. Selbst-täuschungen: Indem man kriegerische Gewalt gegen Andere in Betracht zieht und wiederum

---

[79] Clausewitz, *Vom Kriege*, 18.
[80] H. Delbrück, *Geschichte der Kriegskunst. Das Mittelalter. Von Karl dem Großen bis zum späten Mittelalter. Die Neuzeit. Vom Kriegswesen der Renaissance bis zu Napoleon*, Hamburg 2006, 343, 606, 610.
[81] Ebd., 346, 452.
[82] G. Ritter, *Staatskunst und Kriegshandwerk. Das Problem des "Militarismus" in Deutschland, Bd. 1*, München ²1959, 86 ff.
[83] B. Kuchler, *Kriege. Eine Gesellschaftstheorie gewaltsamer Konflikte*, Frankfurt/M., New York 2013, 330.

Andere für die eigene Sache mobilisiert, (a) glaubt man und macht man glauben, dies sei *unbedingt notwendig*, sowie (b) dass man über diese Gewalt im Zuge einer Verfeindung *verfügen*, sie nach eigenem Gutdünken instrumentell einsetzen, begrenzen oder auch steigern kann, die (c) die Feinde *auszuschalten* verspricht, sei es nur gegenwärtig und einmalig, sei es, wenn nötig, für immer. (d) Auf die abschüssige Bahn in Richtung einer quasi-eschatologischen 'Endlösung', die man ihnen angedeihen lassen will, begibt man sich in dem Maße, wie die Verfeindung sich radikalisiert (was niemals definitiv auszuschließen ist) und schließlich überhaupt keine Koexistenz mehr vorstellbar werden lässt, so dass die vernichtende Politik kriegerischer Gewalt am Ende im Verhältnis zu den jeweiligen Feinden mit tödlicher Sicherheit *das Politische selbst mit vernichten muss*. (e) Gleichwohl gibt man sich der Illusion hin, 'danach' wieder zu einem friedlichen, endlich von den Feinden befreiten Leben *zurückkehren* zu können.

In allen Punkten handelt es sich um Illusionen bzw. Selbsttäuschungen, denn (a') kriegerische Gewalt gegen Feinde, *die sich zu ihnen* verhält, *ist als solche niemals alternativlos*. (b') Es ist weiterhin *nicht möglich, rein instrumentell über kriegerische Gewalt so zu verfügen, dass sie nicht ihre Eskalation zum Äußersten heraufbeschwört* – was nicht bedeutet, dass es dazu kommen muss, doch die entsprechende Drohung ist von Anfang an im Spiel. (c') Auch durch solche Eskalation im Zuge immer extremerer, extensiverer und radikalerer Gewalt ist es *nicht möglich, die Feindschaft aus der Welt zu schaffen,* um eine Zukunft ohne Feinde anzubahnen. (d') Wer das politisch in Aussicht stellt, kann das nicht tun, ohne zugleich das Politische im Verhältnis zu seinen Feinden mit zu zerstören und dessen Versagen dabei vor sich selbst zu verbergen, um vernichtende, kriegerische Gewalt als 'Politik' auszugeben, was sie tatsächlich negiert.[84] *Vernichtungspolitik vernichtet sich mit tödlicher, selbstdestruktiver Konsequenz als Politik selbst.* Darüber muss man sich fatalen Illusionen hingeben, will man kriegerische Gewalt als handhabbares Mittel gegen Feinde einsetzen, von denen man regelmäßig behauptet, ihr Verhalten (wenn nicht bereits ihr bloßes Dasein) mache es unbedingt erforderlich, mit solcher Gewalt gegen sie vorzugehen. Stets liefern die Feinde den wesentlichen Grund; sie sind 'selbst schuld' daran, dass man ihnen das Äußerste androhen und – scheinbar alternativlos – antun muss, auch die Ausrottung, damit endlich (Friedhofs-) "Ruhe

---

[84] Ich lasse dahingestellt, ob es sich hier nur um ein Scheitern (von dem Taureck wiederholt spricht; DW, 63) oder auch um Verrat am Politischen handeln kann, zumal wenn man den Übergang vom Politischen zu antipolitischer Gewalt selbst mit Absicht herbeiführt (DW, 108, 113 f., 136).

und Frieden" herrschen können. (e') Diese Art "Ruhe und Frieden" kann aber niemals das frühere Leben wiederherstellen, nachdem man das Politische zerstört hat. 'Danach' könnte man sich allenfalls vollkommenen Illusionen über den in Wahrheit anti-politischen Charakter jener Gewalt hingeben. Kriegerische Gewalt verspricht nicht, ein friedvolles, weil von Feinden befreites Leben zu rehabilitieren, sondern lediglich der Selbsttäuschung zum Sieg zu verhelfen, dass nur deren Vorhandensein dem Frieden im Wege stand, der fortan herrschen soll.

Es ist ein Desiderat, von hier aus die Frage, ob und wie Krieg 'droht', neu aufzuwerfen, denn wir haben nun allen Anlass, zu vermuten, dass das Bedrohliche kriegerischer Gewalt weder nur in ihrem unmittelbaren oder in fernerer Zukunft zu erwartenden Bevorstand noch auch allein in jenem 'Äußersten' liegt, das sie heraufbeschwört, ohne dass man sich davon eine angemessene Vorstellung machen könnte. *Bedrohlich sind nicht zuletzt jene Illusionen,* ohne die es kaum dazu kommen könnte, dass man (massenhaft und organisiert) zu Mitteln kriegerischer Gewalt greift, denn *nur dank dieser Selbsttäuschungen kann man sich sogar derart Utopisches wie endgültigen, durch Feindbeseitigung zu erreichenden Frieden versprechen.* Würden diejenigen, die jenen Illusionen auf den Leim gehen, dagegen nachhaltig desillusioniert, wären sie womöglich gar nicht mehr für kriegerische Gewalt zu mobilisieren – und diese müsste das Faible vergleichsweise weniger bleiben, die sich von ihr faszinieren lassen, ohne dabei im Geringsten Frieden oder effektive 'Endlösungen' im Sinn zu haben. Zwar sind Apologeten und Liebhaber des Krieges selten geworden, die sich gerade von ihm das Beste, nicht zuletzt Intensivierung eines sonst schalen Lebens, versprechen.[85] Aber es gibt sie zweifellos. Nur taugen sie nicht als Kronzeugen für eine schwarze Anthropologie oder Ontologie, die uns lehren würde, dass wir einem polemogenen Sein, einer nicht 'friedfertigen' Natur oder einem zu potenziell tödlichem Kampf prädestinierenden Leben überantwortet sind. Krieg kommt, nach aller Erfahrung, erst dann wirklich 'in Fahrt', wenn sich viele, bewaffnet und organisiert, für ihn in Dienst nehmen lassen, die dabei nicht ohne fatale Illusionen über die angebliche Alternativlosigkeit und instrumentelle Handhabbarkeit kriegerischer Gewalt sowie über die Eskalationsfähigkeit zum Äußersten, zur siegreichen Endlösung und anschließende

---

[85] "Wenn sie den Krieg nicht liebten, würden sie einander nicht ununterbrochen bekriegen", heißt es bei Erasmus (*Klage des Friedens*, 33). Sind nicht "war horrors […] a cheap price to pay for rescue from the only alternative supposed, a world of clerks and teachers, of co-education and zoophily, [...] of industrialism unlimited, and feminism unabashed", fragte noch Henry James; zit. n. Pick, *War Machine*, 15 f.

Rückkehrmöglichkeit zu einem normalen, scheinbar friedlichen, von Feinden befreiten Leben auskommen.

Wenn es sich allerdings so verhält, schlägt diese Diagnose unvermeidlich auf die Philosophie zurück, die über diese Illusionen aufzuklären hofft. Womöglich steht sie bereits vor dem Scherbenhaufen zerstörter Illusionen über ihren Anspruch, unsere bedrohlichsten Illusionen zu desillusionieren.[86] Auch Illusionen lassen sich allerdings wohl nicht 'endgültig' besiegen. Doch das bedeutet nicht, dass in diesem Fall *die Zerstörung jeglicher Illusion der Desillusionierer* das letzte Wort haben müsste und so den Sieg davontragen könnte. Den mit Kriegen, Feindschaften und Aussichten auf deren Überwindung verbundenen Illusionen bleiben wir ausgesetzt; als *darüber* mehr oder weniger Aufgeklärte immerhin jedoch so, dass wir uns dabei der Versuchung widersetzen können, auf grauenvolle Siege zu hoffen.

Prof. Dr. Burkhard Liebsch, Ruhr-Universität Bochum,
Fakultät für Philosophie und Erziehungswissenschaft,
Burkhard.Liebsch[at]rub.de

---

[86] Dieser Eindruck liegt auch bei Bernhard Taureck nicht ganz fern, wo er feststellt, die Entzauberung des Krieges sei im Grunde (bereits in der Antike) längst erfolgt – ohne dass das aber viel bewirkt hätte (DW, 36). Was bleibt, ist Scham über die Ineffizienz skeptisch-desillusionierender und zugleich Krieg delegitimierender Entlarvung allen Scheins, der die gängigen Rationalisierungen von Krieg umgibt (ebd., 31, 309, 358 f.). Diese Entlarvung konnte an der "Besessenheit" vom Phantasma des Sieges bislang wenig ändern (ebd., 332).